Ben Hadamovsky

# Mit allen Wassern gewaschen
## Weltumseglung mit kleinen Kindern

W0179089

Fehlerkultur • Verlag

Bibliografische Informationen der Deutschen Bibliothek:
Die deutsche Bibliothek verzeichnet diese Publikation in der
Deutschen Nationalbibliografie; detaillierte bibliografische
Daten sind im Internet über http://dnb.d-nb.de abrufbar.

3. Auflage
ISBN 978-3-940140-95-1
© by Ben Hadamovsky

Fotos: Carola und Ben Hadamovsky, Ivonne Imhof.
Karte: Ben Hadamovsky
Umschlaggestaltung: DCS Überlingen/Hadamovsky
Fehlerkultur • Verlag, Süßenmühle 19, 78354 Sipplingen
Printed in Germany 2012

Weitere Informationen unter: www.hadamovsky.de

# Über das Buch:

Ben Hadamovsky hat mit Frau und Kindern (zu Beginn der Reise drei und anderthalb Jahre alt) auf einem kleinen Boot (9,86m) die Welt umsegelt. Unzufrieden mit dem Alltag, verkauft die Familie all ihren Besitz und begibt sich aus der scheinbaren Sicherheit der Heimat in ein aufregendes Leben auf den Meeren dieser Welt. Es werden fünf Jahre einer ungewöhnlichen "Familienzeit": Während die Kinder auf Galapagos die Bekanntschaft von Seelöwen machen und überall auf der Welt Freundschaften schließen, müssen die Eltern auch schwierige Situationen meistern: So gilt es mitten im Pazifik einen Motorschaden zu reparieren und im Golf von Aden der drohenden Gefahr durch Piraten zu entgehen, um am Ende der Reise ausgerechnet im vermeintlich sicheren Deutschland "Schiffbruch" zu erleiden...

Der Autor beschreibt einfühlsam, selbstkritisch und bisweilen mit beißendem Humor wie die Familie die Welt entdeckt. Dabei hält er nicht nur sich selbst immer wieder zynisch den Spiegel vor: Wenn er z.B. beschreibt, was die Errungenschaften der Zivilisation an den entlegensten Enden der Welt für Auswirkungen haben. Ein Buch für Menschen, die einen ungeschönten Bericht über eine außergewöhnliche Reise zu schätzen wissen.

# Inhalt:

**Für mich -
und alle, die daran Freude haben!**

*„Twenty years from now you will be more disappointed by the things you didn't do than by the ones you did. So throw off the bowlines. Sail away from the safe harbour. Catch the trade winds in your sails. Explore. Dream. Discover." (Mark Twain)*

# Hartz vier - oder warum wir losgefahren sind

Eigentlich ging es uns gut! Wir wohnten in der schönsten Straße Bremens, wenn auch im einzigen hässlichen Haus, Nils war gerade zwei geworden und Lisa schon sechs Monate alt, ich hatte viel Arbeit, wenn auch meistens in Stuttgart, und Carola den Mutterberuf im Griff. Dann kam die Flaute am Bau. Wochenlang saß ich zu Hause herum und hatte Zeit: für die Kinder, für Carola, für Zukunftssorgen und Träume. Mein Traum war Segeln. Nicht nur mal ein paar Tage auf Vaters Vindö 30. Ne, so richtig, mit Schiffbesitzen, ekligem Winterlager, der kleinen Freiheit, wann immer wir wollen - oder Zeit haben - losfahren zu können. Glücklicherweise lehnte mein Vater unser Angebot, ihm das halbe Boot und damit auch die halbe Arbeit abzukaufen und eine Eignergemeinschaft zu bilden, nach einigem Zögern ab! Also kein Schiff. Und das im regnerischen Vorfrühling in Norddeutschland. Dazu noch immer keine Arbeit, also viel Zeit zum Weiterträumen.

Dummerweise hatten wir Internet. Stunden verbrachte ich mit Surfen zu Segelseiten und Bootsbörsen etc. Boote waren richtig teuer. Selbst gebraucht waren sie in der Größe, dass man gut mit vier Personen Urlaub machen könnte, mehr, als wir erübrigen konnten. Ich wurde immer deprimierter und ging Carola mit meiner schlechten Stimmung auf den Geist. Da haben wir 25 000.- Euro übrig, und trotzdem geht's uns schlecht. Gleichzeitig waren die Medien erfüllt mit einem neuen Thema: Riesterrente war in aller Munde. Privat extra vorsorgen! Na toll. Also am besten alles Geld fest anlegen für später, wenn man dann alt und gebrechlich ist…

Aber wenn ich gar nicht alt werde? Wenn ein Börseneinbruch dazwischen kommt? Parallel dazu die Diskussion über Hartz vier. Verschärfung der Arbeitslosengeld-Regelungen. Ging mich zwar als Freiberufler nichts an, aber die Stimmung war klar: Habt Angst um eure Jobs, denn ohne geht's euch schlecht. Sorgt euch um die Zukunft! Habt Angst vor der Zukunft!

Also nichts Boot - eine sichere Zukunft sollten wir uns von dem Geld kaufen! Und es sah für meinen leicht skeptisch-zynisch angehauchten Blick auch nicht gerade danach aus, dass die angebotenen

*Produkte* in irgendeiner Form meine Zukunftsängste beruhigen würden... Also mehr Depressionen.

Irgendwann hatte Carola genug: "Wieso kaufen wir nicht einfach ein Boot und gehen segeln?"

"Ja, dafür reicht doch das Geld nicht!"

"Aber wenn wir all unser Erspartes zusammenkratzen?"

"Wovon leben wir dann nächstes Jahr?"

"Dann hättest du auch Zeit für die Kinder!"

Das war nicht logisch, aber trotzdem richtig. Ein großer Vorteil meiner temporären *Kurzarbeit* war, dass mir bewusst wurde, was ich in den letzten Jahren verpasst hatte. Durch meinen Beruf als Farbgestalter und Baumanager war ich oft wochenlang unterwegs, nur um dann total erschöpft und ausgelaugt für ein verlängertes Wochenende den Frieden meiner Kleinfamilie durcheinander zu bringen.

"Wenn wir unsere Hälfte der Wohnung verkaufen und dafür ein Schiff kaufen, dann hätten wir Geld genug, um für einige Zeit segeln zu gehen..."

"Du würdest die Wohnung gegen ein Boot tauschen?"

Ich war platt! Niemals hätte ich mir träumen lassen, dass Carola unser gerade eingerichtetes *Nest* für so etwas Verrücktes hergeben würde... aber sie meinte es ernst:

"Lieber ein verrücktes Leben auf einem Boot, als ein verzweifelter und depressiver Mann in einer schönen Wohnung" war ihr Kommentar.

Das war der Wendepunkt. In diesem Moment klickte es, und obwohl wir uns nicht träumen lassen konnten, wohin uns dieser Entschluss führen würde, waren wir uns sicher, was zu tun sei. Klar hatten wir Angst! Mehr noch als um die Zukunft unserer Altersvorsorge. Mehr Angst auch, als die bloße Sorge, was die Zukunft denn so bringen wird. Aus der diffusen Angst vor einer fernen Zukunft, wurde auf einmal eine sehr konkrete Angst vor der Wirklichkeit unseres Entschlusses: Wohnung verkaufen, Auto verkaufen, *Business* schließen, Möbel, Bücher und Zeug, das sich in unseren knapp fünf Jahren Ehe und der kurzen Familienzeit schon zu beträchtlichen Bergen angehäuft hatte, abstoßen. Denn eines war klar: Beides geht nicht! Ein abgesichertes Leben an Land und ein Schiff können wir uns nicht leisten.

Endlich habe ich etwas zu tun. Das Internet wird nach geeigneten Schiffen durchforstet, die einschlägigen Segelmagazine werden gewälzt. Ein schönes Stahlschiff aus holländischer Werft findet sich ausgerechnet in Venezuela, Isla Margarita. 38 Fuß, zwei Masten, scheint gut in Schuss zu sein. Solide und sicher, ein Langkieler mit allem Drum und Dran. Ein Haken ist der Preis: Wie alle Stahlschiffe ist es weit über unserem Limit. Aber der Makler meint, man könne drüber reden. Kaum jemand in unserer Verwandtschaft nimmt mein Vorhaben, zur Schiffsbesichtigung nach Venezuela fliegen zu wollen, ernst. Deutlich steht in die Gesichter geschrieben: Jetzt sind sie endgültig übergeschnappt. Von meiner Schwester bekomme ich zum Geburtstag einen netten Gutschein mit 100 Euro dran und einem Prospekt über Flüge zur Isla Margarita... Dann ruft der Makler an und sagt, das Schiff sei nicht mehr zu verkaufen. Enttäuschung und Frust machen sich breit.

Das nächste Schiff ist ein wunderschöner holländischer Stahlknickspanter vom Typ Jan Haring. Ich bin ganz hin und weg. So stäbig und sicher. Soll auch *nur* 45 000.- Euro kosten. Es liegt ausgerechnet in Japan. Wenn das so weitergeht, sind wir schon um die halbe Welt gereist, nur um ein Schiff zu finden! Trotzdem unterhalte ich mich per Mail mit den Eignern, zwei sehr freundlichen und hilfsbereiten Holländern, die es auf ihrer Weltumseglung nach Japan verschlagen hat. Bald wird klar, dass Jan Haring zu klein für uns ist, da er nur über eine große Kajüte verfügt und wir wollen doch mindestens eine abgetrennte Kammer für die Kinder. Außerdem ist Japan dann doch unvorstellbar weit für uns.

Jaap und Marijke, die beiden Eigner, sind uns nicht gram, versorgen uns weiter mit guten Tipps und Ermutigungen und versuchen, uns in unserem Vorhaben zu bestärken. Sie werden uns per Mail auf unserer Reise um die Welt begleiten, und in Malaysia liegen wir sogar ein paar Tage in der gleichen Marina, nur um festzustellen, dass wir uns in der realen Welt doch recht fremd sind. Oder stehen mir da nur wieder die eigenen Ansprüche im Weg? Wie dem auch sei: Trotzdem vielen Dank für die vielen Tipps und guten Gedanken!

Aber da sind noch zwei andere Angebote auf dem Markt. Beide in Kiel. Ich fahre etwas beklommen hin, ist es doch das erste Mal, dass ich als potentieller Bootskäufer auftrete. Es ist bitterkalt und grau als ich das erste Boot anschaue. Traurig sieht es aus, an Land aufgebockt und in sehr schlechtem Zustand. Innen ein einziges nach Diesel stinkendes Chaos. Darin leben? Niemals! Frustriert fahre ich zum nächsten Boot. Eine Allegro 33 mit angeblich einer Achterkajüte, wo auch immer die auf 9,86 Metern untergebracht sein soll, auch an Land aufgebockt, aber in viel besserem Zustand. Sie hat tolle Linien. Ein schönes Unterwasserschiff! Schon von außen bin ich beeindruckt. Sieht nach Sicherheit und Schnelligkeit aus. Langkiel und Spitzgattheck, vertrauenerweckende Ruderbeschläge. Dazu aus Schweden! Ein Cockpit, in dem ich mich sofort wohlfühle. Alles passt und ist am richtigen Platz. Nur eigentlich ist es ja mit 33 Fuß viel zu klein. Ich klettere über das Brückendeck den Niedergang hinunter in den in hellem Teak ausgebauten Rumpf. Stehhöhe in der Küche selbst für meine Einmeterneunzig! Ein großer Wohnbereich mit offenem Durchgang zum Vorschiff. Das Klo rechts neben dem Niedergang. Und tatsächlich, da ist eine Achterkajüte. Mit Tür und zwei Kojen, also ideal für die Kinder. Dazu viel Stauraum, erst sechzehn Jahre alt und kaum gesegelt. Ich weiß sofort, dass dies *unser* Schiff ist.

Am nächsten Wochenende fahren wir mit der ganzen Familie hin. Ich bin furchtbar nervös: Was, wenn es Carola nicht gefällt? Wenn die Kinder es nicht mögen? Nils klettert mutig die hohe Leiter hinauf an Bord. Unter Deck kriecht er zielstrebig in den hintersten Winkel der Achterkajüte und erklärt kategorisch: "Das ist meine Koje." Lisa kann noch nicht sprechen und guckt genauso indifferent wie Carola. Wir unterzeichnen noch am selben Tag den Kaufvertrag und damit ist unsere Reise besiegelt. Ab jetzt gibt es kein Zurück mehr, denn beides geht ja nicht: Schiff und Landleben…

Schnell merken wir, dass unser ursprünglicher Plan, erst in zwei Jahren loszufahren und bis dahin alles in Ruhe vorzubereiten, nicht funktionieren wird. Das Ganze ist schlicht zu aufregend! Das werden wir niemals durchhalten. Also treten wir die Flucht nach vorne an und beschließen, schon in einem Jahr aufzubrechen. Bis dahin muss aus LASSE ein hochseetaugliches Boot werden, und wir müssen unser Landleben *aufgelöst* haben.

Mein Schwiegervater kauft uns klaglos unseren Anteil an der Wohnung ab. Weiß er doch nicht, dass damit die Enkel für die nächsten fünf Jahre hinter dem Horizont verschwinden werden. Auch für das Auto findet sich ein Liebhaber, der es uns trotz Kauf noch bis zur Abreise nutzen lässt. Wir misten aus, veranstalten einen Flohmarkt, verschenken. Am Ende bleibt noch so viel übrig, dass es gerade so eben in den uns überlassenen Kellerraum hineinpasst. Wir besitzen buchstäblich nur noch Bett, Tisch und Schrank. In der Garage wächst dagegen der Stapel an Dingen, die auf das Boot sollen. Mir ist ganz mulmig zumute, während ich LASSE auf die große Reise vorbereite. Klar hat ER viel Platz (komischerweise ist LASSE von Anfang an männlichen Geschlechts, allen guten Seemannsbräuchen zum Trotz…), aber allein Kinderbücher, Windeln, Klamotten auf Zuwachs usw. bilden bereits einen bedrohlich hohen Berg. Als ich dann auch noch einen gebrauchten Satz Seekarten für weltweite Fahrt inklusive Handbüchern und Sextant erwerbe, hängt der Haussegen schief: "Wir wissen doch gar nicht wo wir hinfahren wollen, wozu all die Seekarten?" fragt meine Frau. "Wir wollen doch erst mal nur ein Jahr auf Probe losfahren, sehen wie es geht und dann entscheiden was wir machen…" Klar, Recht hat sie. Haben wir so verabredet. Aber all die Arbeit, Aufregung und Mühe nur für ein Jahr? Mein *Geschäft* geschlossen, die Kontakte abgebrochen nur für ein Jahr? Mir fällt es schwer, das Vorläufige unseres Entschlusses zu akzeptieren. Umkehren nach einem Jahr fühlt sich wie Versagen an… wie dumm!

Mehr Dinge häufen sich an: EPIRB (eine Art satellitengestützte Notrufsäule zur See), Funkgeräte, Radar von meinem Vater geschenkt, Rettungsinsel, faltbares Ruderdingi von Carolas Bruder gesponsort, Anker, Kette, Ankerwinsch, Aries-Selbststeueranlage, Solarpanel, eine winzige Kühlbox - ohne die angeblich nichts mehr geht heutzutage auf einer Fahrtenyacht - ein Satellitentelefon für die Kommunikation auch auf abgelegenen Meeren mit unseren Haus- und sonstigen Ärzten, ein zweiter Wassertank und eine Bordapotheke! Ist doch unsere größte Sorge und auch die aller um uns herum - was, wenn einem der Kinder etwas passiert? Der unausgesprochene Vorwurf schwingt immer mit: Ihr riskiert das Leben eurer Kinder ohne guten Grund. Geschichten werden uns von wohlmeinenden Bekannten erzählt, die alle nur den einen Tenor haben: Am besten ihr zieht direkt neben ein Krankenhaus. Mit deutscher Gründlichkeit wird uns immer wieder zu verstehen gegeben, dass unser Vorhaben doch extrem unvernünftig und riskant sei, und ob wir denn überhaupt die entsprechenden Ausbildungen hätten? Ich bin zwar mit Booten aufgewachsen und segele seit ich drei Jahre alt bin, aber neben den üblichen Ferientörns auf Nord- und Ostsee habe ich keine Hochsee-Erfahrung und an Scheinen kann ich nur das Allernötigste vorweisen. Carola hat außer ein paar Törns mit mir keine weitere Segel-Erfahrung. Die Kritik gipfelt in der Frage eines Seglers, ob wir denn schon mal über den Atlantik gesegelt seien? Nein? Ja dann müssten wir doch erst einmal Erfahrung sammeln, irgendwo mitfahren, uns hochdienen.

Nun ist es nicht so, dass wir total blauäugig sind, und ich habe großen Respekt vor der See. Die sichere Beherrschung des Bootes und umfassende Kenntnisse in allen Fertigkeiten die unter dem Begriff *Seemannschaft* zusammen gefasst sind, sind unabdingbar, bevor ich als verantwortlicher Skipper den Hafen verlasse. Ob ich dann den Atlantik oder *nur* das Skagerrak überquere, die seemännischen Anforderungen sind abgesehen vom Schlafmanagement und der Verproviantierung nicht so verschieden. Nur die DGzRS kommt nicht und fischt mich auf, wenn ich auf dem Atlantik Mist baue. Was ei nem aber alle Segelscheine der Welt nicht beibringen können, sind Erfahrung und die Einsicht, dass Meer und Wind trotz allem *Wissen* und aller Vorhersagen uns immer wieder vor neue Herausforderungen stellen. Eine gehörige Portion Demut vor den Elementen, Erkenntnis über die Grenzen des Bootes und der eigenen Fähigkeiten und die Bereitschaft zu improvisieren sind gute Voraussetzungen, um sich auf See zurechtzufinden. Die Illusion, nach bestandenem *Sporthochseeschifferschein* hätte man alles im Griff, hat dagegen zu manchem Desaster geführt, und unsere späteren Erfahrungen mit dieser gut *bescheinten* Spezies im Mittelmeer, sind ein trauriges Zeugnis für diese Tatsache.

Gott sei Dank gibt es noch keine Ausbildung zum *Diplom-Weltumsegler*, und so kann uns niemand wegen mangelnder Scheine unser Vorhaben verbieten, aber wir schlucken hart an der Kritik und dem Misstrauen. Selbst mein segelbegeisterter Vater wiegt bedenklich den Kopf und unkt geheimnisvoll: "Die See ist ein großer Gleichmacher…" Viel später werden wir erkennen, dass er Recht hatte, wenn auch nicht unbedingt auf die Art, wie es von ihm gedacht war: Wir treffen da draußen tatsächlich nur eine bestimmte Sorte Menschen, und zwar die Träumer, die ihre Träume auch versuchen zu verwirklichen. Die Bedenkenträger bleiben zu Hause!

Wohltuend hebt sich unser Bremer Hausarzt aus diesem Chor hervor: "Was, um die Welt segeln wollt ihr? Ist ja toll!" Natürlich wollen wir nicht um die Welt segeln, aber irgendwie kommt das immer dabei heraus, wenn wir sagen, dass wir einige Zeit segeln gehen wollen. Er ist von Anfang an begeistert dabei, stellt unsere Apotheke mit zusammen, checkt uns und die Kinder durch, drückt uns seine

Privatnummer in die Hand und sagt, wir sollen ihn jederzeit anrufen, wenn wir Rat brauchen. Der Gute weiß noch nicht, dass er damit für die nächsten vier Jahre ein Abonnement auf die absurdesten Telefonanrufe unterschrieben hat, die alle über das Satellitentelefon ablaufen werden: "Hallo Holger, hier ist Ben. Wir sind krank mit einem unbekannten Fieber auf den San-Blas-Inseln, over." (Das Over ist sehr wichtig, da dank Satellitenverbindung immer ein Echo in der Leitung ist und man nie weiß, wann der andere fertig ist.) So weiß er zwar immer aus erster Hand und exklusiv, wo wir uns gerade aufhalten, aber immer mit der unerfreulichen Nebenwirkung, dass wir wieder eine neue, interessante Krankheit aufgegabelt haben. Trotzdem wird er uns vier Jahre treu durch alle möglichen Krankheiten und Verletzungen begleiten, und wir werden in Zukunft sein herzhaftes: "Over and out" am Ende jeder Konsultation vermissen.

Carola besucht einen Kurs zum Thema *Medizin auf See*. Ich mache noch die Prüfung für das Sprechfunkzeugnis, und dann ist auch schon die Wohnung aufgelöst, Telefone abgemeldet und nach und nach der riesige Berg aus der Garage in LASSEs Bauch verschwunden. Der Kassensturz ergibt genau 50.000.- Euro auf dem Konto. Davon hoffen wir zwei Jahre leben zu können. Dass dieses Geld tatsächlich für vier wunderbare Jahre reichen wird, können wir uns zu diesem Zeitpunkt nicht mal in unseren wildesten Träumen vorstellen.

An einem eklig-regnerischen Tag ziehen wir endgültig um. Uns ist zum Heulen: Alles ist nass, als wir an Bord ankommen. Trotz Cockpitzelt können wir kaum treten, so voll ist es im Boot. Die Kinder kriechen zwar vergnügt im Chaos herum, uns dagegen wird klar, dass das Boot viel zu klein ist. Ständig rempeln wir uns an, stoßen uns den Kopf und anderes, und nur mühsam gelingt es uns, so etwas wie eine provisorische Ordnung herzustellen, Abendbrot zu bereiten (wo war noch das Brotmesser?) und den Abwasch zu erledigen.

Die ersten Tage sind schrecklich! Wir fühlen uns gefangen, beengt, heimatlos, müde, gestört, da doch ständig irgendwas im Rigg klappert oder die Tide kentert und das Wasser am Rumpf plätschert und andere eigentlich romantische Geräusche zu hören sind, an die wir uns erst gewöhnen müssen.

Der letzte Kombi voll Proviant kommt an Bord, dann haben wir noch den *Tag der offenen Tür* bzw. des offenen Niedergangs zu absolvieren, wollen wir doch all unsere Freunde und Verwandte verabschieden und ihnen gleichzeitig unser neues *Zuhause* zeigen. Es wird ein echt gemischtes Event. Das Wetter ist verhangen und trübe, und es kommt keine rechte Freude auf. Mit den vielen Besuchern wird das Boot auch nicht gerade größer und so quetschen sich die Gäste umeinander herum, linsen in die Kojen und Schapps und über allem schwebt die unausgesprochene Frage: "So wollt ihr wirklich ein Jahr leben?" Endlich ist auch das überstanden, und der letzte Besucher ist unser großzügiger Autokäufer. Er findet uns einfach nur verrückt, und nach dem er uns noch das Versprechen abgenommen hat, dass wir ihm ab und an mal eine echte Karte und keine Email schreiben, sind wir auch unser Auto los und damit endgültig aller Fluchtmöglichkeiten

# Aufbruch mit Hindernissen

Am nächsten Morgen stechen wir in See. An Bord sind zwei Angst-
hasen, die noch nicht wirklich glauben können, dass aus dem vor
einem Jahr gefassten Entschluss nun unumkehrbare Wirklichkeit zu
werden droht, unsere beiden munteren Kinder und Carolas Brüder,
die uns bis nach Bremerhaven begleiten werden. Meine Mutter steht
am Pier und winkt, und unser Stegnachbar, der mit seinem siebzehn
Meter langen Stahlschiff schon um Kap Horn gesegelt ist, und von
dem wir die Aries-Selbststeueranlage gekauft haben, sagt noch zum
Abschied: "Ihr macht es richtig. Ihr habt ein kleines Boot und könnt
alles alleine machen; wenn ich segeln gehen will, brauche ich immer
Crew und mit dem dicken Kahn ist es so viel Arbeit…"
Um zu erkennen, wie Recht er damit haben wird, brauchen wir fast
ein Jahr als Eingewöhnungszeit. Es wird eine harte Zeit, aber am
Ende wollen wir unseren *kleinen* LASSE mit keinem anderen Boot
mehr tauschen, und nachdem wir mit ihm über die großen Meere der
Welt gesegelt sind, wissen wir, dass er genau die richtige Mischung
aus gerade groß genug, einfach zu segeln und sparsam im Unterhalt
ist!

Startklar an der Pier in Bremerhaven.

Aber zurück auf die Weser: Die Sonne scheint hinter dem Dunst hervor, und wir motoren durch die Windstille Richtung Bremerhaven. Alle Luken sind geöffnet, und Urlaubsstimmung macht sich breit. Endlich abgefahren! Endlich kann's losgehen, und der verregnete norddeutsche Frühling bleibt hinter uns. Ein riesiger, leerer Frachter kommt uns entgegen. Er dampft mit weit mehr als den erlaubten acht Knoten flussaufwärts. Wir weichen ganz an den Rand des Fahrwassers aus, und dann kommt auch schon seine Hecksee angerauscht. Schäumend brechen sich die Kämme. Ich versuche die Wellen anzuschneiden, habe aber keine Chance. Sie sind zu steil, und so steckt LASSE seine Nase kräftig in die erste Welle und schaufelt sich eine ordentliche Ladung braunes Flusswasser über den Bug. Es rauscht übers Deckshaus und durch die geöffneten Luken direkt in unsere Koje! Was wohl Carolas Brüder dabei denken? Schon in der Weser Wasser im Schiff? Oh je... Während Carola die Schweinerei beseitigt, erklärt Nils seinen Onkels trotzdem voller Selbstvertrauen: „Wir fahren jetzt nach Afrika, aber erst nach Spiekeroog."

Die Tide für den Sprung nach Borkum ist morgens um drei Uhr natürlich am günstigsten. Wir quälen uns aus der Koje und hoffen, dass die Kinder nicht aufwachen. Flau ist mir, und ich bin aufgeregt, ist doch jetzt erst der richtige Start zu unserer Reise. In der Dunkelheit tasten wir uns an den gigantischen Krananlagen des Bremerhaven er Containerterminals vorbei. Verwirrende Lichter überall, und wir sind so schnell dank der mitlaufenden Tide, dass wir ständig aufpassen müssen, nicht aus dem Tonnenstrich getrieben zu werden. Nils kommt aus der Koje gekrabbelt und sagt: „Motor gutemorge sagt hat". Er findet das alles ganz normal. Geht man halt segeln, na und? Leuchtturm Roter Sand wird passiert, wir setzten Segel, denn es ist leichter Wind aufgekommen, und nehmen Kurs die westfriesische Inselkette entlang. Leider dreht der Wind bald auf die Nase, und so motorsegeln wir immer mit der Zeit im Nacken Richtung Borkum. Es ist total blöd! Die Kinder sitzen leicht benommen im Cockpit und wissen nicht so recht, was das Ganze soll. Also suchen sie Trost auf Mamas Schoß. Mama selber ist leicht schwummerig, sitzt sie doch mit dem Rücken zur Fahrtrichtung unterm Sprayhood. Mit zwei Kindern auf dem Schoß, die auf ihren Magen drücken, und volle Windeln, die gewechselt werden wollen. Dazu geht es so langsam vorwärts... Nee, so werden wir nie einen Ozean überqueren! Ich bin total frustriert. Wir sind einfach nicht seetauglich und könnten eigentlich gleich wieder umkehren! Aber da steht die Tide dagegen, und so fahren wir halt weiter und erreichen im Abenddämmern Borkum Hafen. Bedrückt verbringen wir den Abend. Haben wir alles falsch gemacht? Hätten wir doch erst eine Probezeit nehmen sollen? Quälende Fragen. Ein Jahr wird das so weitergehen. Gut, dass wir das nicht wissen, sonst würden wir doch gleich wieder umdrehen. Erst auf dem Atlantik werden wir die Erfahrung machen, dass *Kurztörns* nichts für uns sind, und damit meine ich alle Törns, die nicht länger als drei Tage gehen. Denn erst danach haben wir unsere Seebeine entwickelt, und dann fängt das Leben auf dem Meer an, nicht nur ein Albtraum und Überlebenskampf zu sein. Aber so weit sind wir noch lange nicht.

Glücklicherweise sagt der Wetterbericht konstant Starkwind aus westlichen Richtungen voraus, und so folgen wir dem Tipp eines *weitgereisten* Seglers und nehmen die *Staende Mastroute* durch die holländischen Kanäle. Dieser Segler ist uns schon bei der Ankunft aufgefallen, da er vor dem Hafen unfreiwillig trocken gefallen war. Wir kommen ins Gespräch und hören ehrfürchtig, dass er wegen Geldproblemen zurückgekommen ist. Aus Spanien! Wow, so ein befahrenes Boot haben wir noch nicht getroffen. Dass er eher ein windiger Vogel ist, merken wir erst später, als sich sein Führer für die *Staende Mastroute* als sehr unvollständig erweist, und wir doch noch die gesamte Ausgabe neu kaufen müssen. Schade, haben wir ihm doch im Tausch dafür unsere nagelneuen Seekarten von Hamburg bis Borkum gegeben, in der Hoffnung, da nicht so schnell wieder lang segeln zu müssen.

Holland ist toll! Für die Kinder ständig was zu Gucken, keine Wellen, der Skipper kann nach Herzenslust am Ruder stehen und die Landschaft betrachten. Einfach ideal zur Erholung! Wir tuckern durch die Kanäle, haben bald Übung mit den Schleusen und gewöhnen uns langsam ans Unterwegssein. In Groningen machen wir mitten in der Altstadt in einem kleinen Hafen fest. Hinter uns eine Zugbrücke, die selbst im dichtesten Feierabendverkehr für die Segler geöffnet wird. Niemand findet das komisch, und alle warten geduldig, bis der Zug der Boote durch ist. Bewundernswerte Gelassenheit. Überall Fahrräder und schöne alte Häuser. Junge Menschen, dank der Universität, Straßencafés, Musik, Sommer. Und wir mitten drin! Auf einem Schiff leben kann also auch schön sein.

Wir sind total begeistert und fragen uns, ob wir nicht gleich hier bleiben sollen.

Aber dann kommt unser erstes *Projekt*: Es riecht seit Tagen leicht nach Gas beim Kochen. Bald wird auch klar warum: Die Gasflasche ist nach nur einer Woche schon leer und das kann ja nicht mit rechten Dingen zugehen. Nach eingehender Prüfung stelle ich ein Leck in der Verschraubung zum Herd fest. Na bravo, immer wenn wir Brot backen, läuft Gas aus. Dabei ist die gesamte Anlage erst vor wenigen Wochen von einem deutschen *Fachmann* überprüft worden. Wir lüften stundenlang die Bilge und fluchen auf diesen *Experten*, der uns beinah eine Katastrophe beschert hat. Also laufe ich los und suche: Einen Gasschlauch, der an deutsche Verschraubungen passt, und eine Station, die Gasflaschen auffüllt. Nach einem Tag Rumgerenne ist beides erledigt, und wir können weiter. War ein kurzes Projekt, aber das weiß ich zu dem Zeitpunkt noch nicht. Gehört es doch unabdingbar zum Fahrtenseglerleben dazu, dass es immer eine *To-do-Liste* der am dringendsten an Bord zu erledigenden Projekte gibt. Nur ganz am Anfang der Reise gibt es diese Liste noch nicht.

Ungefähr zehn Brücken müssen wir durchqueren, um aus Groningen heraus zu kommen. Ein freundliches Team von radelnden Brückenwärtern begleitet uns, und so legen wir in regelmäßigen Abständen den Verkehr lahm. Nur so zum Spaß! Wir sind echt beeindruckt. In Deutschland würde sich niemand gefallenlassen, dass man auf dem Weg zur Arbeit durch *Spaßsegler* aufgehalten wird. Nur die Züge haben Vorfahrt, so liegen wir vor einer wenig romantischen Eisenbahnbrücke und warten. Überhaupt: Das Warten auf Schleusen, Brücken, Einfahrten scheint uns zu begleiten. Die Zeit rennt uns davon, dabei sind wir noch nicht mal im Ijsselmeer angekommen. Der Sommer schreitet voran, und der Süden kommt einfach nicht näher. Trotzdem ist es wunderschön und wir gewöhnen uns langsam an den Bordalltag.

Da gibt es viel zu lernen: Wir sind es überhaupt nicht gewohnt, zusammen verantwortlich zu sein. Kindererziehung war immer Carolas Gebiet, und nun pfusch ich ihr darin herum. Den Haushalt machen wir gemeinsam, aber auch das will gelernt sein, schließlich ist es nicht ganz selbstverständlich, das Abendessen auf nur zwei Flammen zu kochen und die Küchenarbeitsfläche ist keine 30x30cm groß. Und immer guckt der andere zu! Privatsphäre gibt es nicht mal auf dem Klo, da wir bei geschlossener Tür sofort Platzangst in der winzigen Kammer bekommen. Sehr gewöhnungsbedürftig!

Ich bin von einer inneren Unruhe angetrieben, und die ganze Familie leidet zunehmend darunter. Selbst an den schönsten Plätzen zieht es mich weiter. Es ist, als würde für mich die Reise immer erst hinter dem Horizont anfangen Wirklichkeit zu werden, und so treibe ich uns an, hetze weiter und jeder Tag, den wir am gleichen Ort verbringen, ist für mich ein verlorener Tag. Es ist, als müsste ich möglichst viele Meilen zwischen uns und Deutschland bringen, damit wir nicht doch noch bei den ersten Schwierigkeiten umkehren. Diese Unruhe wird mich um den halben Erdball begleiten und für viel Spannung sorgen. Die Entscheidung, den Winter in Portugal zu verbringen und nicht, wie alle anderen schon weiter in die Karibik zu fahren, kommt für mich einem Abbruch der Reise gleich. Ist doch damit zunächst der ganze Zeitplan durcheinander, der, bedingt durch die Hurrikansaison in der Karibik, eine Atlantiküberfahrt für Dezember vorgibt, und dadurch scheint auch unser Budget gefährdet.

Aber zurück nach Holland: Kurz hinter Amsterdam haben wir unsere erste *Strandung*. Wir fahren durch die malerische und wie immer extrem pittoreske Altstadt von Haarlem. Die Autos, Fahrräder und Fußgänger stehen Spalier, während wir Brücke nach Brücke durchqueren. Der freundliche, radelnde Brückenwärter ruft zu uns herüber, dass wir da vorne links am Kai festmachen sollen. Aber schon viele Meter vor dem Ufer stoppt LASSE mit einem sanften Ruck! Keine Chance, es ist offensichtlich viel zu flach und wir können das Ufer nicht erreichen. Also weiter, noch eine Brücke, da hinter soll es tiefer sein und wir gehen längsseits an ein Flussschiff. Hinter uns macht noch eine Yacht fest. Deutlich an Maststufen, Solarpanelen und Windgenerator als Langfahrtsegler zu erkennen. Es sind Maren und Uwe von der HEAVY METALL und es ist schön, endlich nicht nur verständnislose Wochenendsegler um sich zu haben, die uns und unser Vorhaben für verrückt und verantwortungslos halten. Leider trennen sich am nächsten Tag schon unsere Wege, denn wir müssen noch einkaufen, und sie fahren früh weiter. Uwe treibt offensichtlich die gleiche Unruhe wie mich.

Und dann ist Holland zu Ende! Der Englische Kanal ruft mit seinen vielen Schrecken: Meist befahrene Wasserstraße der Welt, vierzehn Meter Tidenhub und Strömung bis zu sechs Knoten. Dazu oft starken Wind gegen Strom, Dutzende von quer fahrenden Highspeed-

Fähren, wenige Häfen, die unverschämt teuer sind! Es gibt kluge Bücher über die beste Taktik zum sicheren Durchfahren, ehrfürchtig blättern wir in *Reeds Nautical Almanac* und versuchen, die Stromkarten zu verstehen.

Belgien lassen wir bei Flaute hinter uns. Ziel ist Calais, einer der geschäftigsten Fährhäfen an der ganzen Küste. Alle 25 Minuten eine ankommende oder abfahrende Fähre. Vorsichtig nähern wir uns den vorgelagerten Sänden. Natürlich kommt noch Wind auf und natürlich auf die Nase! Wir stampfen gegen die sich schnell aufbauende See an. Dank unseres Timings haben wir mitlaufende Tide, was die Wellen umso unangenehmer macht. In der Hafeneinfahrt regelt eine Ampel den Verkehr. Es ist wenig Platz zum Warten auf *grün* und ständig rauschen die dicken Fähren vorbei. Dazu stehen oben auf der gigantischen Hafenmole Scharen von Anglern, die offensichtlich das Ziel haben, ihre Köder auf die wartenden Segelboote zu werfen. Ein tolles Chaos. Als endlich grün für Yachten ist, wirft doch gerade so ein Angler seine Leine direkt vor unseren Bug. Er schreit empört auf, als wir darüber fahren, aber wir haben keine Wahl. Umgeben von anderen Booten können wir nicht ausweichen, und die nächste Fähre kommt auch schon wieder von hinten angerauscht. Ich kann gerade noch auskuppeln, damit die Leine nicht auch noch in den Propeller kommt und uns manövrierunfähig macht, und dann tut es auch schon einen Ruck und sie ist durchgerissen. Lautes Protestgeschrei vom Ufer. Wir aber haben andere Sorgen, gilt es doch in all dem Gewimmel einen Platz im Yachthafen zu ergattern.

Die Leinen sind fest, wir stehen schweißgebadet auf dem Steg und erholen uns vom Stress. Da steht auf einmal Uwe von der HEAVY METALL neben uns, drückt uns zwei knusprige Baguettes in die Hand und wünscht uns ein herzliches Willkommen. Wir sind platt. Diese schlichte Geste berührt uns sehr, denn wir sind in den letzten Wochen dünnhäutiger geworden: Immer bewusster wird uns unsere Heimatlosigkeit, unsere Verletzbarkeit und Abhängigkeit vom Wohlwollen anderer Menschen, unsere Einsamkeit. Zudem fange ich an unter Entzugserscheinungen vom Arbeitsleben zu leiden. Es fällt mir schwer *nichts mehr zu sein*, keine Funktion zu haben, keine Aufgabe, keinen *Nutzen* für andere. Ich merke, wie stark mein Selbstbewusstsein doch auf meine berufliche Rolle gegründet war, und dass das damit verbundene Feedback nicht unerheblich zu meinem Lebensgefühl beigetragen hatte. Nun kommt keine Anerkennung mehr. Nur noch Kritik an meiner Art Vater zu sein und das Schiff zu führen. Ja, ich schimpfe zu viel, bin zu ungeduldig, unpädagogisch und überhaupt zu jähzornig! Recht hat meine Frau, aber wie sich schnell ändern? Es brodelt an Bord und kocht. Vielleicht auch das ein Grund, schnell weiter zu fahren? Flucht vor der Auseinandersetzung mit den neuen Umständen und Aufgaben? Vor der Unsicherheit und den unendlich vielen Möglichkeiten, die vor uns liegen? Ja, die Freiheit lastet schwer auf unseren Schultern, und wir merken gar nicht recht, warum es uns so schlecht geht, sondern ärgern uns nur darüber. Denn schließlich sollten wir ja ab jetzt permanent glücklich sein, verwirklichen wir doch einen Traum! Dass das harte Arbeit ist, vor allem an uns selbst, kann ich nur langsam und unter Schmerzen akzeptieren. Der Anspruch auf Glücklichsein ist sehr in uns eingebrannt.

Der Englische Kanal verwöhnt uns mit ruhigem Wetter.

Dabei treffen wir täglich auf glückliche Umstände: Der gefürchtete Kanal entpuppt sich für die Zeit unserer Durchfahrt als ein sonnig-nebliges Flautengewässer mit berückend schönen Hafenstädtchen, atemberaubenden Klippen und - sehr zu unserer Erleichterung - Englisch sprechenden Hafenbeamten, können wir doch beide kaum ein Wort Französisch. So motoren wir durch dieses gefürchtete Revier. Nur beim Überqueren der Seinebucht machen wir die unerfreuliche Erfahrung, was es heißt, hier zur falschen Zeit am falschen Ort zu sein, und auch das ließ sich nicht vermeiden, da die Strecke zu lang ist für eine Tide. Wir quälen uns am Cap Barfleur gegen einen gurgelnden Tidenstrom voran: Motor unter Volllast, und trotzdem machen wir gerade mal einen halben Knoten über Grund. Wie das mit viel Wind aussieht, möchten wir uns lieber nicht vorstellen, und wir ziehen innerlich den Hut vor allen Seeleuten, die dieses Revier in nicht solch glücklichen Umständen befahren müssen.

Es wird Nacht, als wir das Kap endlich passiert haben, und das Meer liegt spiegelglatt. Fischerboote fahren dicht an uns vorbei. Als uns ihre Hecksee trifft, stottert der Motor kurz und verstummt. Uuups? Bitte nicht hier, bei immer noch drei Knoten Gegenstrom, Flaute und noch zehn Meilen bis Cherbourg Hafen! Fieberhaft suche ich nach Ursachen, habe aber trotz einiger Artikel über Motorenkunde, die ich vorsorglich studiert hatte, keinen blassen Schimmer, was das Problem sein könnte. Meine Fähigkeiten reichten bisher gerade so eben zum Ölwechselselbermachen. Das sieht nicht gut aus. Die Tankuhr zeigt beruhigenderweise fast voll, aber ich fülle trotzdem vorsichtshalber den Reservetank ein, entlüfte den Motor streng nach Handbuch und, oh Wunder, er startet. Wieder was gelernt. Seitdem führen wir Buch über getankte Liter und Motorstunden, zeigt die Tankuhr doch immer fast voll an! Carola bewundert, dass ich ohne Fluchen und zielstrebig zu Werke gegangen bin. Nicht mal die Kinder waren aufgewacht. Ich muss also einen recht kompetenten Eindruck erweckt haben und hüte mich davor zu gestehen, wie sehr mir das Herz in die Hose gerutscht war.

Am nächsten Tag ist schlechtes Wetter, und wir dürfen im Hafen bleiben. Daraus wird eine lange Woche, denn es herrscht jetzt endlich das typische Kanalwetter mit Westwind und Regen und beides nicht zu knapp. Das ist gut so, denn hinter dem Hafen ist eine Wiese, auf der die Kinder spielen können, haben sie doch die letzten Wochen deutlich zu wenig Auslauf gehabt. Lisa torkelt wie ein betrunkener Seemann breitbeinig durch die Gegend und schimpft auf das Land. hat sie doch Laufen auf dem Boot gelernt und das wackelt halt ständig. Nils spielt mit Leidenschaft *Frissdiescheibe*, während Lisa lieber auf dem *Biellabs* ist.

Wir erkunden die Stadt und finden einen wunderbaren Markt mit frischem Obst und Gemüse und vor allem Käse! Wir schwelgen in all den leckeren Sorten und Baguette mit *Kam on Bär* wird unsere Leibspeise. Es gibt einen Waschsalon und im Hafen ein Café, vor dem die Kinder spielen können, trotz des schlechten Wetters kommt Urlaubsstimmung auf. Das Wetter ist eine gute Entschuldigung, die nächste Etappe hinauszuzögern, denn von Cherbourg ist es ein weiter Sprung nach Alderney, vorbei am gefürchteten Alderney-Race, einer Stromschnelle zwischen Festland und Insel, wo die Tide im ungünstigsten Falle mit bis zu zwölf Knoten hindurch rast. Da ist dann echtes Wildwasserfahren angesagt. Unser englischer Stegnachbar trägt nicht gerade zu unserer Beruhigung bei, weiß er doch aus erster Hand, wie es dort sein kann. So wird die Abreise immer wieder aufgeschoben mit der guten Begründung, dass die Tide ja noch nicht perfekt ist, und das Wetter immer noch zu wünschen übrig lässt.

Eines Morgens kommt YARA mit Gesche, Herbert und Yannik in den Hafen: Wir kennen sie schon aus Deutschland. Sie waren auf der Suche nach anderen Familien mit Kindern, um eine Art Flottille zu bilden, denn sie haben ein Einzelkind an Bord. Es ist das erste Mal, dass ich auf einem Fahrtenkatamaran bin, und ich bin beeindruckt. Das Wasser ist so weit weg, ich fühle mich wie in einem Zimmer an Land. Unwirklich und irgendwie losgelöst von den Elementen. Neidisch sehe ich all den Platz, den der kleine Yannik zum Spielen hat, angefüllt mit Lego und Co. Trotzdem wirkt der Bursche nicht glücklich und geistert etwas haltlos durch die für uns riesigen Räume.

Herbert kommt gerade vom Wetterchecken und meint, morgen sei es gut. Also fassen wir uns ein Herz, kalkulieren unsere Geschwindigkeit und die Tide und fahren endlich weiter. Pünktlich zu Stillwasser sind wir mitten im Alderney-Race. Nichts ist zu sehen, keine gefährlichen Wirbel und Stromschnellen, was wir als gutes Zeichen werten. Offenbar haben wir alles richtig gemacht.

Alderney ist endlich unsere erste richtige Insel! Nicht so ein blödes Wattenmeerding, wo man ja bei Ebbe zu Fuß ans Festland gehen könnte. Nein, hier ist ringsum wildes, berüchtigtes Meer. Es ist bedeckt, trübe und bald fängt es auch noch an zu regnen oder besser, was die Engländer *mist* nennen.

Wir liegen vor einer Boje, sind aber zu stolz, um das teure Wassertaxi zu benutzen und bauen zum ersten Mal unser faltbares Banana-Boot auf. Das dauert fünfzehn Minuten, wie wir hinterher von Gesche erfahren. Sie hat uns gestoppt, denn sie haben das gleiche

Dingi, aber mit Außenbordmotor und das macht alles viel komplizierter und langwieriger. Dafür komme ich kräftig ins Schwitzen, als ich versuche, meine Familie *gentleman like* gegen den frischen Wind und die kleinen biestigen Wellen die 500 Meter an Land zu rudern. Puh, sollten wir nicht doch einen Motor kaufen? Bisher war unser Argument immer, dass der Motor ja Pflege braucht, Reparaturen, Benzin etc., und wir haben ja schon zwei Kinder, die unsere Zuwendung brauchen. Also nicht noch eine Maschine mehr an Bord, die Pflege braucht.

Bald finden wir heraus: Wenn Carola und ich zusammen rudern und je ein Kind vorne und hinten sitzt, kommen wir ganz leicht voran. Das gibt zwar zu Anfang einige kleinere Krisen wegen der Navigation, wer nun wie stark rudern soll und wer das Kommando hat, aber das haben wir bald gelernt, und bekommen für unsere Performance oft zu hören, wir würden so romantisch aussehen... Andere unken: „Spätestens in der Karibik kauft ihr euch einen Motor, dort werden die Strecken so weit und der Passat zu stark!" Tja, liebe Unker, falsch geraten! Wir sind um die Welt gerudert und haben es genossen, denn spätestens wenn ihr mit euren Superdingis an den Strand kommt, ist Holland in Not! Denn die Dinger sind nicht leicht und dann noch der schwere Motor und dann muss man es ja auch noch oft diebstahlsicher anschließen und Vorsicht mit spitzen Steinen und Korallen walten lassen. Wir dagegen schleifen unsere tolle Kiste einfach den Strand hoch. Abschließen entfällt - klaut eh keiner, da zu skurril und ohne Motor. Bis auf zwei Ausnahmen hat uns in vier Jahren nie jemand einen Schlepp angeboten, wohingegen ein Dingi mit einem Motor dran, das gerudert wird, automatisch das Mitleid der vorbeipreschenden anderen Dingifahrer erregt.

Ein anderes Ding, das wir nicht an Bord haben, und was regelmäßig Kopfschütteln und Verwunderung hervorruft, ist ein Computer. Jedes, aber auch jedes Fahrtenschiff hat einen an Bord und natürlich auch *Seamap*, ein elektronisches Seekartenprogramm. Schön kombiniert mit GPS, so dass man immer genau *weiß* wo man ist, falls die elektronische Seekarte denn stimmt.

Na, ich hab da so meine Zweifel und bin in dieser Hinsicht eher konservativ eingestellt, und da ich an Land mit Computern schon regelmäßig professionelle Hilfe benötigte, um die Kiste wieder flott zu kriegen, war die Devise: Können wir nicht selbst reparieren, kommt also nicht an Bord. So sparen wir auch endlose Stunden mit Mails schreiben an die Lieben daheim. Denn sie wissen, dass wir immer in ein teures Internetcafé gehen müssen und erwarten gar nicht erst einen wöchentlichen Bericht. Sehr zögernd haben wir dann in Neuseeland einen alten PC von Freunden angenommen, der außer *Seamap* nichts mehr konnte. Also keine Gefahr von langen Berichten und DVD´s gucken!

Auf Alderney gibt's eine Eisenbahn! Kein Witz. Wir kaufen Fahrkarten und fahren zusammen mit der YARA-Crew die etwa einen Kilometer lange Strecke bis hinauf zum Leuchtturm. Die Kinder sind begeistert. Endlich ein richtiges Abenteuer und nicht immer nur dies langweilige Segeln. Auch sonst gefällt uns die Insel gut mit ihren englischen Häusern, verwinkelten Gassen, kleinen Läden, und wären die Preise nicht so üppig, würden wir glatt noch etwas bleiben. So aber nutzen wir das ruhige Wetter und fahren weiter nach St. Peterport auf der Insel Guernsey.

Das ist ein echtes *Highlight*! Mit acht Metern Tidenhub liegen wir manchmal direkt auf Promenadenhöhe und können den unzähligen Touristen in die Kaffeetassen gucken, um dann sechs Stunden später umgeben von den glitschigen Hafenmauern wie in einem dunklen Schacht gefangen zu sein. Seglerhighlife sorgt für echte Partyatmosphäre, nur leider können wir das nicht so lustig finden, werden unsere Kinder doch extrem grantig wenn sie nicht genug Schlaf haben, und das ist hier ein Problem, denn es ist Hafenfest und eine Band spielt bis in die frühen Morgenstunden. Dafür müssen wir auch noch 50.- Euro Liegegeld pro nicht geschlafener Nacht bezahlen. Toll, die Freiheit der Meere. YARA geht in der nächsten Bucht vor Anker und funkt uns an, dass es da ganz ruhig und friedlich sei, und wir sollen doch auch kommen. Wir raffen uns auf, verlassen den Hafen und lernen eine harte Lektion: Trau niemals einem Katsegler, wenn er einen Ankerplatz als *ruhig* beschreibt. Ja, YARA liegt ganz annehmbar, wir aber werden wie wild durchgeschüttelt und gerollt. Nun ist es aber zu spät, um in den Hafen zurückzukehren und wir verbringen eine schlaflose Nacht damit, all die rappelnden und klappernden Gegenstände in den Schapps und Stauräumen zu sichern. An Schlaf ist nicht zu denken. Nur die Kinder scheint es nicht zu stören.

Toll, wann fängt eigentlich mal diese Reise an nur Spaß zu machen? Wir sind sauer, übermüdet, angespannt. Können die Schönheit der Insel und der Stadt nicht genießen und fühlen uns dabei auch noch undankbar, sind wir doch an einem Platz, der für viele Segler eines der Traumziele ist.

Bordalltag

Als nächster Albtraum liegt der Trip nach Brest vor uns mit dem berüchtigten Raz de Sein. Sicher kennt ihr alle diese Postkarten von den sturmumtosten Leuchttürmen? Genau, die sind alle da aufgenommen. Ein wahrer Schiffsfriedhof und extrem ungesund, wenn man dort zur falschen Zeit auftaucht. Wir könnten aber auch gleich weiter über die Biskaya fahren, das nächste Schreckgespenst auf der Reise. Weiß doch noch jeder Segler, den wir treffen, eine Geschichte von Sturm und ekligen Umständen zu erzählen. „Wann kommt endlich der *Süden* und das entspannte Segeln?" seufzen wir verstohlen. Da es immer noch schwachwindig ist, beschließen wir, nicht wie YARA direkt über die Biskaya zu segeln, sondern erst noch nach Brest zum Tanken zu gehen, denn wir haben nicht genug Diesel, um die ganze Strecke zu motoren. Ein paar Stunden nachdem wir aus dem Hafen sind, werde ich seekrank! Carola wurde ja immer schon leicht schlecht, aber ich dachte, ich sei immun dagegen. Was ein Elend. Nun ist keiner mehr an Bord richtig fit, dabei müssen wir auch noch die Nacht durchsegeln, da die Strecke nicht in einem Tag zu schaffen ist. Aber wir haben wieder mal Glück, erreichen das Raz de Sein mit der richtigen Tide und rauschen Richtung Rade de Brest vorbei an den unzähligen Spitzen schwarzer Klippen und Untiefen. Kein Sturm, kaum genug Wind zum Segeln haben wir. Der kommt erst, als wir die letzten Meilen zum Yachthafen hochkreuzen. Es pfeift mit sieben Windstärken durch die ansonsten sehr geschützte Bucht. YARA wird auf der Überfahrt heftig gebeutelt, und wir sind froh über unsere Entscheidung und warten friedlich im Hafen auf besseres Wetter.

# Biskaya - die "große" Überfahrt

Endlich ist es warm. Richtig Sommer. Wir können in Shorts rum-laufen und nutzen den nächsten günstigen Wetterbericht zu unserer ersten *großen* Überfahrt: Drei Nächte werden wir wohl auf See sein, und wir sind - bis auf die Kinder - schrecklich aufgeregt. Es ist ein echtes Traumwetter, als wir auslaufen: Achterliche Winde, leichter Dunst, kaum Seegang. Wir lassen die vorgelagerten Inseln hinter uns, nehmen Kurs auf La Coruña in Spanien und fühlen uns wie Columbus auf dem Weg ins große Unbekannte!

Später werden wir lernen, dass es ganz normal ist, in der ersten Nacht auf See nicht zu schlafen. Alles ist fremd, macht andere Ge-räusche als vor Anker, und man muss sich erst daran gewöhnen, dass das Schiff in ständiger Bewegung ist. Aber nun: Die Nachtwachen ziehen sich endlos, und auch der fantastische Sternenhimmel inklu-sive Meeresleuchten kann uns nicht wirklich trösten. Dabei ist es wunderschön: LASSE rauscht mit sechs Knoten und Passatbesege-lung durch die sternhelle Nacht, und zieht wie eine kleine Rakete einen phosphoreszierenden Feuerschweif hinter sich her. Die Be-dingungen sind ideal, aber das merken wir erst hinterher. Uns ist kalt und unbequem im nächtlichen Cockpit, und was soll man bit-teschön nachts von zwei bis vier Uhr auch machen? Wie wach blei-ben? Die Aries steuert unbeirrt den Kurs, manchmal zieht am Hori-zont ein Frachter vorbei oder ein Fischerboot kreuzt unseren Weg. Aber meistens sind wir einfach nur allein in diesem Universum aus Wasser, Dunkelheit und Sternenlicht. Die Kinder schlafen prächtig und sind tagsüber munter und vergnügt. Draußensein interessiert sie nicht besonders, denn da gibt es ja meistens nichts zu sehen außer Wasser. Also spielen sie unter Deck.

Wir Großen dagegen quälen uns durch den Tag. Übermüdet und an-gespannt sind wir nicht gerade ein Vorbild an Gelassenheit. Dazu noch zermürbt uns der ständige Kampf gegen die Seekrankheit. Am schlimmsten ist es, wenn wir im rollenden Schiff eine vollgekackte Windel zu wechseln haben. Das geht bei uns an Bord nur auf dem Salonpolster und so stehen wir festgekeilt, den Kopf nach unten gebeugt, versuchen möglichst wenig von den guten Düften unse-rer Kleinen einzuatmen und das Problem so schnell wie möglich zu beseitigen. Mehr als einmal werden danach vom Betroffenen die

Fische gefüttert. Zudem wächst der Müllberg erschreckend schnell, und wir schwören uns, nur mit klogängigen Kindern über den Atlantik zu segeln.

Aber das Blau! Segelten wir bisher durch alle möglichen Wasserfärbungen von grau-braun in der Weser, über fast schwarz in der Nordsee bis zu schilfgrün im Englischen Kanal, passieren wir am zweiten Tag unserer Überfahrt den Übergang vom Festlandsockel zur Tiefsee. Nun haben wir fünftausend Meter Wasser unter dem Kiel und es ist, als würden wir durch den Himmel segeln. Wir scheinen auf einer azurblauen Glücksmaterie zu schweben. Das Meer leuchtet! Lichtstrahlen scheinen aus der Tiefe herauf und geben dem Wasser eine Färbung, wie wir sie nirgends sonst gesehen haben. Wir können uns an dieser überirdischen Schönheit nicht sattsehen und verbringen Stunden damit über der Bordwand zu hängen und in die leuchtende Tiefe zu träumen.

An Schlafen ist tagsüber wegen der Kinder nicht zu denken, und so gehen wir nicht gerade ausgeruht in die zweite Nacht. Ich versuche bis 23 Uhr Wache zu gehen, dann Carola bis zwei Uhr, dann ich zwei Stunden bis vier Uhr und dann Carola bis Sonnenaufgang. Macht für jeden insgesamt fünf Stunden Schlaf. Theoretisch! Leider kann ich in meiner Freiwache nicht einschlafen. Konnte ich während meiner Wache nur unendlich mühsam meine Augen offen halten, so bin ich, kaum in der Koje, hellwach. Lausche auf die Geräusche des Schiffs. Lausche auf Carola, die im Cockpit sitzt und leise singt. Also ist alles in Ordnung. Und dann hört sie auf zu singen und ich fange an, mir Sorgen zu machen: Was, wenn sie über Bord gefallen ist? Also recke ich mich, um ins Cockpit zu luschern. Alles in Ordnung, sie guckt nur gerade in die Runde. Das sollte der Wachgänger ja ungefähr alle zwölf Minuten machen. Also kann ich jetzt beruhigt versuchen zu schlafen. Und dann nimmt der Wind etwas zu. Die Geräusche unter Deck werden eindringlicher, die Bewegungen ausholender. Müssen wir reffen? Ich stehe kurz auf und werfe einen Blick in die Runde. LASSE segelt fantastisch und alles ist in Ordnung, trotz des Mehr an Wind. So geht meine Freiwache vorüber und erst kurz vor der Wachablösung gelingt es mir, etwas wegzudämmern.

Es fällt uns beiden nicht leicht, sich auf den anderen verlassen zu müssen! Ich speziell fühle mich ausgeliefert und unsicher, ob Carola die Situationen auch richtig einschätzen kann. Die ständige Angst begleitet mich, dass sie über Bord fällt, und ich es nicht merke. Da die Rettungswesten leider genau auf den Solarplexus drücken und damit die Seekrankheit extrem verstärken, haben wir beschlossen, nur bei starkem Wind und hohem Seegang Weste und Gurt anzulegen. Wir fühlen uns eigentlich sehr geborgen in LASSEs tiefem Cockpit. Da heraus zu fallen ist echt ein Kunststück, und trotzdem bleibt die Sorge ein ständiger Begleiter auf der ganzen Reise.

Auch diese Nacht findet ein Ende, und wir quälen uns noch müder durch den nächsten Tag. Abwechslung bringt eine Brieftaube, die auf unserem Deck notlandet. Sie ist total erschöpft und kann sich kaum noch rühren. Wir versuchen sie zu füttern und stellen ihr Wasser hin, aber eigentlich ist sie mehr an einem Lift interessiert. Sie bleibt an Bord bis kurz vor der spanischen Küste und schafft es, das ganze Deck voll zu kacken! Als wir kurz vor Cabo Ortegal einen nordwärts fahrenden Frachter in kurzem Abstand passieren, macht sie sich undankbar auf und davon. Schließlich waren wir ja nur eine Notlösung zum Ausruhen und Kacken, die offensichtlich in die falsche Richtung fuhr. Ob die Taubenzüchter wissen, dass ihre Biester gar nicht die ganze Strecke fliegen, sondern meistens per Anhalter reisen?

In der dritten Nacht sind wir beide so erschöpft, dass wir trotz der ungewohnten Umstände Schlaf finden. Die Wettergeister haben es gut mit uns gemeint, denn wir müssen die ganze Überfahrt nicht ein einziges Mal die Segel verändern. Einfach perfekte Passatbedingungen. Wir werten das als den Kinderbonus, sind wir doch trotz der Idealbedingungen echt am Kämpfen: Schlafmangel, Seekrankheit, verschlimmert durch das Windelwechseln der Kinder, und der ganz normale Alltag auf einem Schiff bei vier bis fünf Windstärken und zwei Metern Welle bringen uns definitiv an unsere Grenzen. Erst auf der Atlantiküberfahrt werden wir erleben, dass nach dem dritten Tag alles leichter wird: Dann haben wir unsere Seebeine, und die Übelkeit ist vorüber. Wir fangen an, das Leben auf dem Meer zu genießen und sind die Umstände nicht gar zu widrig, gleiten wir unmerklich in eine zeitlose Routine aus Kochen, Navigieren, Geschichten Erzählen, Singen, Duschen mit Seewasser und erträglichen Nächten. Aber bis dahin ist es noch ein weiter Weg, und es ist gut, dass am Mittag des vierten Tages das Nordkap von Spanien endlich aus dem Dunst auftaucht.

Jubel bricht los! Land nach drei Tagen nur Wasser! Alle sind begeistert, und wir können gar nicht schnell genug vorankommen. Je mehr wir uns dem Land nähern, desto diesiger wird es. Und als wir endlich parallel zur Küste fahren, kommt dicker Nebel auf. Na toll! Also starten wir das Radar und die Maschine, denn der Wind hat sich auch verabschiedet, und so lotse ich Carola fünf lange Stunden durch eine undurchdringliche Suppe. Nicht auszudenken, wie das ohne Radar wäre. Es sind immer mindestens fünf bis sechs Echos im zwei Meilen Radius auf dem Schirm zu sehen. Wir können die klagenden Töne der Nebelhörner großer Frachter hören; die kleinen Fischerboote aber schleichen lautlos durch die trübe Brühe und wären ohne Radar einfach unsichtbar für uns. La Coruña können wir nur dank Radar anlaufen, denn die Sichtweite ist unter 50 Meter gesunken, und es ist mittlerweile auch noch dunkel geworden. Die Kinder haben sich selbst ins Bett gebracht, merken sie doch instinktiv, dass die Eltern sehr angespannt sind. Sie finden den Nebel toll. Nur schade, dass man Spanien gar nicht sehen kann. Die Hafenmole taucht wenige Meter vor uns gespenstisch aus der Suppe auf, als unvermittelt ein großer Fischkutter um die Ecke biegt und aus dem Dunkel auf uns zu hält. Erschrocken weichen wir aus, aber es ist kaum Platz zwischen Mole und Kutter und nur eine Handbreit fehlt, und wir wären auf die rauen Steine geraten.

Wir erholen uns in der noblen Innenstadtmarina von unserer ersten richtigen Seereise. *Security* wird groß geschrieben, und so können wir schon zum Einklarieren nicht durch das mit Magnetkarte gesicherte Tor. Dafür braucht man eben diese Karte. Die gibt's aber nur beim Hafenmeister auf der anderen Seite des Tores. Sehr clever gemacht. Nach langem Warten kommt ein anderer Segler vorbei und lässt uns raus. Wir erhalten vom Hafenmeister eine wunderschöne Mappe mit allen möglichen Broschüren, müssen endlose Formulare ausfüllen und eine Kaution von 50 Euro für die Magnetkarte hinterlegen. Dann sind wir frei und betreten spanischen Boden.

# In Spanien knallt's

Alles ist ganz anders als in Frankreich! Allein der Kaffee: Hier wird er mit ganz wenig Milch getrunken und zu einer guten Bar scheint es dazuzugehören, dass er mit lautem Rums auf den Tisch geknallt wird. Ist nichts übergeschwappt, hat der Kellner etwas falsch gemacht. Rau und leicht aggressiv erleben wir die Stimmung. Nur zu den Kindern sind sie extrem freundlich und versuchen, ihnen ständig etwas Süßes zuzustecken. Wir müssen aufpassen wie die Luchse und führen die Regel ein, dass unsere Kinder alles, was sie von Fremden bekommen, immer erst zu uns bringen und fragen, ob sie es essen dürfen. Das klappt nicht schlecht und bald sagen sie selber voller Stolz: "Nein, wir essen keinen Zucker." Idealbedingungen, wenn man auf einem Boot lebt.

Wir sitzen auf der großen Piazza bei Kaffee und Tapas. Die Kinder spielen auf der weiten autofreien Fläche und wagen sich weiter und weiter weg von der Sicherheit der Eltern. Der Platz ist eingefasst von ehrwürdigen alten Häusern und gesäumt mit Cafés. Die Nebengassen sind so schmal, dass keine Autos hindurchpassen und auch hier reiht sich Bar an Bar. Spanier scheinen gerne und ausgiebig Essen zu gehen.

Wir dagegen haben ein Problem: Das Gas ist wieder mal verbraucht und niemand will unsere deutschen Flaschen befüllen. Das ist insofern ärgerlich, als ich in Deutschland versucht hatte, mich schlau zu machen. Jeder, den ich fragte versicherte mir: "Ja, kein Problem. In Europa kriegst du die überall gefüllt." Ja, ja, die *Experten* zu Hause. Wo auch immer sie ihre Informationen her bekommen haben, die Spanier jedenfalls wissen nichts davon. Einen Tag verbringe ich mit einem freundlichen Taxifahrer und folge dubiosen Hinweisen wo man eventuell doch Gas nachgefüllt bekommt. Das ist anstrengend und nervig, denn es ist heiß und viel Verkehr und nach dem zehnten: "Sorry, wir nicht, aber da und da, die könnten vielleicht..." landen wir bei einem spanischen Gashändler und kaufen eine lokale Flasche inklusive Adapter, der ganz sicher und heilig versprochen an das deutsche System passen soll. Schließlich sind wir ja EU und so. Die Flasche passt nicht, und somit bringe ich sie unverrichteter Dinge zurück. Unbenutzt, aber bezahlen muss ich den Inhalt trotzdem. Am Ende kaufe ich genervt Campinggas, das zwar teuer, aber verfügbar ist, und wir können wieder kochen.

Bei einem meiner Streifzüge auf der Jagd nach Ersatzteilen in der Stadt komme ich an einem Bettler vorbei. Vor ihm stehen vier Schalen mit jeweils ein paar aufmunternden Münzen darin. Sie sind beschriftet mit: "for whisky, for wine, for beer, for bread". Da hat man doch endlich mal eine Auswahl beim Spenden!

Übrigens haben die Spanier einen Knall! Ja, ganz richtig! Nicht nur einen, sondern eigentlich knallt es ständig bei ihnen, und das geht so: Sonntag morgens, nur wir sind dank der Kinder wie üblich mit Sonnenaufgang auf den Beinen und auf dem Weg an Land, es ist wunderbar friedlich. Da hält auf der Pier ein kleiner Lieferwagen. Der Fahrer öffnet die Heckklappe und feuert aus dem Auto heraus eine Rakete in den Morgenhimmel. Ein Blitz und dann ein solcher Donnerschlag, dass die Tauben erschreckt aufflattern und sämtliche Hunde der Stadt ein wildes Gebell anstimmen. Nils und Lisa erschrecken sich zu Tode und fangen an zu weinen, denn es folgen noch zehn weitere von diesen Blitz-Knall-Dingern. Dann hat der Kerl offensichtlich seine morgendliche Weckaktion erfüllt, klappt die Türe zu und braust davon. Es herrscht wieder sonntäglicher Frieden. Was das Ganze sollte, können wir nicht in Erfahrung bringen, aber das unvermittelte Abfeuern von lauten Böllerschüssen wird uns die gesamte spanische Küste entlang begleiten und immer wieder für erschreckte Kinderherzen sorgen.

So vergehen einige Tage mit Besorgungen und Erledigungen von der ständig nachwachsenden *To-do-Liste*. Herauszufinden, wo es was gibt und auszuhalten, dass man oft nur einen Bruchteil davon erledigt bekommt, gehört offensichtlich zum Fahrtensegler-Dasein dazu!

Das Wetter ist traumhaft warm, und wir verlassen den Hafen und segeln um die Ecke in einen Seitenarm der Bucht von La Coruña, um dort vor einem schönen Badestrand zu ankern. YARA ist auch da. Wir verbringen manchen Nachmittag mit gemeinsamen Spielen am Strand, wobei sich bald herausstellt, dass Nils und Lisa eigentlich viel besser ohne Yannik spielen können, und so sind wir nicht wirklich scharf darauf, im Konvoi weiter zu ziehen.

Wir wollen Lisas zweiten Geburtstag zusammen mit der YARA feiern. Leider hat der Wind gedreht und kommt auflandig. Zunächst ist es noch ganz friedlich, aber bald müssen wir zurück an Bord, denn es fängt an richtig zu blasen. Rasch hat sich eine unangenehme Welle aufgebaut und LASSE fängt an zu stampfen. Da wir auf Legerwall liegen, zögere ich nicht lange, und wir gehen Anker auf, um auf der anderen Seite der Bucht unter Landschutz neu zu ankern. Kaum ist der Haken im Grund, kommt ein kleines, gelbes französisches Segelboot auf den Ankerplatz. Es sieht sehr *befahren* aus, so als sei es schon mindestens um Kap Horn gesegelt. Umso überraschter sind wir von dem folgenden Ankermanöver: Obwohl die Bucht groß ist und jede Menge Platz hat, ankern die zwei Leutchen nach langem Suchen direkt auf uns drauf! Nur wenige Meter trennen unsere Boote. Ich revidiere meine Meinung umgehend vom *vielgereisten* Boot zu *gänzlich unerfahren*. Kann doch jeder sehen, dass es so nicht gehen wird. Die Franzosen sind sehr nett, sprechen aber kaum Englisch, daher können wir nicht wirklich miteinander reden, aber es ist klar, dass sie gar nichts dabei finden, so nah zu liegen.

Dieses Erlebnis ist der Beginn einer langen Kette von ähnlichen. Auf der gesamten Reise werden wir immer wieder mit schöner Regelmäßigkeit beobachten, dass französische Yachten ganz offensichtlich eine andere Wahrnehmung von sicherer Ankerdistanz haben. Sie scheinen es gerne nah zu mögen, oder sind sie einfach ein kommunikativeres Volk?

Wir schütteln oft mit den Köpfen und versuchen, uns nur zu wundern. Vor allem mir fällt es nicht leicht zu akzeptieren, dass andere meinen, die Gesetze der Physik gelten für sie nicht. So wird Lisas Geburtstag dank der Wettergötter ohne Gäste an Bord gefeiert. Fahrtensegler müssen eben flexibel bleiben.

Zurück am Steg in La Coruña treffen wir auf die ersten Heimkehrer von einer Weltumseglung: Es ist eine deutsche Reinke, aus Stahl gebaut, sechzehn Meter lang, und mit riesigen Tanks für Wasser und Diesel ausgestattet. Neidvoll hören wir, dass sie 1500 Liter von beidem an Bord haben und dann ist das Deck noch vollgestellt mit unzähligen Reservedieselkanistern. Wir haben gerade mal 10% davon und sind zwei Leute mehr an Bord. Und dann fangen sie an zu erzählen, was *man* alles braucht: Also ohne Außenborder geht gar nichts. Spätestens in der Karibik werdet ihr euch einen kaufen. Punkt um! Und Wasser habt ihr auch zu wenig und Diesel, um durch die Flauten in Asien zu motoren. Und was, ihr habt kein SSB (Funkanlage für große Entfernungen)? Und keinen Computer? Und das Boot vergittern könnt ihr auch nicht? Und unbewaffnet seid ihr auch... Sie halten uns offensichtlich für grob fahrlässig, wenn nicht gar verrückt.

Etwas kleinlaut sitzen wir hinterher in unserem schönen, kleinen Boot und versuchen, unser Selbstvertrauen nicht ganz zu verlieren. Abgeschlossen haben wir unseren LASSE noch nie, und trotz der Warnungen werden wir es für den Rest der Reise auch weiter so halten, und die Erfahrung wird uns Recht geben. Nirgends sind wir bestohlen worden! Niemand hat je versucht, in LASSE einzubrechen und auch das übliche Dingifestschließen haben wir schon in Portugal aufgegeben. Andere scheinen aber abweichende Erfahrungen gemacht zu haben.

Wir treffen in Spanien noch eine ganz eigene Spezies von vornehmlich deutschen Seglern und das kommt so: Als deutscher Langfahrtsegler ist *man* im Trans-Ocean-Verein (TO). Das soll jede Menge Vorteile haben, von einer günstigen Auslandskrankenversicherung, über die diversen Stützpunktleiter, die überall auf der Welt einem mit Hilfe zur Seite stehen sollen, bis hin zu Rabatten in Marinas. Also so eine Art ADAC zur See denken wir und werden gutgläubig Mitglied. Schon in Deutschland setzen wir stolz die TO-Flagge, wollen wir uns doch von all den anderen *nur* Wochenendseglern als echte Fahrtensegler abheben. Nachdem aber der dritte ältere Miesepeter uns stundenlang an der Reling erzählt, wie schlecht es überall auf der Welt sei, wo man überall nicht hinfahren sollte, wo er überall bestohlen worden wäre, und wir nur mit einem verschämten Hinweis, dass wir uns um die Kinder kümmern müssen, den Redestrom unterbrechen können, holen wir die Fahne schleunigst wieder ein. Da segeln wir doch lieber inkognito! Als wir dann noch von anderen TO-Seglern erfahren, warum wir nicht in die Krankenversicherung aufgenommen werden konnten, sind wir vollends bedient: Diese findet seit einigen Jahren keinen Versicherer mehr, da die Beitragszahler regelmäßig mehr entnehmen als insgesamt eingezahlt wurde. Stolz erzählen uns diese Segler, dass *natürlich* nur einer in der Versicherung sei, aber *natürlich* beide die Leistungen in Anspruch nehmen. Sie seien ja schließlich nicht blöd. Eine tolle Solidargemeinschaft! Es sind die gleichen Leute, die uns als Erstes dringend und sicher wohlmeinend erzählen, wo der nächste Aldi oder Lidl ist und wo man was am billigsten bekommt. Schnäppchenjäger eben. Nun sind das aber nicht die armen Schlucker, sondern wohl situierte deutsche Rentner mit gehobenem Bildungshorizont, dicker Pension, einem teuren Boot und fast immer auch zu Hause noch mindestens einer

Immobilie. Die könnten es eigentlich besser wissen. Wir schämen uns für diese Landsleute und machen in Zukunft einen großen Bogen um deutsche TO- Fahrtenyachten.

Auch das letzte Argument für den TO, die Hilfe in fremden Ländern, hat sich für uns schnell als Unsinn herausgestellt: Wir sind in viele schwierige Situationen gekommen, und immer haben wir Hilfe erhalten. Oft von anderen Seglern, aber auch ganz spontan von freundlichen Menschen an Land. Das wird eine der größten Erfahrungen unserer Reise werden: Immer wenn wir Hilfe brauchten, waren Menschen für uns da. Ganz ohne Verein und Satzung. Und einige nette TO-ler haben wir auch ohne die Vereinsfahne im Mast getroffen.

Wir lassen La Coruña hinter uns und gehen auf Entdeckungsfahrt durch die spanischen Rias: Das sind fjordähnliche tiefe Einschnitte, die sich oft mehrere Meilen ins Landesinnere erstrecken. Sie bieten viele geschützte Ankerplätze, kleine Dörfer oder Städtchen, die zum Verweilen verleiten. Es nimmt nicht Wunder, dass wir in der *schönsten* der Rias, der Ria Arosa kleben bleiben.

Wir ankern umgeben von wilder Bergkulisse direkt vor dem Badestrand. Kleine weiße Häuschen bilden eine nicht gar zu hässliche Bebauung am Ufer, und noch eine andere Fahrtenyacht liegt hier vor Anker, die ROAM mit Terry und Fiona aus England. Sie haben nicht die typisch deutsche Krankheit, allen anderen zu erzählen, was sie noch alles machen müssen, oder noch schlimmer, was sie denn alles hätten machen müssen. Dieses *Müssen* geht uns bald echt auf den Geist: "Was, da wart ihr, und dann habt ihr nicht diese Bucht gesehen? Nein, da habt ihr ja das Beste verpasst!" Mitleidige Blicke folgen, und irgendwie bekommen wir das Gefühl versagt zu haben. Schön blöd, gell?

Die Engländer erleben wir da als wohltuend anders. Sie haben Fragen und suchen nicht nur Zuhörer für ihre eigenen Geschichten. Und vor allem, sie können über sich selbst lachen! Am meisten beeindruckt hat mich die Geschichte von unserem Freund Nick von der KIKA. Er war in Singapur falsch rum hinein gefahren, ohne in der Karte zu sehen, dass die vermeintliche Brücke, die die Insel mit dem Festland verbindet, nur wenige Meter hoch ist. So stand er kurz vor der Abenddämmerung auf der falschen Seite der Brücke. 60 Meilen trennten ihn vom *richtigen* Hafen, der nur wenige Meter hinter der Brücke lag. Da Segler nachts nicht in singapurischen Gewässern navigieren dürfen, schien die Situation so richtig verfahren. Er fährt aber beherzt zu dem schon auf ihn lauernden Zollboot hin und sagt denen mit seinem typisch britischen Charme: "Sorry, but it seems, I made a terrible mistake..." und dann erklärt er ihnen die Situation. Sie finden das irgendwann auch komisch, und er darf am Ende an deren Pier umsonst anlegen und das im extrem teuren Singapur. So hat er Glück im Unglück und verbringt eine herrliche Zeit als Privatgast am *Customssteg*, während die wohl organisierten *Profis* für 60 Dollar die Nacht nur 100 Meter weiter in der Marina liegen. Während wir unsere Missgeschicke verschämt verschweigen, haben auch Terry und Fiona kein Problem, von den ihren zu erzählen. Wie weit sind wir noch davon entfernt, entspannte Fahrtensegler zu sein!

Tags über herrscht herrliches Sommerwetter, aber nachts fauchen heftige Fallböen über unseren idyllischen Ankerplatz. Bis zu elf Beaufort messen sie auf der ROAM. Wir haben glücklicherweise keinen Windmesser, so dass alles über sieben Windstärken halt irgendwie stürmisch ist. Aber auch wir machen kaum ein Auge zu in diesen Nächten, denn LASSE ruckt und zerrt in den Böen an der Ankerkette, und ich stehe häufig auf, um nach dem Rechten zu sehen und die Ankerpeilung zu kontrollieren. Dementsprechend bin ich am nächsten Morgen zu nicht viel zu gebrauchen.

Tagsüber klettere ich an unseren Maststufen ins Rigg, um nach der Biskaya den Zustand der Takelage zu kontrollieren. Da wartet eine unliebsame Überraschung auf mich: Die Ankerplatten, in die die Wanten am Mast eingehängt werden, haben alle kleine Haarrisse. Das kommt mir seltsam vor, haben wir doch das gesamte stehende Gut vor der Reise erneuern und verstärken lassen, und zwar von einem renommierten Bremer Mastenbauer. Der hatte uns in Anbetracht unseres Vorhabens geraten, alle Drähte eine Nummer stärker zu wählen. Ich bin beunruhigt, sehen die Risse doch nicht sehr vertrauenerweckend aus, kann aber im Augenblick nichts machen, und so verschieben wir dieses Problem auf einen Hafen mit Masten-bauer.

Den wird es erst in Portugal wieder geben. Sein Name ist Peter, er hat eine so hohe Stimme, dass ich ihn am Telefon für eine Frau halte, und kommt aus England. Gewissenhaft steigt er in unseren Mast und kommt mit einem schockierenden Befund zurück: All die neuen Wanten sind 8mm stark, aber die aufgepressten Terminals sind für 7mm Drähte. Da hat also der deutsche Fachmann schlicht nicht die passenden Terminals auf Lager gehabt und dann mal eben schnell die zu schmalen 7mm Terminals aufgebohrt und damit die Bruchlast um ein erhebliches Maß reduziert, wohl wissend, dass wir über den Atlantik fahren wollen. Außerdem hätten wir Glück gehabt, meint Peter, denn wenn man Terminals von einem anderen Hersteller nimmt, müssen auch die Ankerplatten im Mast gewechselt werden. Der Bremer Mastenbauer hatte das unterlassen, und nur so sind wir durch die Haarrisse auf das eigentliche Problem aufmerksam geworden. Nun brauchen wir also neue Wanten und Stage.

Aber als ich den Bremer Mastenbauer anrufe, weist er jede Schuld brüsk von sich und erklärt, man könne ja gar nicht 7mm Terminals auf 8mm Drähte verpressen. Recht hat er, denn man muss sie dafür offensichtlich aufbohren. Er behauptet glatt, ich hätte unterwegs seine neuen Wanten getauscht und dabei Murks gemacht. In seiner Werkstatt würde niemand so etwas machen, kommt es im Brustton der Überzeugung. Erst als ich ihm Fotos maile, auf denen deutlich die auf den Terminals aufgedruckten 7mm zu erkennen sind und mit einem Rechtsanwalt drohe, bequemt er sich, für den Schaden aufzukommen. Nach dieser Erfahrung ist unser Vertrauen in deutsche Facharbeit, zumindest was den Bereich Boote betrifft, auf dem Nullpunkt. Diese Nachlässigkeit hätte uns auf dem Atlantik locker den Mast kosten können, wenn nicht noch Schlimmeres, und wir beschließen, in Zukunft alles am Boot selber zu machen.

Aber zurück nach Spanien. Wir landen erst einmal in Muros, einem romantischen kleinen Örtchen, dessen Häuser aus Bruchsteinen bestehen und in dem der spanische Bauboom noch nicht gewütet hat. Es winden sich enge Gässchen den Berg hinauf, führen Kopfsteinpflasterstraßen zu verwunschenen Plätzen und trotz der Touristen hat der Ort einen sehr eigenen Charme.

Auf einer Wanderung in den Bergen hinter dem Ort lernen wir Pamela und Charles kennen. Sie sind mit Pferd und Büchern aus Oxford von der Uni hierher emigriert und führen ein beschauliches Leben am Rande der Stadt. Die Kinder sind sofort begeistert von dem Pferd Chatta und wollen auf ihr reiten. Pamela lässt sie aufsitzen, aber als Chatta anfängt sich zu bewegen, wird unseren beiden doch angst und bange, und sie wollen schleunigst wieder herunter. Trotzdem ist Pferd jetzt das große Thema - und warum können wir auf LASSE nicht auch eines haben?

Mit Pamela und Charles verbindet uns spontan eine Freundschaft.

Wir laden sie an Bord ein und genießen, dass da Menschen sind, die es mutig finden, dass wir unseren Träumen folgen und verrückte Dinge tun! Sie ermutigen uns und bestärken uns in unserem Entschluss zu dieser Reise und in unseren anfänglichen Versuchen, unser eingerostetes Schulenglisch zu aktivieren. Sie werden uns um die ganze Welt mit motivierenden Mails begleiten, oft mit dem Zusatz: "Und wenn es mal nicht weiter geht wie geplant - hier ist immer ein Zimmer für euch frei!"

Am nächsten Tag wird es spannend. Ein Hubschrauber kommt regelmäßig auf den Ankerplatz und taucht einen großen Eimer ins Meer, hebt ihn voll mit Wasser heraus und fliegt damit zu den naheliegenden Bergen. Dort brennt der Wald und hohe Rauchfahnen künden von der Größe und Macht des Feuers, denn der Wind, der am Tage nur schwach weht, hat in der Nacht die Brände neu angefacht. Wir sitzen in einem Straßencafé und jedes Mal, wenn die Maschine uns überfliegt, regnet das Wasser aus dem überdimensionalen Eimer auf uns herab. Die Waldbrände begleiten uns die nächsten Tage. Gezündet von Menschenhand vernichten sie jedes Jahr tausende Hektar Wald. In diesem Jahr ist es besonders schlimm, denn der Wind macht die Löscharbeiten des Tages in der Nacht wieder zunichte.
In der Ria Arosa liegen wir vor einem wunderbaren Strand. Zwischen den ankernden Yachten tanken die Löschflugzeuge ihre Bäuche voll mit Seewasser, um dann in kühnem Flug hinter dem nächsten Hügel ihre Fracht zu entladen. Das geht so ununterbrochen den ganzen Tag. Niemand sperrt die Wasserfläche ab und immer wieder entstehen haarsträubende Situationen, wenn Segler sich dem Ankerplatz nähern und plötzlich ein Löschflugzeug direkt über der Wasseroberfläche ihren Weg kreuzt. Nils ist völlig fasziniert von den in nur wenigen dutzend Metern Abstand vorbeirauschenden Flugzeugen, und als am Abend auch noch der Wind eine Feuerwalze direkt am Ufer entlang treibt, ist er kaum zu beruhigen. Immer wieder müssen wir ihm versichern, dass das Feuer nicht übers Meer zu uns gelangen kann. Er findet nur spät in den Schlaf, und auch wir sitzen noch lange im Cockpit und bestaunen fasziniert die entfesselten Naturgewalten. Wir verlassen die Rias und segeln bei flauen Winden zwischen riesigen Felsbrocken, die wie Riesenspielzeug im Meer herumliegen, zu unserer ersten echten Trauminsel: Islas Cies. Sie ist nur eine Meile lang und besteht aus zwei steilen, teils bewaldeten Gebirgskegeln,

die in der Mitte mit einer flachen Landzunge verbunden sind. In deren Mitte befindet sich eine Art Lagune, in die sich bei Hochwasser der Atlantik verirrt, die sonst aber ein wattenmeerartiges Sumpfgebiet umfasst. Windzerzauste Kiefern und Eichen säumen den riesigen Strand. Es gibt einen Landesteg für die Tagesausflügler vom nahegelegenen Städtchen Bayona und ein paar Häuser, die zu einer kleinen Farm gehören. Keine Straßen, keine Autos und ab nachmittags um fünf haben die Segler die Insel für sich. Durch die Hufeisenform ist der Ankerplatz wunderbar vom Atlantikschwell geschützt und so ergibt sich hier ein natürlicher Sammelpunkt für die Fahrtensegler.

Endlich sind wir mal nicht das kleinste Schiff, und fast alle anderen rudern ebenfalls. Wir sind positiv überrascht! Neben uns ankert die norwegische BIKA, eine nur 26 Fuß lange Contessa mit Henrik, einem echten norwegischen Dichter und seiner Freundin Nina nebst Katze an Bord. Wenn sie an Land wollen, falten sie sich in eine winzige Nussschale von Dingi, wobei Henriks Beine wie ein Bugspriet weit über den Rand hervorragen, denn er ist recht lang geraten. Nina ist dagegen praktischerweise sehr zierlich, sodass sie wie ein kleiner Ball in der anderen Hälfte kauert und dann rudern sie gemächlich an Land. Wir sind beeindruckt von so viel Genügsamkeit und kommen uns auf LASSE mit einem Mal richtig großkotzig vor.

Am Nachmittag kommt ein ulkiges Boot auf den Ankerplatz: Trotz Flaute segeln sie unendlich langsam und sehr gelassen heran. Der Rumpf ist gediegen schwarz, ein traditionelles Gaffelrigg mit rot gelohten Segeln und ein langer Bugspriet runden den Klassiker-Look ab. Sie fahren ein Ankermanöver unter Segeln weit draußen und wirken zwischen all den modernen Kunststoff- und Stahlschiffen wie aus einer vergangenen Epoche. Die Crew rudert in einem weißen Dingi an Land, und wir sind beeindruckt von so viel Stil. Als wir von unserem Spaziergang zurück zum Dingi kommen, begegnet uns ein hagerer, braungebrannter Mensch, dessen scharf blickende Augen unter einem silbrigen Kurzhaarschnitt hervorblitzen. Er kommt direkt auf uns zu und sagt: "Hallo, ich bin der Jörg". Er ist der Skipper des Traditionsseglers APRIL, den er mit seiner Frau Christiane selbst gebaut hat. Wir verbringen einen spannenden Abend mit den beiden, an dem sie uns ihre sehr ausgefeilten Theorien nahe zu bringen versuchen: Selbstversorgung, alles selber bauen und unabhängig sein. Für uns die ersten echten Aussteiger, denn sie sind jung wie wir, versuchen mit einem Minimum an Geld auszukommen und ihre Philosophie der Einfachheit auch selbst zu leben. Leider haben sie auch ein starkes Sendungsbewusstsein und halten uns mit ihrer Intoleranz schön den Spiegel vor, denn nur wer es macht wie sie, macht es richtig. Also doch wieder typische Deutsche? Trotzdem ist der Kontakt mit ihnen sehr anregend, und so retten wir an dem Abend nicht nur theoretisch die Welt, sondern sind ganz aufgekratzt, denn ein so interessantes Gespräch hatten wir schon lange nicht mehr, geht doch das übliche Seglergeplauder meist nicht sehr viel weiter als woher, wohin und wo ist Lidl.

Da wieder mal kein Wind ist, sammeln sich die Fahrtensegler vor dem Hafen von Bayona. Ein reges Hin und Her zwischen den Booten setzt ein, Pläne werden geschmiedet, nur um am nächsten Tag schon wieder verworfen zu werden und wir entdecken, dass uns der klassische Zeitplan für eine Weltumseglung total gestresst hat. Langsam geben wir den Gedanken auf, schon in diesem Jahr den Atlantik zu überqueren. Wir brauchen mehr Zeit, um uns an das neue Leben zu gewöhnen, mehr Zeit auch für uns. Also steigen wir zum zweiten Mal *aus*, um jetzt mehr unser eigenes Tempo zu finden. Muss ja weder eine Weltumseglung noch die große Atlantikrunde werden. Wir können ja auch nach Afrika oder Südamerika segeln, da ist es auch schön und warm.

An Bord unseres LASSE fühlen wir uns immer wohler. Gerade weil wir so viel draußen im Wind und im Licht sind, ist die kleine Kajüte eine willkommene und gemütliche Rückzugshöhle. Den Kindern geht es gut, sie lieben es beide, sich von den Wellen schaukeln und am besten nass spritzen zu lassen. Mit Mehlmahlen, Teigkneten, Gemüseraffeln, Wäschewaschen, Putzen, Müll an Land und Wasser zum Schiff rudern, Keschern, Angeln, Leinenaufschießen usw., gibt es auch im Hafen oder vor Anker immer genug zu tun und zu *helfen*. Nils erzählt in dieser Zeit mit viel Fantasie die wildesten Geschichten und Lisa fügt vorsichtshalber immer schon gleich "Lisa auch" dazu. Einmal rief sie stattdessen "ich auch", woraufhin ich fragte: "Wer ist denn ich?", Lisa prompt: "Nils". Gemein, in ihrem Alter ist schließlich das Ich-Sagen noch nicht dran.

# Algarve - schon wieder ausgestiegen

Natürlich drängt der Skipper viel zu schnell weiter, aber wir wollen den leisen Wind ausnutzen, wenn er denn mal weht, schließlich ist in diesem Jahr der portugiesische Norder ausgeblieben, und wir müssen noch genug motoren. In tiefer Dunkelheit laufen wir unseren ersten portugiesischen Hafen Viana do Castelo an. Es ist extrem eng und vollgestopft, und nur mit viel Gewürge bekommen wir noch Platz in einer Lücke. Aber auf See wollten wir doch nicht bleiben, denn da geht ein ekliger Schwell, es hat keinen Wind, wir sind rechtschaffen müde, und so fallen wir nach dem obligatorischen Aufklaren erschöpft in die Koje.

Plötzlich ein leises Rascheln! Da wieder... unverkennbar... klingt nach einem recht großen Lebewesen und ist eindeutig auf dem Schiff. Genauer: im Vorschiff. Es raschelt und werkelt, und dazwischen klirrt es wie von der Ankerkette. Was mag das sein? Plötzlich dämmert es uns, haben wir doch die letzten Tage so seltsame "Vogelköttel" an Deck gesehen und scharrende Geräusche gehört. Das waren gar keine Vögel, das war eine Ratte! Jetzt jedenfalls scheint sie im Ankerkasten gefangen zu sein. Beherzt schließt der tapfere Skipper den Schlauch am Steg an, verstopft die Drainageöffnung und lässt den Ankerkasten über die Kettenklüse volllaufen, bis nichts mehr zu hören ist. Es ist ein kleines Tier, und mir tut es auch echt leid, aber Ratten auf dem Schiff sind nun mal sehr gefährlich. Der Kapitän ist heilfroh als seine Frau mit Hilfe einer Plastiktüte das tote Tier über Bord befördert, hat sich doch seine Courage mit dem Akt des Ertränkens bereits restlos verbraucht. Wir haben noch mal Glück gehabt, dass das liebe Tierchen nur an Deck rumgelaufen ist und sich nicht auch noch unter Deck vergnügt hat. Da wäre das mit dem Ertränken nicht so elegant gelungen!

Am nächsten Morgen wollen wir uns kurz bei der Marina anmelden und fallen aus allen Wolken: Wir müssen ein Formular für die Polizei, eines für den Zoll und eines für die Marina selber ausfüllen. Alle mit dreifachem Durchschlag und alle wollen dasselbe wissen, also Passnummern, Geburtsorte und -daten, Schiffsdetails wie Motornummer, PS, Hersteller der Rettungsinsel und und und. Nein, wir dürfen nicht unsere vorbereiteten Crewlisten verwenden, auf denen das alles schön säuberlich draufsteht, und ja, wir sind noch in der EU. Aber von Schengen scheinen die hier noch nichts gehört zu haben, also durchlaufen wir eine richtige Einklarierungsprozedur mit allen Schikanen. Nur die Gesundheitsbehörde kommt nicht an Bord. Ja, spinnen die Portugiesen denn?

Cascais in Portugal.
Wir erliegen dem morbiden Charme alternder Prachtbauten.

Endlich dürfen wir Portugal betreten, und das ist herrlich! So anders als Spanien. Ärmlicher und weniger Neubauten und darum noch viele von diesen wundervollen, alten Häusern, die hier mit Würde vor sich hin verfallen und damit den meisten portugiesischen Orten einen unvergleichlichen Charme geben. Jedenfalls hier, an der einsamen Westküste. Leider sieht es an der Algarve dann auch schon so hässlich wie in den meisten spanischen Touristenorten aus. Die Menschen sind nicht mehr so kantig wie in Spanien, mehr melancholisch und zurückhaltend und aus vielen Ecken weht uns der Duft der Vergangenheit entgegen. Schön, finden wir, herbstlich.
Und dann der Markt! Mussten wir in Spanien dankbar sein, wenn es außer Tomaten, Gurken, Auberginen und Paprika noch ein anderes Gemüse gab, so herrscht hier echte Vielfalt: Sellerie, rote Beete, Möhren, Artischocken, Lauch, Chicorée, Brokkoli und Rosenkohl erfreuen unser gemüsehungriges Herz, und dazu kostet alles nur ge-

rade die Hälfte vom Nachbarland. Ein Schlaraffenland für Segler mit kleinem Budget also!

Direkt neben der Stadt beginnt ein dreißig (!) Meilen langer weißer Sandstrand, und so tuckern wir am nächsten Morgen wie in Zeitlupe dahin und haben das Gefühl, gar nicht voranzukommen. Keine Touristen weit und breit, keine Häuser, nichts. Einfach nur Strand und waldige Berge dahinter. Die Küste ist schnurgerade, und nur alle 60 Meilen findet sich ein geschützter Hafen. Wir machen erst wieder einen längeren Halt, als wir das Kap an der Ecke von Lissabon mit dem schönen Namen Cabo Raso gerundet haben. Hier nehmen wir für eine Woche Carolas Bruder mit an Bord.

Dann wird Cascais, ein ehemals mondäner Badeort für die wohlhabenden Bürger aus Lissabon, unsere gemeinsame Basisstation. Von hier aus machen Carola und ich abwechselnd Ausflüge mit der Vorortbahn in die portugiesische Hauptstadt. Wir ankern recht geschützt vor einem wunderbaren Spielstrand für die Kinder, und während Carola sich ins großstädtische Leben stürzt, machen Nils und Lisa den Strand unsicher. Da gibt es Muscheln und Krebse und allerlei anderes Strandgut. Mit Begeisterung buddeln sie im feinen Sand, während ich in der Strandbar bei einem Kaffee glücklich die Aussicht auf Kinder und Boot genieße. Taucher haben einen römischen Bronzeanker gefunden, und staunend beobachten wir, wie sie mit sechs starken Männern versuchen, das Ding an Land zu wuchten. Viel zu früh müssen wir diesen schönen Platz verlassen, und diesmal ist ausnahmsweise nicht der ungeduldige Skipper schuld, sondern unsere eigene Blödheit: Wir haben die eiserne Grundregel des Fahrtensegelns, keine Termine zu machen, außer Acht gelassen und uns mit Carolas Eltern an der Algarve verabredet. Wir wollen sie nicht warten lassen, und segeln etwas überstürzt um die Südecke von Portugal nach Vilamoura.

Wir hatten den Ort als Treffpunkt schon vor Wochen ausgewählt, da er als einziger im Reiseführer eine Kombination aus Hotel und bezahlbarem Hafen versprach. Das Ganze entpuppt sich als ziemlicher Reinfall, denn Vilamoura ist schlichtweg hässlich! Aber so ist es halt, wenn man nicht vorher hinfährt und sich alles anschaut.

Aus einer Rundmail von Carola:
*19. März 2006*

*Vila, Vilamoura*
*Hej, wir waren da! Im größten künstlichen Ferienresort Europas.*
*Unser LASSE das kleinste Schiff unter 600 anderen Booten, umge-*
*ben von Hotelburgen, internationalen Restaurants und Shopping-*
*malls. Die Nachbarboote, lauter "Röchelfelsen" wie die Kinder zu*
*den Motorbooten sagen, so ab 500.000 Euro aufwärts. Keins kleiner*
*als 45 Fuß (wir sind 33 Fuß lang...) und die richtig großen so ab 60*
*Fuß kosten dann laut Aushang der vielen (holländischen) Broker*
*gerne mal 1,8 bis drei Millionen Euro! Gefahren ist in den vier Wo-*
*chen vielleicht mal einer. Ansonsten kommt jeden Tag ein eifriger*
*Putztrupp glatzköpfiger Jünglinge und spült den Dreck des Tages*
*mit viel, viel Wasser weg (an der Algarve hatte es bis zu dem Zeit-*
*punkt zwei Jahre nicht geregnet!). In den Marmorduschen der Mari-*
*na dagegen hängt ein Schild, wie man durch Abdrehen der Wasser-*
*hähne beim Duschen Wasser sparen kann.*
*Wir waren zunächst sehr entsetzt, als wir dieses "Geschwür" in der*
*Landschaft anliefen. Wollten wir doch drei Wochen in der Nähe mei-*
*ner Eltern verbringen. Doch auch dieser Luxus hatte für uns durch-*
*aus Vorteile: Nicht nur die Marmorduschen, die Waschmaschinen*
*und die permanente Videoüberwachung :-), sondern vor allem ein*
*sehr guter, sehr netter englischer Segelmacher, der den Pfusch des*
*Bremer Mastenbauers perfekt saniert hat.*
*Als uns in Vilamoura einmal das Gas am Feiertag ausging, natür-*
*lich ausgerechnet mit angefangenem Brotteig, sind Nils und ich in*
*die nächste Fünf-Sterne-Pizzeria gegangen und durften dort das*
*Brot sehr zum Vergnügen des fröhlichen afrikanischen Küchenper-*
*sonals backen. Einmal abgesehen von dem wunderschönen Sand-*
*strand hatte die Zeit in Vilamoura also durchaus auch heitere Seiten.*
*Mit neuen Wanten und Stagen endlich wieder auf See sang Lisa noch*
*lange monoton: "Vila, Vilamoura, Vila, Vilamoura..." [...]*

*Culatra:*
*Unsere nächste Station. Wir beschließen, uns erst einmal von der*
*bisherigen Reise zu erholen und hier zu überwintern. Der Kontrast*
*zu Vilamoura hätte nicht größer sein können! Landschaftlich eigent-*
*lich langweilig, aber eben doch schön. Langweilig, da absolut nichts*

los. Schön vor allem dadurch, dass wir wunderbar geschützt in der Lagune lagen und doch kilometerlangen Sandstrand mit Atlantikwellen fast ganz für uns allein hatten. Der Preis für die Einsamkeit waren sehr lange Versorgungswege, die immer nur bei Hochwasser möglich waren. Das heißt, wir haben noch viel stärker als sonst mit dem Wetter und der Tide gelebt: Stimmte das Hochwasser gerade mal mit den Ladenöffnungszeiten überein und spielte dann noch das Wetter mit, so hatte Ben seinen Sport und für uns war es immer fast wie Weihnachten, wenn er mit den großen Einkaufstüten und den vielen, vielen Wasserkanistern zurückkam. Ein paar Tage waren wir eingeweht und dankbar für jeden Regentropfen, den wir mit dem Sonnensegel auffangen konnten.

Zu Anfang hatten wir sehr mit den widrigen Wetterbedingungen zu kämpfen. War doch auch für uns der Sommer zu kurz gewesen und hatten wir uns doch eigentlich innerlich schon auf karibische Temperaturen eingestellt. Und nun kam für ganz Portugal endlich der lang ersehnte Regen, und das ausgiebig!! Zudem hatten wir viel Wind, in der Adventszeit oft zwei-drei Tage Sturmböen. An sich kein Problem, da der Ankerplatz, den wir nur mit Jörg und Christiane von der APRIL teilten, rundum geschützt war und wir trotzdem viel draußen waren - doch in der Stille nach dem Sturm wurde uns erst bewusst, wie nervenaufreibend das tagelange Geheule im Rigg war! Wir schlafen miserabel, die Kinder deutlich unruhiger und alle sind schlecht gelaunt und dünnhäutig. Umso schöner war dann die rundum friedliche Weihnachtszeit. Noch am 23. Dezember gab es draußen Geheule und Streit an Bord, ab Heiligabend kehrte mittags draußen und drinnen Ruhe ein.

Manch einer hatte uns schon im Vorfeld gefragt: Wie werdet ihr Weihnachten feiern? Werdet ihr einen Tannenbaum haben? So wie auch das letzte Jahr sind wir nachmittags nach draußen gegangen und haben für die Tiere (Mäuse, Katzen, Schnecken, Vögel, Muscheln, Fische) gesungen und etwas zu Essen hingestellt. Dann zurück auf den LASSE. Mit Tüchern hatten wir den "Salon" zum Weihnachtszimmer gemacht, mit vielen Kerzen, Sternen und der Krippe. (Maria und Josef hatte ich gleich tropentauglich aus Wolle filzen wollen, doch dann brach die Nadel schon bei Josefs Hut ab. So mussten Ochs und Esel, sowie das Christkind, mit Bienenwachs vorlieb nehmen. Sie sind uns nicht davon geschmolzen.) Die Geschenke waren noch versteckt, sodass wir ganz in Ruhe singen und die Weih-

*nachtsgeschichte lesen und anschauen konnten. Das war sehr schön - Nils stellt so viele schwierige Fragen und liebt die Geschichte sehr. Zacharias oder auch der böse Herodes regten schon in der Vorweihnachtszeit zum Nachspielen an. Ganz "normale" Weihnachten also. Besonders waren für uns die zwölf folgenden Tage und Nächte - tags sonnig und milde, nachts schwebte das Schiff auf einem Sternenmeer unter einem funkelnden Himmel. Es war unglaublich friedlich. In Culatra hatten wir zum ersten Mal seit dem Bremer Frühlingswetter wieder ein Problem mit der Feuchtigkeit: Sobald wir durch Regen nicht gut lüften konnten, fühlte sich alles an Bord klamm an. Auch das tägliche morgendliche Heizen half nur bedingt. Herrlich war es dann in sonnigen Stunden gleich alles ans Licht zu zerren - Handtücher, Bettwäsche, Polster fühlten sich doch gleich wie frisch gewaschen an!*

*In dem schönen Buch "Die Gabe der Seenomaden" schreibt Milda Drueke so treffend: "[...] Den meisten Menschen bleibt unverständlich, wie ich viereinhalb Jahre zu zweit auf einem kleinen Schiff leben konnte. Um mich herum war immer die Weite des Meeres. Nicht das Schiff ist eng, es ist die innere Enge der Menschen, die sie nicht an Land zurücklassen, wenn sie an Bord gehen, ihre Weigerung, im Verhalten des Partners den Spiegel zu sehen, ihre Neigung, Schuld grundsätzlich bei anderen und äußeren Verhältnissen zu suchen, wo es doch nicht um Schuld, sondern die eigene Verantwortung geht. Freiheit wird uns nicht von außen zugestanden. Sie ist eine innere Haltung.[...]" So waren die drei Monate in Culatra auch eine intensive Zeit der Auseinadersetzungen und der Veränderungen für uns: Alle Pläne ganz loszulassen und das Hier und Jetzt mit den Kindern annehmen und genießen. [...]*

Kurshalten mit zwei Kapitänen will geübt sein.

Wir liegen sehr idyllisch in einem kleinen Schlickloch am östlichen Ende der flachen Sandinsel Culatra. Bei Niedrigwasser ist die Einfahrt unpassierbar und wir sind umgeben von der mit kleinen Dünen gesäumten Landzunge und den trocken gefallenen Sandbänken, die unser *Löchle* von drei Seiten umschließen. Mit uns liegt hier noch die APRIL, die wir schon aus Bayona kennen. Sie haben alles an ihrem Boot selber gebaut und sind sehr stolz darauf. Auch auf die zugegebenermaßen nicht funktionierende Selbststeueranlage. Außerdem haben sie keinen Motor, keinen Funk und nur eine Petroleumleuchte, dementsprechend anstrengend war ihr Trip von Deutschland hier herunter. Wir können darüber nur staunen, hatten wir doch schon mit Motor unsere liebe Mühe in so manchen Hafen und Ankerplatz zu kommen - das Ganze ohne Motor? Unvorstellbar! Aber sie haben es hierher geschafft.
Jeden Morgen springt Jörg ins eiskalte Wasser und schwimmt seine Runden. Er ist sehr sportlich und verbringt seine Zeit mit Schwimmen und dem Sammeln von Treibholz an der Seeseite der Insel. Diese spaltet er am Strand mit einem Beil und häuft einen großen Berg an Deck der APRIL auf, als Wintervorrat für den kleinen selbstgebauten Holzofen. Auf den Ofen sind wir echt neidisch, denn wir müssen immer, wenn es kalt wird, unsere elende Dieselstandheizung anschmeißen, und die heult und braucht eklig viel Strom, den wir nicht mehr so üppig haben, da die Sonne nun meist schon zu tief steht, um das Solarpanel effektiv zu bestrahlen.
Ansonsten wollen wir aber eher nicht tauschen, denn die APRIL ist

doch ein sehr eigenes Schiff: Es gibt nur einen Toiletteneimer, der Abwasch wird in einer Plastikwanne erledigt, die dann über Bord gekippt werden muss, es fehlt ein Sprayhood, und im Inneren gibt es keine Schränke, nur eine große Liegewiese auf der man bei Seegang herumrollt. Im Cockpit ist es kalt auf den nackten Stahlbänken. Die zwei haben fünf Jahre an ihrem Traum gebaut und blicken mit leichter Verachtung auf unser *Plastik-Fertigschiff.*

Für die Kinder ist Culatra ein Paradies: Nils verbringt Stunden damit, am Strand nach Muscheln zu graben. Wie ein kleines Trüffelschwein durchwühlt er den Schlick und sammelt Eimer voller kleiner *Teppichmuscheln.* Darin ist er unermüdlich. Das Auspulen der verdammten Dinger bleibt dann an uns Großen hängen, aber trotzdem genießen wir viele leckere Muschelgerichte. Das ist auch nicht ganz unwichtig, denn der Weg zur nächsten Einkaufsmöglichkeit ist weit: Einmal die Woche rudere ich quer über die Lagune nach Olhão. Dazwischen liegt eine kleine Sandinsel, durch die ein Kanal führt, der nur zwei Stunden vor und nach Hochwasser passierbar ist. Also muss ich meinen Einkaufstrip mit dem Tidenkalender abstimmen. Dann sollte das Wetter nicht zu windig sein, denn ab fünf Beaufort wird es mit Bananamax, unserem Klappdingi, doch ungemütlich auf der offenen Wasserfläche. So rudere ich 45 Minuten eine Richtung, lasse das Dingi im Club Nautico und wandere zum Wochenmarkt, der ein echtes Ereignis ist: Hier gibt es in unvorstellbaren Mengen die leckersten und frischesten Gemüse- und Obstsorten. Wir schwelgen in Bananen, Artischocken, wildem Spargel und Salat.
Wenn ich dann bepackt mit all den Köstlichkeiten zum Dingi komme, muss ich noch die Wasserkanister auffüllen, was wir auch im Club Nautico machen dürfen, und dann ist das Dingi wirklich randvoll. Die Fischer machen sich regelmäßig über mich lustig. Sie können nicht verstehen, warum ich keinen Motor habe. Schließlich habe ich doch genügend Geld, um müßig herumzureisen, warum dann nicht auch noch für einen Motor?
Dann, wenn alles gut geht und ich mich nicht verrechnet habe oder verspätet, komme ich mit der letzten Ebbe durch den Kanal, und dann sind es nur noch 30 Minuten Rudern über die offene Lagune, wo in der Ferne schon LASSE und APRIL zu sehen sind. Manchmal gleitet ein Sandberg vorbei. Das sind Transportboote, die so voll geladen wurden mit Sand, dass es so aussieht, als würde der Sand ein-

fach so übers Wasser schweben. Warum die nicht untergehen, wenn ein Motorboot vorbeirast, ist mir schleierhaft.

Verschwitzt komme ich am LASSE an, nehme eine schnelle Flaschendusche mit Süßwasser, während Carola das Gemüse verstaut, und dann veranstalten wir ein Kochfest, gab es doch die letzten Tage vor dem Großeinkauf nur noch Möhren mit Zwiebeln oder im schlimmsten Fall Kohl.

Das klingt alles sehr romantisch, aber uns ist es schwergefallen, dieses umständliche Leben anzunehmen. Kommen wir doch neben *Haushalt* und Bootspflege zu sonst nicht viel. Noch ein, zwei Stündchen gemeinsam am Strand spazieren und dann ist der Tag auch schon zu Ende. Ach ja, und dann gibt es noch die Brotbacktage: Da stehen wir abwechselnd an der Handgetreidemühle und mahlen im Schweiße unseres Angesichts zwei Kilo Korn zu Mehl für unsere wöchentliche Brotration. Das dauert eine Dreiviertelstunde. Danach ist allen richtig warm, und dass dann anschließend der Backofen auch noch die Bude erhitzt, ist gar nicht mehr unbedingt so erfreulich. Demut lernen im Alltäglichen? Wir verbringen eine unspektakuläre Zeit, nur von den menschlichen Reibereien untereinander und mit unseren *Nachbarn* unterbrochen, und dem einen oder anderen Sturm.

Als ich bei einer der Einkaufsfahrten gerade aus dem Hafen des Club Nautico herausrudere, winkt eine Gestalt vom Ufer heftig herüber. Meint der mich? Ich kenne doch hier niemanden, oder? Ich schaue mich suchend um, aber da ist niemand anderes, und so rudere ich zögernd zur Pier zurück. Im Näherkommen erkenne ich, dass es sich um unseren treuen Hausarzt Holger handelt, der hier an der Algarve mit seiner Frau Bärbel seinen Winterurlaub verbringt. Wir staunen nicht schlecht über den *Zufall* dieses Zusammentreffens, und am nächsten Morgen kommen sie mit einem Fischerboot als Taxi zu unserem Schlickloch heraus gefahren. Wir haben ein fröhliches Wiedersehen, auch wenn Holger und Bärbel etwas beklommen auf dem kleinen LASSE herumturnen und nicht wissen, wohin mit ihren Beinen. Die Kinder sind ganz aus dem Häuschen und brabbeln in einem fort und wollen den beiden jeden Winkel ihres Zuhauses zeigen. Das Dingi ist etwas überladen, als wir alle gemeinsam an Land rudern, damit sie die Inselfähre zum Festland erwischen können. Es geht aber alles gut, auch wenn Bärbel blass um die Nase ist und sichtbar aufatmet, als wir den sicheren Uferschlick erreicht haben.

Außer der APRIL überwintern noch vier andere Boote hinter der Landzunge von Culatra: Da ist die THREE BROTHERS aus England mit Jeremy und einem Hund an Bord. Er ist eine verwegene Gestalt, etwas verwahrlost, und ein klassischer Einhandsegler, der von der idealen Bordfrau träumt und in Ermangelung derselben schöne Bilder von ihr malt. Er war mal Lehrer in England, scheint aber jetzt seine Zeit damit zu verbringen, am Strand ein Feuerchen zu machen, billigen Rotwein zu trinken und mit wilder Entschlossenheit ein Skizzenbuch vollzumalen, das er ausgerechnet seiner Mutter nach Südafrika schicken will, um ihr zu beweisen, dass er auch was Sinnvolles leistet und damit Anspruch auf irgendeinen Erbteil hat. Ob ihr allerdings all die düsteren nackten Frauen wirklich gefallen werden? Das zweite Boot ist eine sehr gepflegte deutsche Stahlyacht namens THOR mit Sibylle und Jürgen, einem netten mittelalten Pärchen aus Kiel, von dem er es immerhin schon mal in die Karibik geschafft hat und somit in der Runde der einzige mit Ozeanerfahrung ist. Das dritte Boot ist die JONAS mit Carsten und Silke, die etwas ziellos mal so losgesegelt sind, auch einen Hund dabei haben und schon bald in den Rio Guardiana, den Grenzfluss zwischen Portugal und Spanien weiterziehen, nicht ohne uns davon vorgeschwärmt zu haben.
Und dann ist da die MARIANNE mit Barbara und Klaus-Peter, der alles weiß und kann! Schließlich hat er mal eine Firma geleitet, und auch wenn er keinerlei Segelerfahrung hat, kann er jedem, der es hören will, genau erklären, wie toll er alles macht. Überhaupt redet er ausgesprochen gerne. So werden die zufälligen Treffen am Strand meist von seinen Geschichten und Ansichten dominiert, was vor allem Jürgen mit seiner Atlantikerfahrung regelmäßig auf die Palme bringt. Das Ganze ist zunächst ganz amüsant, aber als wir merken, dass die lieben Leutchen schon mittags den ersten Liter Wein intus haben und stetig weiter trinken bis zum Sonnenuntergang, nehmen wir vorsichtig Abstand und stoßen nur noch sporadisch zu dieser Gruppe.
Eines schönen und böigen Abends versucht Klaus-Peter nach der täglichen Party, sich mit seinem besegelten Motordingi vom Strand frei zu kreuzen. Da er mit beträchtlichem Körpervolumen gesegnet ist, scheint es ihm zu mühselig zu sein, nach jeder Wende auf die Luvseite zu klettern, um das Boot in der Balance zu halten. Das geht eine Zeit lang auch gut, aber dann kommt nach einer Wende, bei der er wieder mal in Lee sitzen bleibt, eine etwas stärkere Böe, das Din-

gi neigt sich immer weiter auf die Seite, und schon läuft das Wasser übers Dollbord, und Klaus-Peter liegt mit samt Außenborder im Bach. Glücklicherweise ist es flach an der Unglücksstelle, denn wie sich schnell zeigt, schwimmt das gekenterte Dingi mit Außenborder nur noch knapp unter der Wasseroberfläche. Der wortgewandte Seefahrer versucht die davonschwimmenden Ruder, den Tank und anderes Zubehör einzusammeln, das sich mit der Ebbe zielstrebig in Richtung Atlantik davonmachen will. Jeremy und Barbara eilen zu Hilfe, aber auch mit vereinten Kräften gelingt es ihnen nicht, das Bötchen wieder flottzumachen. Auch scheint keine Pütz vorhanden zu sein, und so steht das feucht-fröhliche Grüppchen etwas verloren in der aufziehenden Dämmerung.

Als ich mit einer Pütz angerudert komme, erklärt mir Klaus-Peter mit verwaschener Stimme, dass er sich das auch nicht erklären könne und der Wind bestimmt Schuld habe, denn er habe doch alles richtig gemacht. Wir pützen das vollgelaufene Dingi leer, sammeln die Sachen ein, und beim Versuch einzusteigen, kentert das Ding fast noch einmal. Jeremy schleppt ihn und Barbara dann zu seiner Yacht, denn der Außenborder mag nach dem Seewasserbad nicht mehr, und Rudern ist ihm dann doch zu unbequem, und segeln ist ja nun erwiesenermaßen zu gefährlich. Am nächsten Tag ist Klaus-Peter etwas stiller, aber schon bald läuft er zu alter Form auf und erklärt großzügig, was die anderen alles falsch machen.

Aus einer Rundmail von Carola:
*19. März 2006*

*Rio Guardiana:*
*Nach dem Sandparadies in Culatra ein kurzes Intermezzo in Vila real de Santo Antonio: Palmenpromenade, schöne Fassaden in der kleinen Altstadt, Cafés und nach drei Monaten mal wieder: Heiße Duschen! Und Waschmaschinen! Nils und Lisa hatten viel Spaß auf einem mit Orangenbäumen umsäumten Platz: Immer waren auch portugiesische Kinder da, mit denen sie rennen und spielen konnten. Lisa ließ sich von allen bereitwillig umarmen, Nils ist nur selten noch schüchtern. Da wir wieder einmal eingeweht waren, wurden aus dem kurz geplanten Zwischenstopp zehn schöne Hafentage. Und nun? Wir genießen hier im Rio Guardiana wieder den absoluten Kontrast zu Culatra: Eine liebliche, im Winter zumindest fruchtbare*

*Hügellandschaft mit Orangen- und Olivenbäumen, Agaven, Euka-
lyptus, sattem Frühlingsgrün auf den Weiden mit Schafen, Ziegen,
Kühen (mit Hörnern! und schönen Stieren dabei), Macchia, Wein,
Rosmarin, Lavendel, quakenden Fröschen, Adlern, Wildschweinen.
Statt Sandburgen zu bauen und Dünen rauf und runter zu rutschen,
spielen Nils und Lisa jetzt auf Wiesen, wandern, klettern auf Bäume,
kraxeln auf Felsen. Und wieder liegen wir wunderbar einsam. Nur
Silke und Carsten von der JONAS, die wir bereits in Culatra ken-
nengelernt hatten, liegen in unmittelbarer Nähe mit uns vor Anker.
In den nächsten Tagen wollen die beiden weiter Richtung Osten und
den Sommer im Mittelmeer verbringen - der Abschied fällt uns allen
schwer.*

*Vor ein paar Monaten hatten wir noch in einem Brief geschrieben:
Ben ist Einhandsegler mit drei massiven Handicaps und ich Mutter
unter erschwerten Bedingungen. Seit wir in Portugal sind, haben
wir allerdings optimale Bedingungen fürs Elternsein. Es war so kalt,
dass Ben kaum etwas am Schiff machen konnte und auch morgens
viel da war. So konnten wir gemeinsam draußen sein und hatten
Zeit, die Reise hierher in Ruhe nachklingen zu lassen. Inzwischen
sind wir auf dem LASSE wirklich zuhause und können die Zeilen von
Bernard Moitessier bestätigen: "Wer nicht weiß, dass ein Segelschiff
ein lebendiges Wesen ist, wird niemals etwas von Schiffen oder von
der See verstehen."*

*So mancher der uns fragt, ob so ein langer "Urlaub" nicht langsam
langweilig sei, vergisst, dass wir immer was am Schiff zu tun haben,
da nichts aufs Winterlager verschoben werden kann und dass wir
Eltern sind. Zu tun haben wir gut. Langeweile kennen wir nicht.
Einer ist immer mit den Kindern beschäftigt - denn auch wenn sie
an Bord oder draußen gut allein oder miteinander spielen können,
muss einer von uns ein Auge auf sie haben. Trotzdem haben wir viel
Zeit, vor allem gemütliche Abende zu zweit. Gesprächsstoff fehlt uns
nie.*

*Nun liegt der Rio Guardiana und die Woche mit Besuch schon wie-
der lange hinter uns. Obwohl es noch viel regnete, wurden die Ufer
Ende April doch deutlich karger und brauner. Wir hatten bis dahin einfach die beste Zeit erwischt - zwar durchaus auch mit Eis
an Deck, aber dann mit so unendlich vielen schönen Blumen und
Düften! Der 25. April ist DER Nationalfeiertag in Portugal (Nelken-
revolution) - nachts hatten wir in der Marina von Vila real de Santo*

Antonio Logenplätze für ein gigantisches Feuerwerk. (Die Kinder sind erst beim letzten Geknalle zur Carmina Burana aufgewacht). Wieder einmal Zeit für uns zu gehen. Auch wenn uns der Abschied von diesem schönen Fleckchen Erde mit den vielen freundlichen alten Menschen nicht leicht fiel, war es doch auch gut, endlich mal wieder Meeresluft zu schnuppern. Nun sind wir wieder in Culatra! Außerdem sind wir im Sommer angekommen, schwitzen und baden und genießen die vertrauten Wege hier und in Olhão. Am Wochenende tummeln sich die Motorboote, Angler und Segler (eine gute Gelegenheit, um nach Olhão zu segeln, um den großen und schönen Bauernmarkt zu nutzen und dem Trubel zu entgehen), ansonsten liegen mit uns nur noch zwei weitere deutsche und eine englische Yacht, die wir bereits vom Herbst kannten. Am Schiff ist noch einiges zu tun, dann könnten wir wieder größere Sprünge wagen.

Wie es jetzt weiter geht? Keine Ahnung! Ein wunderschönes Gefühl, alles offenlassen zu können.

Auch wohin es langfristig geht ist weiterhin offen :-). Wir wissen nur, dass wir nicht ins Mittelmeer wollen, da immer mehr Segler unsere Vorurteile bestätigen: Segeln im Mittelmeer heißt motoren von Sturm zu Sturm. Also entweder viel, sehr viel Wind oder Flaute. Außerdem ist es in den wohl meisten Ecken teuer - vor allem, wenn man schon fürs Ankerliegen zahlen muss. Schade, einerseits. Andererseits liegen im Westen die Azoren und Madeira, Richtung Süden dann Marokko und die Kanaren.


Nils und Lisa im Original:
- Ich: "... du kannst es ja deinem Teddy erzählen." Nils: "Nein, der Teddy hat nicht so tiefe Ohren wie ich."
- Nils zu Ben beim Knuddeln: "Ich will deinen Bart nicht lieben." (Bart heißt hier Stoppeln)
- Nils: "Mama, mich juckt's da unten am Kiel!" (Kiel heißt hier Wade)
- Lisa: "In mein Bauch ist die Selber-Lisa drin."
- Nils: "Als ich geboren wurde, war Lisa noch nicht auf der Erde." Lisa: "Doch, ich mich selber bohren habbe mit ein Bohrer!"
- Nils morgens aus der Koje: "Mama und Papa, es ist hell!" Lisa: "Die Morgenheit ist da!"
- Lisa: "Ich turne für die Fröhlichkeit." [...]

Wie man sieht, sind unsere Kleinen nicht gerade auf den Mund gefallen und entwickeln sich für unser Gefühl prächtig. Zudem versuchen wir unseren Kindern das Recht auf Langeweile zuzugestehen, auch wenn wir selber da manches mal an die Grenzen unserer eigenen Geduld kommen. Aber die - nach der durchlittenen *Durststrecke* - fröhlich sprudelnden neuen Ideen unserer zwei wiegen die kurzen Phasen der Langeweile allemal auf.

Trotzdem treffen wir immer wieder auf Unverständnis. Ein älteres bayrisches Ehepaar, das mit seinem Wohnmobil an der Algarve überwintert, ist zunächst ganz begeistert von unseren Kindern und ihrer selbstständigen Art. Als sie aber erfahren, dass wir keinen Computer und auch keinen Fernseher an Bord haben, machen sie sich ernstlich Sorgen: Ohne Medien würde unseren Kindern doch was fehlen, und ob wir uns das auch wirklich gut überlegt hätten?

Wir können uns nur über diese Sichtweise wundern. Die Sorge, wie denn unsere Kleinen *Medienkompetenz* erwerben sollen, teilen wir nicht. Wir sind sicher, dass diese Kenntnisse später ohne große Schwierigkeiten von ihnen erlernt werden können, und dass die Fähigkeit der Fantasie und Kreativität, die unsere zwei in der Abgeschiedenheit und Stille unseres Bordlebens lernen, jeder wohlmeinenden *Erziehung* durch *Medien* vorzuziehen sind. Fern der Hektik, Reizüberflutung und Komplexität unserer deutschen Wirklichkeit, sind an Bord die Dinge und Abläufe auch für Kinder meistens noch überschaubar, nachvollziehbar und sinnvoll, und wir hoffen, damit ihr Vertrauen in die Welt - und damit letztlich auch in sich selber - zu unterstützen und zu stärken.


Aus einer Rundmail von Carola und Ben:
*28. Juni 2006*

*Liebe Freunde, Bekannte, Bewunderer, Neider und Kritiker,*
*ein Jahr Eingewöhnung in das Leben auf dem Wasser liegt nun hinter uns: Dauerte am Anfang alles so unendlich lang, war alles immer wieder so schrecklich eng und umständlich, die "Haushaltsarbeiten" ein Hindernis-Wurschteln auf kleinstem Raum - so hat heute alles seinen Platz und es geht an Bord seinen gewohnten Gang. Einer kocht, der andere backt, die Kleinen spielen um unsere Beine und das auf einem rolligen Ankerplatz - kein Problem! Meistens.*

*Umständlich, eng und langsam ist es noch immer an Bord, aber es stört sich keiner mehr dran. Es ist sogar durchaus schön!*

*Langsam fangen wir an, nicht nur auf dem Meer, sondern auch mehr mit dem Meer zu leben: Einerseits hat die Badesaison endlich begonnen, andererseits werden wir langsam mutiger, was die Ernährung aus dem Meer angeht. Nein, begnadete Angler sind wir noch immer nicht. Aber am Anfang gab es nur Muscheln (vor allem Nils liebt das Sammeln, Pulen und Essen), inzwischen machen wir nicht nur "Pesto" aus Meerespflanzen, sondern auch unser eigenes Algen-Kräutersalz (eine Pütz voll frischer Algen, am Seezaun getrocknet, fein geschnitten, gehackt und dann mit der Handmühle gemahlen, ergibt immerhin ein halbes Honigglas voll!). So regt das Nachdenken über alternative Ernährungsmöglichkeiten zu immer gewagteren Experimenten an. Manchmal aber entdecken wir auch das Altbewährte: Selbstgemachtes Sauerkraut! Schmeckt schon fast so gut wie vom Reformhaus.*

*In dem einen Jahr haben wir auch festgestellt, dass wir keine "Entdecker" sind. Wir sind nicht ständig neugierig, was wohl hinter der nächsten Ecke sein mag. Haben wir am Anfang noch wegen der Kinder auf viele Ausflüge verzichtet, entspricht unsere ruhige Lebensform jetzt auch mehr unseren eigenen Bedürfnissen. Wenn wir einen schönen Flecken entdeckt haben, können wir wochenlang dort "kleben" bleiben, so wie jetzt gerade in der Lagune von Alvor, wo wir nur noch mal kurz einen Hexenschuss auskurieren wollten und nun einfach nicht weg kommen, weil a) der Wind nicht ganz perfekt ist für die Kanaren, b) es nachts noch definitiv zu kalt ist zum Segeln (nur 20 Grad, brrr), c) da noch nette andere Leute fast in unserem Alter mit Kind da sind und die spielen jetzt so schön zusammen.*

*Den Kontakt zu Gleichaltrigen vermissen wir sehr! Fast ausschließlich umgeben von Leuten über 60, sehnen wir uns danach, wieder mehr mit unserer eigenen Generation ins Gespräch zu kommen. Die paar jungen Leute (ohne Kinder) die mit uns aufgebrochen waren, sind längst in der Karibik oder weiter. Der nächste Schwung trifft bald hier ein und wir wollen uns sputen, um dann nicht den Anschluss zu verpassen.*

*Ergänzung von Ben: In Zukunft wird es knackig kurze, männlich unkommunikative, mit Tipp- und sonstigen Fehlern gespickte Lebenszeichen vom Kapitän selbst im Original und unzensiert geben, soweit seine vielfachen Aufgaben als Schiffsführer, Chefeinkäufer,*

*Hausmeister, Abwäscher und Vater es erlauben... Sorry!*
*Herzliche Grüße und einen heißen Sommer von Carola und Ben.*

*Nils und Lisa im Original:*
*- Als Lisa sich in den Finger geschnitten hatte und man das Fleisch*
*darunter sehen kann: "Da guckt ja ein Stück Mensch raus..."*
*- Ich: "Zieht euch mal splitternackt aus." Lisa: "Ich mich schon aus-*
*splitter."*
*- Nils: "Ich bin ja ein Glücksrabe!"*
*- Ben: "Das Zollboot guckt nach dem Rechten." Lisa: "Und nach*
*dem Linken."*
*- Nils: "Ich bleib immer größer als du, Lisa, weil meine Geburtstage*
*schneller sind."*
*- Nils: "Wenn der Herodes wieder als kleines Baby auf die Erde*
*kommt, ist er dann auch noch böse?"*
*- Nils: "Die Mittagspause ist so kurz wie meine Beine."*
*- Nils: "Schweine können poppen. Erst tut man sie in die Tüte und*
*in den Kochtopf. Dann können sie in der Tüte poppen. Dabei geht*
*die Tüte kaputt. Dann ist das Porco Preto; ja, so macht man das in*
*Deutschland." [...]*

Die letzten Wochen vor dem Sprung zu den Kanaren liegen wir in
der Lagune von Alvor. Das ist ein wunderbar geschützter Ankerplatz, wenn es auch am Ufer extrem touristisch zugeht. Leider teilen
wir das Idyll mit einer Menge festgewachsener Dauerlieger, die den
meisten Platz in der Lagune für sich beanspruchen und sich beneh-
men, als würde der Ort ihnen bereits gehören. Je weiter wir uns auf
den Sommer zu bewegen, desto häufiger wird der wenige verblei-
bende Raum von riesigen Motoryachten belegt, die mit betrunke-
nen Engländern bemannt sind. Die Manöver sind entsprechend, und
wir sehen fassungslos zu, wie so ein röchelnder Riese bei einem
missglückten Ankermanöver mal eben unseren unbemannten Nachbarn rammt. Ein kurzer Blick auf den Havaristen, die Damen stehen
Champagner schlürfend auf der Flybridge, und ohne mit der Wim-
per zu zucken, machen sie sich aus dem Staub. Tolle Seemannschaft.
Die Ankermanöver werden auch immer haarsträubender, je mehr
der Sommer fortschreitet, und bei jedem Neuankömmling stehen
wir sorgenvoll mit Fendern griffbereit. Wären nicht die ROAM mit
Terry und Fiona hier und die ANA SIRA mit Florian, Erik und Clart-

je, mit denen wir endlose Nachmittage am wirklich wunderbaren Stand von Alvor verbringen, wir wären längst weg.

Einmal ist Carola an Bord geblieben und ich bin mit den Kindern alleine zum Strand gegangen, damit sie etwas Ruhe und Zeit für sich alleine hat. Als wir gegen Abend zurück zum Dingi kommen, sehen wir schon von Weitem, dass etwas nicht stimmt: LASSE liegt nicht mehr am gewohnten Platz und die so seriös nach Cruiser aussehende Yacht, die sich gestern in Luv vor uns gelegt hatte, liegt nun fast auf Grund zwischen den Fischerbooten. Hastig rudere ich zurück. Carola ist völlig aufgelöst im Cockpit, hat den Motor laufen und versucht, LASSE auf Position zu halten. Was ist passiert?

Die so nach Langfahrt aussehende HOT CHOCOLAT ist im zunehmenden Wind auf Drift gegangen, hat unseren Anker aus dem Grund gezogen und uns gerammt. Beide Boote gingen zusammen auf Drift, und Carola konnte nur mit Hilfe des Motors unser Schiff befreien. Den Anker bei dem starken Wind zwischen all den anderen Yachten einzuholen, um neu zu ankern, war für sie alleine unmöglich, und so stand sie mehrere Stunden an der Pinne, begafft von einem freundlichen Deutschen auf seinem Motorboot, der zwar das Ganze aus sicherer Entfernung beobachtet hatte, es aber offensichtlich nicht für nötig hielt, ihr Hilfe anzubieten. Als der Eigner von HOT CHOCO-LAT endlich zurück kommt, geht er einfach Anker auf und dieselt aus der Lagune. Er ankert weit draußen vor dem Eingang, und wir versuchen ihn per Funk zu rufen, schließlich haben wir einen dicken Kratzer von seinem Boot in unserer Außenhaut. Keine Reaktion. So fährt Terry mit mir in seinem Dingi hin, und wir stellen ihn zur Rede. Er fällt aus allen Wolken, kann sich gar nicht erklären, warum der Anker nicht gehalten hat, denn er hätte ja mit zehn Metern bei fünf Meter Wassertiefe viel Kette gegeben, und außerdem hätte er ja sein Schiff die ganze Zeit von einem Café aus im Blick gehabt. Wie sich herausstellt, hat er das Schiff gerade erst gekauft, keinerlei Erfahrung und seine Frau hasst Segeln sowieso. Armer Kerl. Er drückt uns am Ende ein paar Scheine für die Reparatur des Kratzers in die Hand und ist froh, uns wieder los zu sein. Uns reicht's auch. Wir tanken Wasser und brechen auf zu den Kanaren.

# Flucht zu den Kanaren

Die Wellen sind hoch, das Wetter feucht und warm, und nach den ersten anderthalb Tagen Kotzen geht es uns so gut, dass Carola selbst bei zweieinhalb Meter Wellen anfängt, unter Deck zu kochen: Mal der Herd über ihr, mal tief unter ihr. Gegessen wird dann aus Plastiknäpfen im Cockpit verkeilt. Die Aries steuert uns ganz ohne unser Zutun hinüber, nur ab und an ist Schiften der Segel angesagt. Nachts sehen wir aus wie eine kleine Rakete mit meeresleuchtendem Glitzerschweif als *Antrieb*, in den das Ruder der Aries Schlangenlinien zeichnet. Das Meer ist hier wieder von diesem wunderbar leuchtenden Blau, und wir überstehen die Reise erstaunlich gut. Wie Urwelttiere ragen die Umrisse von La Graciosa und Lanzarote nach vier Tagen auf See im morgendlichen Dunst aus dem Meer auf. Die Inseln sind vulkanisch-karg, und wir wollen rasch weiter nach La Gomera. Der von uns für die Nacht angepeilte Hafen auf Teneriffa ist voll. Die paar Ankerlieger scheinen festgewachsene Hippies zu sein, und sie haben ihre Boote großzügig mit Leinen kreuz und quer durch den kleinen Hafen gesichert, sodass wir nur noch in der Einfahrt ankern könnten. Echt nett, liebe Kollegen! Also um die Ecke zum nächsten großen Hafen. Es ist bereits kurz vor Sonnenuntergang, als die Hotelburgen sichtbar werden. Der Wind hat sich schlafen gelegt, und wir motoren durch ölig glattes Wasser. Der Hafen sieht nicht sehr einladend aus, sehr touristisch und so viel Trubel. Dagegen lockt La Gomera mit seinen hohen Bergen an Backbord. Es sieht so verführerisch nah aus, und es sind ja nur 24 Meilen... fünf Stunden unter Motor. Als dann auch noch ein alter Zweimaster den Hafen von Teneriffa verlässt und Richtung La Gomera dieselt, folgen wir kurzerhand.

Nach wenigen Minuten kehrt der Zweimaster wieder um. War wohl doch nur ein Touristenausflugsboot? Wir dampfen unverdrossen weiter. Der Sonnenuntergang zaubert eine orangene Märchenlandschaft um uns, das Meer ein glühender Spiegel, aus dem blauviolett die wild gezackte Silhouette von La Gomera aufragt. Hinter uns der Teide mit seiner rosa schimmernden Schneespitze. Wir bringen die Kinder in die Koje und genießen genau eine romantische Stunde: Wir allein in all der Schönheit im Cockpit, perfekt! Segeln kann wirklich atemberaubend schön sein!

Leider aber eben nur eine Stunde, denn bald nachdem Carola sich unter Deck verzogen hat, kommt leiser Wind auf. Toll zunächst, denn es ist ein Anlieger. Also Segel raus und hoch an den Wind. Nur zehn Minuten später dreht der Wind genau auf die Nase. Also Segel runter und Motor wieder an. Und dann nimmt der Wind zu. Nach einer weiteren halben Stunde stampft LASSE gegen fröhliche sechs Beaufort und zunehmenden Seegang an. Umkehren? Aber wir haben schon über die Hälfte geschafft, und wir wollen so gerne ankommen in La Gomera, ausruhen für ein paar Wochen vom Unterwegs-ein. Also weiter, wird schon nicht so schlimm werden. Der Speedometer sinkt auf unter zwei Knoten. Na toll; jetzt sind aus den zwei Stunden bis La Gomera auf einmal wieder sechs geworden. Aber zurück und dann im Dunkeln einen unbekannten Hafen mit auflandigem Starkwind anlaufen? Auch nicht lecker, und so stampfen wir weiter unter Motor und stark gereffter Fock durch die Nacht, geduscht von den warmen Brechern, die sich regelmäßig ins Cockpit ergießen und bald total genervt, denn ich muss alles von Hand steuern.

Weit nach Mitternacht erreichen wir endlich den Hafen von San Sebastian und finden Schutz hinter der hohen Mole. Ein verschlafener Nachtwächter nimmt unsere Leinen an und wundert sich, dass bei dem ekligen Wetter überhaupt noch jemand kommt. Schön blöd, diese Segler.

La Gomera ist eine zauberhafte Insel: Am Morgen schiebt sich der Nebel über den Kraterrand und fällt wie ein Wasserfall in Zeitlupe den zerklüfteten Berghang hinab. San Sebastian liegt am Ende des Tales, das sich von diesem wilden Gebirge ins Meer erstreckt, eng zwischen Felswänden und unzugänglichen Klippen. Nur an einer Seite des kleinen Strandes vor der Stadt können wir auf einem schmalen Ziegenpfad die Küste entlang nach Süden laufen.

Während wir die Insel und ihre Schönheit entdecken, ereignen sich draußen auf dem Meer täglich Tragödien. Flüchtlinge versuchen in offenen Booten von Afrika die kanarischen Inseln zu erreichen. Da die Boote aber afrikanische Küstenfischerboote sind, die nicht für die offene See gebaut wurden, enden viele dieser Fahrten in der Katastrophe: Überfüllt, ohne Navigationsinstrumente, ohne genügend Sprit und ausgebildete Seeleute an Bord, erreichen nur wenige von ihnen die rettenden Inseln. Die *Coastguard* schleppt die Wracks gefüllt mit zerlumpten und ausgehungerten Gestalten hinter die Mole in einen extra abgetrennten Quarantänebereich. Dort werden sie desinfiziert, neu eingekleidet und dann auf die Fähre nach Teneriffa gebracht. Ihre Boote werden aus dem Wasser gezogen und ein deutscher Tischler schneidet sich die besten Teile heraus, handelt es sich doch um gutes afrikanisches Hartholz.

Aus einer Rundmail:
*Herbst 2006*

*Ein herzhaftes Moin an alle Daheimgebliebenen...*
*Carola hat gesagt ich soll doch mal was Persönliches in die Mail schreiben! Leider klemmt hier die Tastatur, sodass ich jetzt mal so drauflos tippe. Habe ich doch im VALLEBOTEN, der ultimativen deutschen Gomera-Zeitung gelesen, dass die in Cambridge fset getsllet hbean, dass es gnaz eagl ist, in wlceher Rienhfloge man die Bahcustebn in eniem Wrot shcreibt, huatpschae der etsre und ltzee Bhcutsabe snid rtichig, da das Ghiren imemr das gzane Wrot efrssat... Ein Hoch auf die Legeastniker unter uns!*
*Aber zur EU, damit ihr wisst, wo so eure Steuern hingehen: Den armen kanarischen Fischern steht natürlich Strukturhilfe zu, wenn sie dem beschwerlichen Handwerk des Fischens nachgehen. Darum gibt es Beihilfen für Außenborder. Selbst das kleinste Boot fegt hier mit 150 PS über die Wellen! Jeder kleine Fischerort auf den Kanaren kann Strukturhilfe für einen neuen Wellenbrecher oder eine Hafenmauer beantragen. Die ganz Cleveren bauen das dann gleich zum Tourismus-Förderprojekt aus, sodass eine Pier für Kreuzfahrtschiffe dabei herausspringt. Wie hier in Valle Gran Rey, einem eher verschlafenen Hafen, wo zweimal am Tag eine kleine Fähre anlegt, ansonsten aber nur ein paar Fischerboote liegen. Dank EU ist hier nun ein gigantischer Wellenbrecher für 200 Meter Schiffe, allerdings ohne Betriebsverpflichtung. Nicht, dass den jetzt die Fischer benutzen dürfen. Nö! Er wird von Securitas bewacht! Rund um die Uhr, von EU-Geldern bezahlt, damit er nicht etwa von müden Seglern zweckentfremdet wird. Seit drei Jahren ist er da, ohne Kreuzfahrtschiffe.*
*Ach ja und dann die Geländewagen. Offensichtlich gab es mal eine Beihilfe für ländliche Regionen (und das sind die Kanaren ja fast überall) FÜR ALLRADGETRIEBENE AUTOS. Weil die Straßen ja so schlecht sind! Nun fährt auch der ärmste Fischer mit einem riesigen Pickuptruck zu seinem Bötchen. Andererseits waren die Straßen*

*ja auch so schlecht in den ländlichen Regionen, und Gott sei Dank gab es da auch einen Fond, und nun kann man quer über die Insel auf einer dreispurigen Straße brausen, die die Pickups eigentlich überflüssig macht. EU sei Dank ist der Sprit in dieser "Wirtschaftssonderzone" aber noch so unverschämt billig, dass das Geländewagenbrausen sicher nicht weh tut: Diesel 68,- Cent/Liter. Nur Fisch gibt es auf dem Markt kaum noch zu kaufen, da wohl doch nur noch selten jemand zum Fischen raus fährt. So lassen wir uns unseren Fisch von den Sportanglern schenken. Auch nicht schlecht.*

*Naja, irgendwie traurig zu sehen!*

*Die Crew hat Zuwachs erhalten! Cucarachas (Kakerlaken)! Woher auch immer! Alle zwei Tage muss ich leider ein neues Familienmitglied umbringen, da wir sonst definitiv wegen Überbevölkerung sinken werden! Wenn jemand den ultimativen!!! Tipp GEGEN die niedlichen Tierchen hat, bitte sofort mailen!!!*

*Und hier die (heute gerade) aktuelle Route: El Hierro, Karibik, Panama, Galapagos, Inseln im Pazifik exklusive Hawaii, Neuseeland und Australien. Klingt toll, oder? Ob wir da jemals lang fahren ist noch ganz ungewiss. Die Pläne wechseln stündlich!*

*Wir degenerieren hier zu faulen Marinaliegern, die jeden Tag duschen, wenn auch nur mit dem Schlauch auf dem Steg, der Weg zum Duschhaus ist mit 100 Metern definitiv zu weit bei der Hitze!*

*Euer Skipper Ben und die Crew.*


*Nils und Lisa im Original:*

*- Lisa, nach dem ihr auf See zum zweiten Mal das Spielzeug umgefallen ist: "Saublöd ich binne."*

*- Nils: "Papa, warum haben wir eine Hinterflagge"? (Nationale am Heck)*

*- Nils in La Graciosa: "Hier ist es zu schön; lasst uns umkehren."*

*- Nachdem ich von Steuerbord gesprochen hatte fragt Lisa: "Wie hieß noch die andere Seite, Kochbord?"*

*- Nils: "Wo Impfen wir, wenn es hier keine Impferei gibt?"*

*- Wir sind mit einem Mietauto über die Insel gefahren. Nils stellt sachverständig fest: "Papa ist der Autopilot, der steuert das Auto. Papa, warum haben die Autos auch Positionslichter?" [...]*

Aus einer Rundmail:
*25. November 2006*

*[...] Wir sind krank! Wegen Kalima! Nein, kein Tippfehler. So heißt
hier eine Wetterlage, wo Staub aus der Sahara für extrem trockenes
und partikelreiches Wetter sorgt. Halb Gomera war am Husten und
wir, da in regem Kontakt mit der einheimischen Bevölkerung, steck-
ten uns gleich alle mit dem Virus an. Eine Woche sind wir nicht von
Bord gekommen. Die netten Nachbarn vom Boot nebenan haben uns
mit Gemüse versorgt. Carola fand's super, ich hab's eher nicht so mit
Erkältung! Dafür hab ich schon fast alle neu getauschten Romane
wieder ausgelesen. Das Niveau war schon wieder bei Tom Clancy angekommen. Nur ein paar sehr schöne skandinavische Krimis
haben es etwas rausgerissen. Es ist unglaublich: Da segeln hauptsächlich Wohlstandsbürger der oberen Mittelschicht mit deutlich
gehobenem Bildungshorizont, aber was so an Büchern kursiert ist
nur knapp über Clancy, Danielle Steele und Co. Na, man kann halt
nur staunen und lernt dazu!
Carola und die Kinder sind gerade zu Dagmar und Konrad, einem
pensionierten Augenarztpaar, das hier seit einigen Jahren den Winter verbringt, gewandert. Sie haben uns sehr liebevoll mit Avocados
und Steinpilzen versorgt, von denen sie unerschöpfliche Mengen zu
haben scheinen und sind ganz vernarrt in unsere "Kleinen", was
einfach sehr schön ist, denn wir werden auch sehr gerne mal gelobt!
Die Frau vom Bürgermeister kennen wir auch schon und gestern
waren wir nur zwei Meter von Juan Carlos und seiner Frau entfernt
(das ist der König von Spanien für die, die auch so Ignoranten sind
wie ich...), die La Gomera einen kurzen Besuch abgestattet haben.
Die Piazza war voller Leute, der Hofschranzen waren viele und wir
haben eine Weile gebraucht, um den König zu erkennen, denn der
hatte nicht mal eine Krone auf. Nils und Lisa waren enttäuscht. Anschließend ist Lisa auf der Piazza rumgerannt und hat lieblich vor
sich hingesummt: "Alter Wichser, alter Wichser!" Was dem Vater natürlich die Schamesröte ins Gesicht getrieben hat, denn von Carola
kann sie es definitiv nicht haben. Ob sie den König meinte oder mich
blieb unklar. Was soll's, der König hat's nicht gehört und nur die
umstehenden deutschen Touristen haben etwas pikiert geschaut.
Lisa sitzt in der großen Pütz voller Wasser auf dem Steg und planscht
vergnügt vor sich hin. Während sie das kostbare Nass großzügig*

*über den Rand schwappen lässt, höre ich sie sagen: "Ich bin der liebe Gott und streu das Feuer über die Erde..." Wenn dagegen Spanier sie ansprechen antwortet sie sehr selbstbewusst: "no plommplende"... (von Spanisch "no comprende", ich verstehe nicht). Nils dagegen macht am liebsten gerade drei Dinge gleichzeitig: Essen, Reden, Husten und ähnlich passende Kombinationen. Er hat einfach zu viel zu erzählen und weiß nicht, wo er anfangen soll. Außerdem hätte er gerne die Frage geklärt, ob denn nun auf der Postkarte von der sixtinischen Madonna der Maler die Seelen gemalt hat oder ob das auf dem Bild Engel seien so mit Körper und gleichzeitig auf Wolken schwebend? Schließlich könne man ja den Körper nach dem Tod nicht mitnehmen. (Das weiß er von den geangelten Fischen, die wir ja auch essen können, deren Seelen aber in den Himmel zum großen Fisch gehen, und dann ist da noch seine tote Urgroßmutter, die ja auch ihren Körper auf der Erde lassen musste). Na, da hätte der Raffael sich auch mal mehr Gedanken machen können, findet er. Der LASSE hat nun endlich ein Kutterstag (das ist so ein Drahtseil, das den Mast zusätzlich nach Vorne abstützt und wo man noch eine Sturmfock fahren kann) bekommen und ruckt an den Leinen, denn wir wollten ja eigentlich schon lange auf den Kap Verden sein. Daraus wird nun leider nichts mehr, da es uns zu knapp scheint. Die Zeit läuft und läuft und wir zeigen alle Symptome akuter Festwachsitis, kennen zu viele Leute und das Weiterreisen wird richtig schwer. Aber wenn wir erst wieder richtig gesund sind, gibt es eigentlich (außer dem Wetter, dem Kaffee, den Leuten, der Insel) keinen Grund mehr, nicht weiter zu fahren, vor allem da Nils uns einen "Geldverdiener" gebaut hat. Unsere finanzielle Zukunft ist damit gesichert.[...]*

# Atlantik - das ultimative Abeneuer

Wir fahren tatsächlich los. Wir sind schrecklich aufgeregt. Halb gezogen von Fernweh und den Verlockungen fremder Länder, halb geschoben von unserem einmal gefassten Entschluss, überwinden wir endlich unsere Angst. Die vor uns liegende Wasserfläche dehnt sich unendliche 2600 Seemeilen. Aber es gibt echt keine Entschuldigung mehr zum Bleiben, denn LASSE ist randvoll mit Obst und Gemüse geladen, die Tanks sind gefüllt, und von den Freunden haben wir uns verabschiedet. Die *ARC Rally* für die Atlantiksegler, die Sicherheit in der Masse suchen, ist auch schon vor einigen Tagen aufgebrochen, so dass das Meer vor uns wieder frei sein sollte. Ich finde die Idee von 150 Yachten, die alle gleichzeitig starten und das gleiche Ziel haben, nicht unbedingt ein Sicherheitsplus. Sind damit auch 150 potenzielle Kollisionspartner immer schön nahe bei.

Die ersten zwei Tage haben wir noch *Bedenkzeit*, denn es ist so flau, dass wir nur langsam von den Kanaren wegkommen. Die Insel El Hierro kriecht vorbei, und erst am dritten Tag sind wir richtig auf dem Ozean, außer Landsicht und für uns allein. Dann kommt der Passat, bläst alle Gedanken ans Umkehren davon, denn mit diesen kräftigen sechs Beaufort im Rücken, kommt ein Zurück nicht mehr so wirklich in Frage.

Die See wird rau und geht immer höher. Die Wellen sind unregelmäßig, kommen kreuz und quer und schieben sich zu waren Hügellandschaften zusammen. Der einstmals weite Horizont rückt bedrängend nahe, und die Sicht wird auch nicht besser. Wir versuchen, auf den Wellenkämmen einen kurzen Blick in die Runde zu werfen, um etwaige Frachter zu entdecken, aber das ist ein mühsames Geschäft, denn die Zeit auf dem *Gipfel* ist zu kurz, um einmal den ganzen Horizont abzusuchen, und so müssen wir warten bis zum nächsten Wellenkamm.

Wir fühlen uns klein und verloren zwischen diesen wandernden Wasserbergen, und obwohl unser LASSE souverän dahin rauscht, ist vor allem dem Skipper sehr beklommen. Wilde Träume vom abfallenden Kiel suchen mich nachts heim. Die Verantwortung für das Wohl meiner Familie lastet schwer auf mir, und immer wieder frage ich mich, ob ich alles richtig gemacht, alles gut vorbereitet habe? Mit welchem Recht bringe ich Carola und die Kinder in eine solch ausgesetzte Situation?

Unser Zuhause für fünf Jahre.

Vor der Reise.

Am Anfang hat der Skipper alle Hände voll zu tun.

Wohn-, Ess- und Spielzimmer. Im Vordergrund der *Küchentrakt*.

Kleine Brotbäckerin.

Auf der *Terrasse*.

Freiluftbadezimmer bei zehn Grad.

Heiligabend an Bord.

Winter in Portugal. Vor Anker zwischen den Sänden von Culatra.

Endlich Frühling in der Algarve.

Strandgut-Castle in Culatra.

Nils entspannt in La Gomera.

Lisa auf dem Atlantik.

Spielalltag bei Windstärke sechs.

Flaute in der Mitte des Atlantiks.

Eigentlich viel zu schön zum Essen.

Wir nähern uns den Tropen.

Galapagos. Die Seelöwen sind überall.

Die Kolben sind heil geblieben.

George mit unserem Motor.

Gut getarnte Iguanas.

Nach 26 Tagen Wasser endlich Land. Marquesas.

Nur langsam können wir das Land hinter uns loslassen. Langsam nur finden wir in unsere Routine aus Wachegehen, Kochen, Putzen und Schlafen. Glücklicherweise müssen wir keine Windeln mehr wechseln, und auch die anfängliche Seekrankheit ebbt langsam ab. Waren bisher die Überfahrten ein harter Kampf, so wachsen uns nach einigen Tagen echte Seebeine, und das Leben auf dem Meer beginnt erträglich zu werden. Carola sitzt mit den Kindern stundenlang im Cockpit und erzählt Geschichten. Lisa nimmt das Erzählen begeistert auf und spinnt unermüdlich ihr eigenes Seemannsgarn weiter. Danach verschwinden die zwei unter Deck und spielen. Sie finden das Meer eher langweilig, solange keine Frachter, andere Segler oder Tiere zu sehen sind. Dank Knetwachs machen auch die ruppigen Wellen, die ihren *Spielplatz* hin und her werfen, nicht allzu viel aus, und bald ist die Kajüte voll mit Wachsfiguren aller Art. Nils knetet detailgetreue Nachbauten unserer Aries-Selbststeueranlage. Lisa zieht menschenähnliche Figuren vor, mit denen sie ihre Geschichten inszenieren kann.

Ein weiteres beliebtes Spiel ist Autos von Luv nach Lee rollen zu lassen - und mit der nächsten Welle wieder zurück. Sehr praktisch, so muss man das Spielzeug nicht selber holen gehen. Die Sorge, wie unsere Kinder genug Bewegung auf so einem langen Törn bekommen sollen, entpuppt sich als unbegründet, denn Dank der rauen Bedingungen sind sie genötigt, sich beim Spielen ständig festzuhalten, abzustützen, auszugleichen. Sie sind abends rechtschaffen müde und schlafen mehr als vor Anker.

Auch wir können uns über mangelndes Training nicht beklagen. Allein das Kochen eines einfachen Gerichts wie z.B. Möhren in Tomatensauce, wird bei vier Meter hohen Wellen zu einer sportlichen Übung: Mit einem Gurt in der Küche sicher verkeilt, versucht Carola, die erste Möhre auf dem in der Spüle festgeklemmten Brett zu schneiden. Kaum ist ein Scheibchen abgeschnitten, rollt es auch schon mit der nächsten Welle davon und verschwindet zwischen den Bodenbrettern. Messer und Möhre in die Spüle legen, Sicherheitsgurt lösen, Möhrenschnipsel aus der hintersten Ecke fischen, reinigen, und in den auf dem Herd mit Klammern festgehaltenen Topf deponieren, angurten, Möhre und Messer zur Hand nehmen, und zwischen zwei Wellen, wenn der LASSE einen Moment waagerecht liegt, das nächste Scheibchen abschneiden und, bevor es davorollen kann, schnell in den Topf damit. Diesmal rollt das Messer davon.

Also Gurt lösen, nach dem Messer angeln etc. Es braucht seine Zeit bis wir die Lektion lernen: erst die Möhre der Länge nach halbieren. Aber auch das hilft nur bedingt, denn alles was nicht wirklich fest verkeilt ist, fliegt bei den immer wieder durchziehenden Riesenwellen trotzdem davon, und so stehe ich im Cockpit, beobachte die von achtern anrollenden Wellen, und rufe eine Warnung nach unten, wenn wieder so ein besonders hohes Biest kommt. LASSE macht dann einen großen Satz und jagt mit bis zu neun Knoten ins Wellental. Derweil hält Carola die Möhre und das Messer mit einer Hand fest. Die andere braucht sie, um sich selber zu sichern. Endlich ist die Möhre geschnitten und alle Teile sicher im Topf verstaut.

Nudelnkochen ist bei solchen Wellen zu riskant, da das kochende Wasser gerne über den Rand schwappt, und so gibt es vorzugsweise relativ ungefährlichen Reis. Der geht wenigstens schnell, denn das Kochwasser ist rasch eingezogen. Jetzt nur noch zwischen zwei Wellen flink das Dosenfach unter den Salonpolstern geöffnet, eine Thunfischdose gegriffen und die restlichen Dosen wieder klappersicher verstaut. Beim Rückweg in die Küche wirft eine unverhoffte Welle Carola aus der Bahn und sie kracht schmerzhaft gegen die Schottwand. Gut, dass sie zum Öffnen der Dose keinen Dosenöffner braucht, denn so kann sie zwischen zwei Wellen, wenn der LASSE gerade mal halbwegs ruhig liegt, den Deckel öffnen. Dann heißt es schon wieder festhalten für die nächste Welle. Topfdeckel runter und in der Spüle gegen Rutschen sichern. Thunfisch in den Topf schütten. Festhalten. Dose zum Käptn nach draußen geben, wo sie mit Wasser gefüllt über Bord versenkt wird. Festhalten. Deckel wieder auf den Topf. Festhalten. Für ein schlichtes Gericht wie Reis mit Möhren braucht sie so eine gute Stunde, und ich bewundere meine Frau sehr, denn für mich ist es unmöglich, bei solchen Wellen unter Deck in den heißen Dämpfen zu stehen und zu kochen. Ich werde dabei sofort seekrank. Carola entwickelt sich dagegen zu einer echten Küchenakrobatin, und es wird auf LASSE nur sehr wenige Tage auf See geben, an denen die Küche wetterbedingt kalt bleibt.

Als Erstes suchen wir morgens das Deck nach *gestrandeten* fliegenden Fischen ab. Da ist das Meer nun sooo riesig, aber die armen Dinger müssen ausgerechnet auf LASSEs Deck landen. Da sie recht streng nach Fisch stinken, können wir uns sehr zu Nils' Bedauern nicht dazu überwinden, sie zum Frühstück zu braten. Aber dann geht uns eine fette Goldmakrele an die Angel, die wir mehr aus Gewohnheit denn aus Überzeugung nachschleppen. Fasziniert schauen Nils und Lisa zu, wie ich den großen Fisch heranwinsche, ihn mit einem kräftigen Ruck über die Reling hieve und dann mit der Winschkurbel versuche zu töten. Es ist mein erster Fisch, und laut Lehrbuch brät man dem Tier *einfach* eins mit einem harten Gegenstand über den Kopf. So die Theorie, in Wirklichkeit ist es ein langer Kampf, bis das schöne Tier endlich stirbt, und aus der großen Freude und Aufregung über den Fang ist blankes Entsetzten über den brutalen Vorgang des Tötens geworden. Als der Fisch stirbt, verwandelt sich seine golden schimmernde Haut in stumpfes Silber. Es ist, als könnten wir sehen, wie seine Seele ihn verlässt. All die Schönheit ist dahin und unser Seitendeck ist mit seinem Blut getränkt. "Der schöne Fisch, er muss sein Leben lassen" heult Lisa ganz verzweifelt, und Nils stimmt mit ein.

Nachdem wir aber auf Wunsch der Kinder für den Fisch den Kanon *Dona Nobis Pacem* gesungen haben, denn schließlich haben wir das bei Urgroßmutters Tod auch gesungen, haben sie sich etwas beruhigt, und als Carola ans Filetieren geht, sind sie schon wieder mit großem Interesse dabei und stellen viele Fragen: Ob es dem Fisch denn jetzt im Himmel gut geht? Und ob er weiß, dass wir uns freuen, dass wir ihn essen dürfen? Es wird ein großes Festessen und die nächsten zwei Tage gibt es Fisch in allen Variationen, bis er uns fast zu den Ohren wieder rauskommt.

Normalerweise ist das Meer leer und ohne Spuren von Menschen. Aber immer wieder müssen wir nachts großen Frachtern ausweichen. Es ist ein wenig wie mit den fliegenden Fischen: Da ist nun sooo viel Platz hier draußen, und doch schaffen wir es immer wieder, uns genau auf den Punkt mit einem *Dicken* zu treffen. Zu Anfang versuchen wir noch sie über Funk zu warnen, haben wir doch - theoretisch - Vorfahrt als Segelboot. Bald schon bemerken wir die Vergeblichkeit unseres Bemühens. Selbst als wir einem Frachter aus nur hundert Metern Entfernung unseren Suchscheinwerfer auf die Brücke richten, bekommen wir keine Reaktion. Niemand scheint Wache zu gehen, oder wenn doch, dann sind sie offensichtlich mit anderen Dingen als Ausguckgehen oder Funkabhören *beschäftigt*. Nicht sehr vertrauenfördernd.

Einmal meldet sich auf mein genervtes Gefunke ein anderer Frachter, der weit hinter dem Horizont sein muss, denn er beteuert immer wieder, dass er mich einfach nicht sehen könne und wo zum Teufel ich mich denn versteckt hätte. Derweil zieht unser Beinahe-Kollisionspartner ohne jede Reaktion wieder einmal nur wenige dutzend Meter an uns vorbei.

Vor allem nachts bekommen wir Besuch von Delfinen. Schon unter Deck können wir ihr lebhaftes Gequieke und Gepfeife hören. Sie schießen mit grünlich leuchtendem Feuerschweif um LASSE herum, tauchen unter ihm durch, weben Muster aus phosphoreszierendem Meeresleuchten um uns und begrüßen uns mit ihrem Schnaufen und Prusten. Gern spielen sie mit unserer Bugwelle, und wir hängen an der Reling und sind einfach glücklich.

So vergeht die erste Woche. Wir haben uns hineingefunden in dieses rauschende Dahingleiten, in dies ewige Auf und Ab, das Gebrodel der Schaumkämme um uns, die Weite und die immer gleiche und doch sich ständig verändernde Wasserfläche um uns herum. Dass wir vorankommen, und zwar zügig, können wir nur auf der Seekarte erleben.

Das Wetter ändert sich. Es kommen die ersten Squalls auf. Das sind kleine Passatstörungen, die sich durch eine von achtern aufziehende dunkle Wolkenwand ankündigen. Es fängt an zu regnen, und meistens ist in der Wolke auch ordentlich Wind. Dummerweise ändert er die Richtung, und so müssen wir unseren trockenen Ausguck unter dem Sprayhood verlassen, um zu reffen und die Segel zu schiften. Meistens ist der Spuk nach einer halben Stunde schon vorbei, die Wolke weiter gezogen, und wir dümpeln hilflos in der Flaute, denn der Passat ist ordentlich durcheinander geraten. Also wieder raus um auszureffen und die Segel neu einzustellen. Tagsüber mag das ja ganz nett sein, und wir bekommen richtig Übung im Reffen und Ausreffen, aber als die Dinger auch nachts auftauchen, werden wir ungnädig, denn nun geht es an unseren eh schon sehr knappen Schlaf.

Nach einigen Tagen hat der Passat auch keine Lust mehr und lässt uns mitten auf dem Atlantik im Stich. Zunächst rollt LASSE in der noch vorhandenen Dünung mit wild schlagenden Segeln ganz jämmerlich hin und her. Aber schon nach einem Tag hat sich das Meer beruhigt, und wir treiben auf einer sanft atmenden, schimmernden Oberfläche. Die Segel flappen nur noch leise und unsere tägliche Positionsbestimmung ergibt exakt Halbzeit. Es ist, als hätten die Naturgewalten uns nur bis hierher geblasen, um uns nun Zeit zum Nachdenken zu geben, was wir hier eigentlich tun. Die Kinder finden es toll. Endlich kann man die Fische um den LASSE richtig sehen. Da schwimmen kleine Pilotfische in unserem Kielwasser, dicht an das Ruder der Aries geschmiegt. Größere streifen herum und wollen die kleinen fressen? Quallen treiben vorbei, Seegras und leider auch immer wieder Müll. Ein möwenartiger Vogel versucht seit Stunden, auf unserer Funkantenne im Masttop zu landen, wird aber von den wilden Bewegungen dabei gestört. Anschließend versucht er es mit der Windfahne der Aries, ein ebenso wackeliger wie unmöglicher Platz.

Die Mahlzeiten werden echte Festessen, jetzt wo der Herd nur noch leise schwankt. Wir schwelgen in Orangen, von denen wir viel zu viele mitgenommen haben, und in unserem Kielwasser treibt eine endlose Spur von Schalen, an denen die Fische neugierig knabbern. Trotzdem vergammeln sie uns schneller als wir sie aufessen können. Nachts schlafen wir ausgiebig, denn es gibt kaum noch Manöver zu machen. Ohne Wellen ist die Sicht ausgezeichnet, und selbst der Wachgänger kann sich für ein Viertelstündchen mit gestelltem Wecker unter Deck verkriechen.

Aber ich kann den Frieden nicht so recht genießen, überschlage unsere Wasservorräte und frage mich immer wieder was wäre, wenn der Wind nun wochenlang weg bliebe? Wir telefonieren über das Satellitentelefon mit meinem Bruder, und er gibt uns einen aktuellen Wetterbericht durch. Der ist wenig ermutigend, denn es gibt Wind erst 200 Meilen südlich von unserer Position, und da runter zu motoren ist uns dann doch zu dumm. Überhaupt motoren. Warum schmeißen wir nicht den Jockel an und dieseln halt ein wenig? Irgendwie kommt mir das zu idiotisch vor, denn mit unseren Dieselvorräten würden wir mal gerade 500 Meilen schaffen. Bleiben noch schlappe 800 Meilen übrig, also was soll der Quatsch?

So versuche ich mich in unser Schicksal zu fügen und den äußeren Stillstand auszuhalten. Immerhin treibt uns die Strömung jeden Tag stetig nach Westen und so liegen unsere Etmale auch in der größten Flaute selten unter 50 Meilen in 24 Stunden. Mit Segel oben, Welle und oft sehr unbequem, haben wir auch nur 100 Meilen mehr geschafft. Trotzdem zerrt die Flaute an unseren Nerven, und als nach drei Tagen endlich der Passat zurückkehrt, sind wir alle dankbar. Es gibt immer wieder Regenschauer und ab und an sogar Gewitter, sehr zu meinem Missfallen, denn unser LASSE ist nicht geerdet, und unser kleiner Mast scheint dann so unendlich hoch und auffällig. Aber wir haben Glück und kommen unbeschadet durch. Es wird zusehends feucht und tropisch, und unsere Gedanken wandern voraus, dem Land entgegen. Nicht, dass wir uns unwohl fühlen, ganz im Gegenteil. Wir genießen das Segeln, den sanften Rhythmus unserer Tage, die funkelnde Sternenpracht der Nächte. Ja, wir sind auf dem letzten Drittel des Atlantiks im Einklang mit uns selbst.

Drei Tage bevor wir Martinique erreichen, beobachten wir in der Nacht ein schwaches Licht. Es scheint ein Mitläufer zu sein, ganz am Horizont. Gegen Morgen kommt er immer näher und als es hell wird erkennen wir, dass es eine Segelyacht ist. Wir funken sie an, und sie sind ganz verdutzt, denn sie hatten uns in der Nacht nicht bemerkt. Soviel zum Wachegehen auf anderen Yachten. Den Namen der Yacht können wir aber partout nicht verstehen; es klingt so ähnlich wie *Black Bottle*, aber wer, bitteschön, nennt denn sein Schiff so? Muss ja extrem hässlich sein, der Kahn.

Wir erfahren, dass sie von Australien aufgebrochen sind und jetzt mit der Rally den Atlantik überqueren. Wir sind sehr stolz auf unseren LASSE, dass er die Rally eingeholt hat, bis sie uns erzählen, dass sie ein anderes Schiff begleiten, welches mit gebrochenen Unterwanten nur unter Motor versucht, die Karibik zu erreichen. Darum sind sie also so langsam, schade. Wir können ihnen nicht helfen und bald sind sie achteraus verschwunden. Später lüftet sich auch das Geheimnis des Namens: BLACK WATTLE ist ein Baum in Australien...

Und dann ist Land vorm Bug!!!

Nach 22 Tagen tauchen die Umrisse der Berge von Martinique vor uns aus dem leichten Dunst auf. Ob es da Affen gibt, wollen die Kinder wissen? Jedenfalls wird es frisches Obst und Gemüse geben, und darauf freuen sich alle an Bord. Wir schmieden wilde Pläne, und jetzt, wo sich unser Atlantikabenteuer seinem Ende zuneigt, sind wir erstaunlich optimistisch: Klar fahren wir weiter! Sind wir doch hier schon fast im Pazifik angekommen. Meine Sorge, dass nach diesem Törn Carola und die Kinder die Nase voll haben vom Langstreckensegeln, ist offensichtlich unbegründet. Wir planen fröhlich, wann wir denn weiter nach Panama segeln werden.

Voller Ungeduld schmeißen wir für die letzten Meilen noch den Motor an, und in der Abenddämmerung gleiten wir in Lee der Insel durch ruhiges Wasser in Richtung Le Marin. Es fühlt sich merkwürdig an, so ohne jedes Geschaukel und Gerolle dahinzugleiten, denn wir haben uns nach drei Wochen so an die endlosen Bewegungen und das ständige Rauschen des Meeres gewöhnt. Vom Ufer duftet es nach Kokosfeuern und Tropenblüten, nach Wald und Erde, und wir sind ganz *high* von all der Schönheit um uns herum.

Es ist schon finstere Nacht, als wir uns durch die Riffe zum Ankerplatz tasten. Ich versuche am Radar die Tonnen der Einfahrt auszumachen, aber je näher wir dem Ankerplatz kommen, desto verwirrender wird das Bild: Statt der Fahrwassertonnen überzieht ein wildes Gesprenkel aus hunderten Echos den Bildschirm. Sie entpuppen sich als Yachten, die hier vor Anker liegen, und vor den unzähligen Lichtern der Häuser am Ufer nur schemenhaft zu erkennen sind. Oh je, ganz schön überfüllt das Tropenparadies! Über 1500 Yachten ankern in der Bucht, viele davon sind schon lange *festgewachsen* oder zählen zu der riesigen, sich jedes Jahr vergrößernden Charterflotte. Wie sollen wir in dem Gewusel einen Ankerplatz finden?

Vor dem Yachthafen finden wir eine freie Muringboje und legen uns kurz entschlossen davor, klaren das Schiff auf, bringen die Kinder zu Bett und sitzen dann noch lange im Cockpit - reden, träumen, das Rauschen der Wellen und das Lied des Passat noch im Ohr. Innerlich schwankt noch alles, und obwohl LASSE still wie auf einem Ententeich liegt, torkeln wir unbeholfen durchs Schiff. Lange finden wir keinen Schlaf, schrecken wieder hoch, vom Wachrhythmus geweckt, von fremden Geräuschen. Vogelschreie aus dem Dschungel, vorbeiknatternde Dingis und immer wieder diese unwirkliche Stille nach den Wochen des ewig rauschenden Weiter und Vorwärts.

# Kurzes Karibik-Intermezzo

Schnell merken wir, dass *die* Karibik nichts für uns ist: Es ist einfach zu voll hier! Zwischen den unzähligen Ankerliegern können wir erst nach langem Suchen bekannte Boote ausmachen. An Land ist es wie auf einem Rummelplatz, alles ist extrem teuer, und selbst der Strand ist mit Touristen überfüllt. Schön dagegen ist der französische *Supermarkt* mit Dingilandesteg. Das ist mal ein echter Service für die Segler, und wir rudern fröhlich zwischen dem Supermarkt und LASSE hin und her und füllen den Schiffsbauch mit französischen Köstlichkeiten. Der einheimische Markt dagegen ist eher eine Enttäuschung, denn verglichen mit La Gomera ist das Angebot hier mehr als bescheiden. Zunächst sieht alles sehr farbenprächtig und tropisch bunt aus, aber bei näherem Hinsehen schrumpft die ganze Pracht auf kunstvoll aufgeschichtete Orangen und Limonenberge, Bananen, Yams, Kassava, Kokosnüsse und Papayas zusammen.

Wir segeln schon nach zwei Tagen weiter in eine kleine Bucht, um dort Weihnachten zu feiern. Das wird gar nicht so leicht bei 30 Grad im Schatten und einem märchenhaften Sandstrand vor unserer Nase. Um uns das türkisblaue Meer, in dem sich sanft im Passat wiegende Palmen spiegeln. Dazwischen setzen karibisch bunte Holzhäuschen fröhliche Farbtupfer. Da will einfach nicht so recht besinnliche Stimmung aufkommen.

Ein Hüpfer von wenigen Tagen bringt uns von Martinique auf die Niederländischen Antillen Aruba, Bonaire und Curaçao. Auch hier wimmelt es vor allem von amerikanischen Rentnern auf riesigen Katamaranen, was uns noch mehr in unserem Beschluss bestärkt, möglichst schnell in den Pazifik zu segeln.

Immer wieder schütteln andere Segler mit dem Kopf, wenn sie erfahren, dass wir nicht in Venezuela waren. Mit leuchtenden Augen schwärmen sie von billigem Diesel, billigen Supermärkten und vor allem billigem Alkohol. Ihre Boote sind bis zum Rand vollgeladen mit diesen Schätzen und sie halten uns wohl für etwas dumm, dass wir uns diese Chance zum Geldsparen haben entgehen lassen.

Uns haben von Venezuela vor allem die Berichte von Gewalt und Piraterie abgehalten, denn es sterben jedes Jahr Segler bei Überfällen in diesem Land. Wir haben die Geschichte eines Seglerpaares, das wir in Portugal trafen, noch zu gut in Erinnerung. Sie hatten bei einem solchen Überfall ihr Boot und beinahe auch ihr Leben verloren. Auch fanden wir die Berichte nicht sehr einladend, die davon erzählten, dass nachts selbst im Touristenparadies Isla Margarita die Besatzungen der Yachten auf dem Ankerplatz bewaffnet Wache gehen. Wir sind unbewaffnet und wollen lieber etwas mehr bezahlen, als in solchen Gegenden zu segeln. Außerdem fasst unser Tank gerade mal 150 Liter Diesel - also warum für hundert eingesparte Dollar unser Leben riskieren?

Ja, und dann erleben wir auf dem friedlichen, sehr europäischen Curaçao eine der wenigen unerfreulichen Begegnungen auf unserer ganzen Reise: Es ist Sonntag, als wir landhungrig und begierig auf das Gewimmel in der Hauptstadt Willemstad vom Ankerplatz an Land rudern. Der Ankerplatz ist fünfzehn Kilometer außerhalb der Stadt und leider fährt kein Bus. Ein Taxi ist weit und breit nicht zu sehen, und so versuchen wir uns im Autostopp. Es ist auch nicht gerade viel Verkehr und als nach einer halben Stunde endlich ein Auto hält, sind wir schon echt angenervt. Die zwei schwarzen jungen Männer wollen aber Geld für ihren Service. Carola ist dagegen, ich dafür. Schließlich müssen wir ja auch noch einklarieren, also ist das nicht nur ein Vergnügungstrip, und so einigen wir uns auf einen Preis und Carola steigt zögernd mit ein.

Wir sitzen mit den Kindern zusammen hinten, es gibt keine Anschnallgurte, dafür aber eine Stereoanlage und die wird jetzt vorgeführt. Laute Calypsomusik dröhnt uns in den Ohren, der Fahrer gibt Gas und der Albtraum beginnt. Mit grimmigem Gesicht jagt er über die kurvenreiche Straße, überholt andere Autos, ohne auch nur auf den Gegenverkehr zu achten und fährt viel zu schnell. Die Kinder fangen voller Angst an zu weinen, aber unsere Bitte, die Musik leiser zu stellen und etwas langsamer zu fahren, wird einfach ignoriert. Der Fahrer schwitzt extrem und muss sich ständig mit einem Lappen das Gesicht wischen. Steht er unter Drogen? Wir vermuten das Schlimmste, als unser Rennfahrer in ein Gewirr von kleinen Nebenstraßen einbiegt, sehen uns schon in eine Drogenhöhle verschleppt, ausgeraubt oder Schlimmeres. Warum nur habe ich nicht auf Carolas ungutes Gefühl gehört?

Plötzlich kommen wir aus dem Gewirr von Straßen auf einen großen Platz. Da ist auch Wasser und sind Schiffe. Wir sind mitten in Willemstad und die zwei finsteren Gestalten lassen uns an einer Bushaltestelle unbeschadet, aber mit weichen Knien aussteigen. Glück gehabt? Zurück jedenfalls nehmen wir dankbar ein teures Taxi.

# San-Blas-Inseln - Vorgeschmack auf den Pazifik

Nur achtzig Meilen südlich von Colon, dem extrem hässlichen Zentrum am Eingang zum Panamakanal, erstrecken sich vor den Höhenzügen der panamaischen Berge die San-Blas-Inseln. Sie bestehen aus Korallenatollen, umgeben von unzähligen Riffen, sind ganz flach und nur mit Palmen bewachsen. Die dort ansässigen Kuna-Indianer wachen argwöhnisch über ihre Eigenständigkeit und versuchen, einen gesunden Mittelweg zwischen traditioneller Lebensform und dem auch in diesem entlegenen Flecken immer stärker werdenden Druck der Zivilisation zu finden. Da die Inseln nur per Boot oder Kleinflugzeug zu erreichen sind, leben diese Menschen noch weitgehend unbeeinträchtigt von den Segnungen der Moderne. Man paddelt oder segelt im selbstgeschnitzten Einbaum von Insel zu Insel, lebt in engen Familienverbänden ohne Elektrizität und fließendes Wasser in Palmenhütten und ernährt sich von Fischfang, Kokosnüssen und bescheidener Landwirtschaft. Es gibt keine Mobiltelefone, keine Radios, und eine Petroleumlampe bedeutet Reichtum. Ihre Handarbeiten, mit unendlichem Fleiß hergestellte Bilder aus übereinander genähten Stoffapplikationen, sind mittlerweile weltberühmt, und werden leider nur noch selten als Brusteinsatz in den traditionellen Gewändern der Frauen getragen. Jede Insel und jede Familie hat ihren eigenen Stil, und der Handel mit *Molas*, so ihr Name, ist der einzige Devisenbringer. Noch können die Gemeinschaften ihre ursprüngliche Lebensweise wahren. Noch gehen die Kinder nur auf die Hauptinsel zur Grundschule, wenn überhaupt. Aber täglich sehen diese Menschen auf den in großen Scharen einfallenden Yachten all die Insignien der modernen Welt, vom Außenborder über die Harpune bis zum Mobiltelefon und Computer, und wir fragen uns besorgt, wie lange da der Beruf des paddelnden Fischers noch attraktiv sein wird?

Zunächst aber sind wir einfach nur fasziniert, denn diese Inseln sind unsere ersten echten Atolle, die wir auf unserer Reise anlaufen.

Als wir uns der Inselkette nach einer rauen und gewittrigen Überfahrt nähern, werden wir immer unruhiger, denn die Sicht ist gut, das Meer ruhig, die Sonne steht schon hoch am Himmel und wir stehen nur noch fünf Meilen vor der Riffdurchfahrt, die uns in die geschützte Lagunenwelt bringen soll, aber es ist nichts zu sehen. Über dem Dunst am Horizont erkennen wir schwach die Silhouetten der Berge vom Festland, aber von den Inseln keine Spur. Noch drei Meilen. Noch zwei und eine halbe. Und dann endlich sehen wir sie: eine lange Reihe von Palmen, die über dem Wasser zu schweben scheinen.

Erst als wir nur noch wenige hundert Meter vom Ringriff entfernt sind, können wir die Brandung erkennen. Ein Wrack zeugt von der Gefährlichkeit dieser so paradiesisch aussehenden Szenerie. Es ist eine brandneue schwedische Luxusyacht, die hier vor wenigen Wochen, beim Versuch nachts in die Lagune einzulaufen, aufs Riff geknallt ist. Außer dem Rumpf ist nicht mehr viel übrig geblieben. Strandräuber gibt es hier also auch!

Ich klettere die Maststufen hinauf zur Saling, und aus dieser luftigen Höhe lotse ich Carola durch die Untiefen, die sich deutlich im klaren Wasser abzeichnen. Dieses ist so sauber, dass ich die Korallenköpfe selbst in 25 Meter Tiefe gut erkennen kann. Wir gleiten hinein in eine verzauberte Welt: Schwebend auf dem durchsichtigen Wasser, das sich in immer helleren Türkistönen um die Inseln schmiegt, bis es an den weißen Korallenstränden zahlloser Inselchen in glitzernden kleinen Wellen bricht. Von Ferne donnert die Brandung aufs Außenriff, während uns die Palmen einen Willkommensgruß zuzufächeln scheinen. Lisa: "Da ist ein Palmenaltersheim; die sind alle so groß und gebeugt."

Wir senken den Anker sehr vorsichtig in den Sandgrund hinter Hollandeskay, denn wir wollen nicht die Seesterne und Krebse am Grund stören. Die Insel ist unbewohnt, aber auf der Nachbarinsel sehen wir unter den Palmen einige Hütten, aus denen Rauch aufsteigt. Einbäume liegen am Ufer und Hühner scharren im Sand. Es ist perfekt, wir sind im Paradies angekommen, und glücklich jumpen wir über Bord und planschen im lauwarmen Wasser.

Den Nachmittag verbringen wir damit, die Insel zu erkunden. Vorsichtig schlurfen wir durch den Ufersand, denn darin haben sich die kleinen, aber giftigen Rochen und Teufelsfische vergraben. Die Kinder suchen begeistert Muscheln und Schnecken, und Nils will unbedingt, dass ich auf eine der Kokospalmen steige und ihm eine frische Nuss pflücke. Die hängen leider mit über zehn Metern weit außerhalb meiner Reichweite, und so muss er sich mit den Herabgefallenen begnügen. Davon sind nicht sehr viele da, denn wie wir später lernen, kommen die Kunas von der Nachbarinsel regelmäßig zum Sammeln.

Wenn wir länger an einem Platz stehen bleiben, dann fangen die unzähligen auf dem Strand verstreuten Schneckenhäuschen an, sich plötzlich zu bewegen. Das ist ein reges Herumgewusel und Gekrabbel, der ganze Strand scheint in Bewegung zu sein. Machen wir eine Bewegung, erstarrt alles und stellt sich tot. Nils und Lisa sind ganz entzückt, denn in jedem Schneckenhaus wohnt ein kleiner Krebs, das empfindliche Hinterteil sicher ins Gehäuse geschmiegt und bei Gefahr den Eingang mit den Scheren fest verschlossen. Schnell wird eine Rennstrecke errichtet, und dann müssen die Tierchen um die Wette laufen.

Als wir zurück zum Boot kommen, klagt Nils über Unwohlsein. Wir messen Fieber und denken uns zunächst nichts Arges. Hat er halt etwas zu viel Sonne abbekommen. Am nächsten Morgen ist das Fieber aber immer noch da, langsam steigend. Nils und Carola verbringen den Tag an Bord, während Lisa und ich die Nachbarboote besuchen und uns am Strand vergnügen. Als wir auf einem Dingitrip um die kleine Insel durchs knietiefe Wasser rudern, scheuchen wir einen riesigen Rochen auf. Er ist mindestens so erschrocken wie wir und schießt mit wild peitschendem Schwanz davon. Die Dinger sind nicht ganz ungefährlich, haben sie doch an ihrem Schwanzende Widerhaken, mit denen sie tiefe Wunden verursachen können.

Nils' Fieber ist nicht heruntergegangen, sondern stetig gestiegen und wir fangen an, uns Sorgen zu machen. Das Medizinbuch für Tropenreisende führt die verschiedenen Fieberkurven für Malaria, Denguefieber und andere Scheußlichkeiten auf, aber Nils' spezielle Kurve können wir nicht darin finden. Als am nächsten Morgen das Thermometer immer noch steigende Werte zeigt, sind wir ernstlich besorgt. Sollen wir schnell nach Colon ins Krankenhaus fahren? Wir entscheiden uns für einen Securite Funkspruch in die Runde mit der Frage, ob sich irgendwo auf einem der sich in der Gegend herumtreibenden Boote ein Arzt befindet. Nach fünfzehn Minuten haben wir einen amerikanischen Kinderarzt an Bord! In Deutschland ginge das nicht so schnell. Leider kann er auch nichts feststellen, bestätigt unsere Vermutung, dass es sich nicht um Meningitis handelt, und rät uns zur *Hauptstadt* der Inselgruppe zu segeln. Dort gäbe es ein kleines Krankenhaus, wo sie Bluttests machen und eventuell Nils nach

Panama City ausfliegen könnten.

So segeln wir zum Krankenhaus nach Nargana, einer eher deprimierenden aus Wellblech und Treibgut zusammen gezimmerten Siedlung, die zwei kleine Inselchen fast vollständig überwuchert hat. Eine zerbrechliche Fußgängerbrücke verbindet die beiden Eilande, und einen kurzen Bootstrip entfernt liegt die Flughafeninsel mit einer winzigen Landebahn für die Maschinchen aus Panama City. Zwischen eklig stinkenden Müllhaufen, Holzverschlägen voller Hühner und Gänsen und trocknenden Fischernetzen suchen wir uns einen Weg zum *Hospital*. Die Kunas hier in der *Stadt* sind zwar auch scheu, aber einige sprechen Spanisch und können uns den Weg zeigen.

Das Krankenhaus besteht aus einem Betonklotz, vor dem die Patienten im Schatten sitzen und auf ihre Konsultation warten. Daneben steht ein kleiner Holzwürfel mit einem Fensterchen: die Apotheke. Der Arzt spricht gebrochen Englisch, und wir erklären unser Anliegen. Stirnrunzeln, er hat auch keine Idee, nimmt aber Blut ab, verschreibt ein Antibiotikum und sagt, wir sollen morgen wiederkommen. Die Behandlung ist kostenlos, das Antibiotikum kostet den stolzen Preis von einem US-Dollar, und Nils' Fieber ist immer noch da.

Als wir die Laborergebnisse erfahren sind wir einerseits erleichtert, denn es ist nicht Malaria und auch nicht Dengue, aber niemand kann uns sagen, was es denn sonst ist. Gegen den Rat der Ärzte geben wir Nils kein Antibiotikum, können wir doch den Sinn darin nicht erkennen, wenn niemand weiß, welche Krankheit denn das Fieber verursacht. Mein Vater vermutet nach den Symptomen eine Hirnhautreizung, und wir behandeln Nils vorsichtshalber homöopathisch dagegen. Irgendwie scheint sich der ganze Aufwand auszuwirken, denn so langsam, wie es gestiegen ist, sinkt das Fieber über die nächsten Tage, und wir kehren auf unseren idyllischen Ankerplatz zurück. Später hören wir, dass es sich wahrscheinlich um eine Gehirnhautreizung als verzögerte Reaktion auf die Gelbfieberimpfung gehandelt haben könnte, aber genau werden wir es nie erfahren.

Wir verbringen eine traumhaft schöne Woche zwischen den Inseln. Die Tage gleiten dahin mit Schwimmen, kleinen Muschelsuchtrips am Strand, Ruderausflügen im Dingi. Wir lernen eine Kokosnuss professionell zu öffnen, tauschen Klamotten gegen Fisch mit den Kunafischern, und vor allem kaufen wir Langusten. Die sind hier selbst für uns erschwinglich und die Kinder lieben es, vor dem Kochen mit ihnen zu spielen. Überhaupt sind sie sehr neugierig auf alles Neue und haben keine Scheu. Lisa greift sich beherzt ein Huhn aus der Schar am Ufer, um damit zu spielen, und Nils ist sehr an der Anatomie der Fische interessiert, wenn wir sie ausnehmen. Ich erkläre, dass es sich bei dieser Dorade um ein Weibchen handelt. Nils: "Was ist ein Weibchen?" Lisas Antwort kommt wie aus der Pistole geschossen: "Ein Raubtier!"

Später fragt Nils interessiert: "Was hat das Huhn gemacht?" Wieder weiß Lisa schnell die Antwort: "Es hat gedockert." Das Spiel mit der Sprache nimmt manchmal etwas bizarre Formen an. Lisa: "Päpperchen schmeißt das Ankerchen... Mämmerchen ist lieb."

Am Strand haben Lisa und Carola Krebse geärgert. Carola sagt: "Jetzt haben wir die Armen aber genug gepiesackt". Zurück an Bord sagt Lisa zu Nils: "pie, pie, pie." Nils: "Warum sagst du das?" Lisa: "Ich mache Piesagen, um dich zu ärgern." Als wir eine Kuna-Indianerin mit einem traditionellen Brustschmuck in den Farbtönen schwarz, rot, und gold treffen, stellt Lisa fachmännisch fest: "Die Kuna-Indianerin ist Deutscherin..."

Nachmittags nach der Siesta, wenn die größte Hitze abgeklungen ist, spielen unsere Kleinen friedlich mit den Kindern der Kunafamilie, vor deren Insel wir vor Anker liegen, während Carola und ich unter den Palmen lustwandeln.

Viktor, das Oberhaupt der Familie, ist ein kleiner drahtiger Mann von undefinierbarem Alter. Seine Familie lebt in einer ausgedehnten Siedlung aus Wohnhütte, Schlafhütte, Kochhütte, Hühnerhütte und Klohütte. Die Nachbarinsel beherbergt die Plantage der Familie, Wasser gibt es nur in Kokosnüssen oder in Plastikkanistern aufgefangenes Regenwasser. Er erklärt uns auf Spanisch, dass er sich gegen einen Generator sträube, denn dann hätten sie Fernsehen auf der Insel, und damit komme die Kriminalität. Seine Kinder werden von wohlmeinenden Seglern in Englisch unterrichtet und sammeln begeistert den Müll vom Riff, um uns voller Stolz die Aufschriften vorzulesen: "100 years fresh quality...", der Rest ist leider nicht mehr zu entziffern.

Andere Fahrtensegler treffen ein; viele auf dem Weg in den Pazifik, und es entsteht ein reges soziales Leben mit Plauderstündchen unter Palmen und abendlichen Grillpartys. Eine große Gruppe der Yachten auf den San-Blas-Inseln besteht aus amerikanischen Rentnern, die sozusagen im Hinterhof der USA ihr Paradies gefunden haben. Konsequenterweise ist fast die Hälfte gleich ohne Mast losgefahren, und so liegen riesige Motortrawler zwischen den Fahrtenyachten. Wir erleben sie als schwimmende Camper, die mit Dollars um sich schmeißen und jeden Tag das Deck mit Süßwasser aus dem Wassermacher waschen.

Eigentlich könnten wir nun endlich dieses traumhafte Tropenparadies genießen. Leider hat Carola über Nils' Krankheit extreme Rückenschmerzen entwickelt. Wir behandeln auf Hexenschuss mit viel Ruhe und Massagen. Ich gehe mit den Kindern oft an Land, damit sie sich erholen kann, aber es nützt alles nichts. Über Satellitentelefon fragen wir unseren Hausarzt um Rat, und er tippt auf Bandscheibenvorfall und wo denn das nächste Krankenhaus wäre. Also doch auf nach Colon!

# Panama - das Nadelöhr

Frischer auflandiger Wind bringt uns in einem Tag die sechzig Meilen nach Colon. Bei Sonnenuntergang nähern wir uns der Einfahrt. Riesige Frachter ankern in endlosen Reihen vor dem äußeren Wellenbrecher. Am Funk ist wildes Gequassel, und nur mit Mühe können wir uns bemerkbar machen, denn jede Yacht soll sich bei *Colon traffic control* melden. Endlich erhalten wir Einfahrterlaubnis, und etwas beklommen stürzen wir uns ins Getümmel. Zwischen all den dicken Containerfrachtern fühlen wir uns verloren und klein, und nach der Abgeschiedenheit der San-Blas-Inseln ist dieses *großstädtische* Gewimmel sehr gewöhnungsbedürftig. Wir versuchen im Yachtklub einen Platz zu ergattern, werden aber extrem unfreundlich abgewiesen. Auch der Hinweis, dass wir einen Krankheitsfall an Bord haben, kann niemanden dazu bewegen, uns einen Platz frei zu machen. Wir sollen draußen ankern. Sehr lustig, denn das ist eine Meile vor dem Hafen, sehr ungeschützt und mit unserem Dingi ein langer Weg zu rudern. Alle nah der Marina gelegenen Ankerplätze sind schon belegt, und so bleibt uns nur dicht unter Land und knapp am Rande des mit Bojen ausgezeichneten Areals zwischen zahllosen anderen Fahrtenyachten zu ankern, die hier alle auf die Kanalpassage warten.

Am Morgen versuchen wir Carola per Dingi-Hitchhiking an Land zu bringen, aber die meisten Segler in ihren vorbeibrausenden Dingis gucken nur blöd auf unser Gewinke und sausen einfach weiter. Endlich hält einer an und nimmt sie mit an Land. Mit einem Taxi fährt sie zu einer Privatklinik, aber da wissen sie auch nicht weiter. Frustriert kommt Carola am Nachmittag zurück an Bord.

Uns ist klar, dass wir hier nicht bleiben können: Zu weite Wege an Land, dort kein Platz für die Kinder zum Spielen, und außerdem sind wir hier mitten im Industriegebiet von Colon, sprich ständig eingenebelt von eklig stinkenden gelblichen Wolken aus einer Reihe von Schornsteinen. Zudem ist es selbst nachts laut, denn das angrenzende Containerterminal arbeitet 24 Stunden. Also wechseln wir auf die Dschungelseite von Colon in die Shelterbay Marina.

Das zeigt sich als echter Glücksfall, denn diese Marina wurde gerade erst eröffnet und liegt in einem vom amerikanischen Militär nach der Übergabe des Kanals freigegebenen Areal direkt am Urwald.

LASSE schwimmt mit ein paar dutzend anderen Yachten in einem künstlich ausgebaggerten Teich, es gibt ein Klubhaus mit kalten Duschen und einem Restaurant, eine Feuerwehrstation mit zwei netten Schwarzen, die tagsüber ihr prähistorisches Fahrzeug warten und abends begeistert mit den Restaurantangestellten Volleyball spielen. Ein Streifen Wiese, von riesigen Palmen unterbrochen, und dann kommt schon das undurchdringliche Dickicht des Dschungels. Die verfallenden Militäranlagen werden nach und nach vom Urwald zurückerobert und auch die kleine Rollbahn neben dem Hafen ist von Grasbüscheln übersät.

Die einheimischen Angestellten verlieben sich sofort in unsere Kinder, und auch die beiden Mädchen des amerikanischen Hafenmeisters spielen ausgiebig mit ihnen. Carola unternimmt einen weiteren teueren und langwierigen Taxitrip zum Arzt, muss man doch, um in die eigentliche Stadt zu kommen, mit dem Auto um die riesige Bucht herumfahren und den Kanal bei den Schleusen überqueren, was oft mit langen Wartezeiten verbunden ist. Abends werden ihre Schmerzen aber immer schlimmer und so muss sie mit einem Taxi über den Isthmus von Panama in die Hauptstadt an der Westküste fahren. Das ist letztlich ein Segen, denn dort bestätigen sie die aktuelle Ferndiagnose des Hausarztes in Bremen und geben jetzt das richtige Antibiotikum gegen Nierenbeckenentzündung. Morgens um halb vier ist sie wieder heil an Bord. Trotzdem dauert es noch Wochen, bis Carola wieder richtig gesund ist.


Zwei Plätze neben uns liegt ein gigantischer österreichischer Katamaran. Er ist über 50 Fuß lang und für unseren Geschmack etwas klobig. Helmut, der Besitzer ist ganz verzweifelt, denn seine beiden Motoren haben im Abstand von nur 24 Stunden jeweils einen Totalschaden erlitten. Nun muss er sein Monster aus dem Hafen und nach Colon zur Werft bringen. Ein professioneller Schlepper ist ihm zu teuer, die Marina selber hat nur ein kleines Bötchen mit Außenborder und zum Segeln ist es definitiv zu eng, führt doch nur ein schmaler gewundener Kanal ins Hafenbecken.

In der Marina liegen zwei dieser amerikanischen Motortrawler, mit starken Motoren, Bugstrahlruder und genügend PS, um selbst einen Frachter zu ziehen. Ich schlage ihm vor, die doch um Hilfe zu bitten, sollte doch kein Problem sein, so unter Seeleuten, oder? Aber Pustekuchen, die Herren weigern sich glattweg.

Mit großen Augen stehen sie dann auf ihren *Röchelfelsen*, als wir mit LASSE die neunzehn Tonnen der BORA BORA auf den Haken nehmen. Und es gelingt tatsächlich: Mit nur 28 PS nehmen wir langsam aber stetig Fahrt auf und schleppen den Katamaran aus dem Hafen. In der Einfahrt wird es etwas brenzlig, denn ein japanischer Katamaran kommt uns ausgerechnet an der engsten Stelle entgegen. Er versteht nicht, warum wir ihm nicht ausweichen können, scheint noch nie einen Schleppverband gesehen zu haben und erst durch lautes Rufen können wir ihn im letzten Augenblick zum Umdrehen bewegen. Draußen setzt Helmut Segel und wir kehren voller Stolz auf unseren kleinen, aber kräftigen Motor zurück an unseren Liegeplatz.

Der Hafen füllt sich in den nächsten Wochen mit Yachten aus aller Welt, die sich hier auf die Kanalpassage vorbereiten. Da sind Maggi und Nathan aus England auf ihrer NAKATCHA, einer 42 Fuß Nauticat. Sie freunden sich rasch mit unseren Kindern an, und vor allem Nathan mit seinen nicht ganz britischen Scherzen wie Zungerausstrecken und Hasenohrenmachen, finden sie einfach klasse.

Endlich kommen wir auch in Kontakt mit einem neuen Schlag von Amerikanern, hatten wir doch bisher eher frustrierende Begegnungen. Die verliefen meist nach dem gleichen Muster: Nach dem üblichen *Hello* konnten wir mit unserem angerosteten Schul-Oxford-Englisch einfach nichts mehr verstehen. Nach dem dritten: *please say again* kommen wir uns echt dämlich vor. Anstatt etwas langsamer und deutlicher zu sprechen, wiederholten sie den Satz einfach nur lauter, so als seien wir schwerhörig. Dabei können wir einfach unter all dem Gewurschtel kein Englisch erkennen. Schnell versiegten dadurch die Gespräche, und wir wurden den Eindruck nicht ganz los, dass sie uns für ein bisschen beschränkt hielten.

Jennifer und Gene mit ihren pubertierenden Söhnen Ryan und Evan können wir dagegen auf Anhieb verstehen. Hat also doch nicht alles nur an unserem Englisch gelegen! Vielleicht liegt es auch daran, dass sie schon einmal eine lange Reise mit einem Boot durch die Karibik gemacht und dabei offensichtlich nicht nur mit anderen Amerikanern Kontakt hatten? Natürlich haben sie auch einen Haufen Geld und ein riesiges Schiff. Im Gegensatz zu vielen anderen haben sie ihre Kinder nie zur Schule geschickt, sondern Jennifer hat sie selber unterrichtet. Jennifer ist Immobilienmaklerin, Gene ist ein erfolgreicher Folksongwriter. Alles, was wir mit den Schattenseiten Amerikas verbinden, ist ihnen zutiefst peinlich, und so sitzen wir bis spät in die Nacht in LASSEs Cockpit, reden über unsere jeweiligen Heimatländer, unsere Reisepläne und Träume, und spinnen Seemannsgarn. Ab und zu spielt uns Gene eines seiner Lieder auf Carolas Gitarre vor, worauf vom nahen Urwald die Affen mit lautem Geheule antworten.

Erin und Chris von dem nicht minder großen Katamaran BAREFEET sind auf ihre Art zwar auch *typisch amerikanisch*, aber auch mit ihnen haben wir kein Verständigungsproblem. Mit großen Augen kriechen sie durch LASSEs Bauch und sitzen anschließend etwas beengt im Cockpit. Als wir am Abend zum Barbecue auf ihrem Kat eingeladen sind, verstehen wir auch warum: Auf 44 Fuß finden wir alle Attribute einer mittleren Etagenwohnung mit einem riesigen Balkon, inklusive Gartenbank und Tisch, einer Sofaecke im Salon, in dem man tanzen könnte, und dann einer kompletten Einbauküchenzeile mit Backofen, Mikrowelle, Kühlschrank und selbstverständlich Gefriertruhe. Die *Aircondition* summt leise, und klar hat jeder Rumpf auch noch sein eigenes Bad mit Dusche und allen Schikanen. Hat auch nur sechs mal so viel gekostet wie LASSE, und über den Energieverbrauch und die laufenden Unterhaltskosten wollen wir lieber nichts wissen.

Wir verbringen einen fröhlichen Abend mit unerwartet offenem Geplauder, während die Kinder begeistert auf dem riesigen Deck herumklettern. Endlich mal ein Boot mit richtigem Spielplatz.

Von einem anderen Segler sind wir schwer beeindruckt: Er ist Einhand von San Francisco bis Panama gesegelt und das im wahrsten Sinne des Wortes, denn er hat tatsächlich nur noch einen Arm. Wir helfen ihm beim Anlegemanöver, und erst später realisieren wir sein Handicap, so geschickt und sicher bewegt er sich auf seinem Boot und hat auch mit einer Hand alles im Griff. Hut ab!

Eigentlich wollten wir ja die ersten sein, die dieses Jahr in den Pazifik fahren. Daraus wird nun nichts, denn es ist nicht absehbar, wann Carola wieder so fit sein wird, dass wir weiterreisen können. Die Frage, wie es nun weitergehen soll, hängt wie eine dunkle Wolke über uns. Sollen wir wirklich den Sprung auf die andere Hälfte der Erde wagen? Bis Panama schien alles noch vertraut, danach kommt eine neue Welt.

Immer wieder quälen wir uns mit diesen Fragen, überlegen Alternativen, wandern hinaus auf den großen Wellenbrecher und blicken zurück nach Osten, über das karibische Meer, hinter dem der Atlantik und Europa liegen. Im Westen liegt das Nadelöhr, der Kanal. Zurückfahren oder weiter?

Trotzdem genießen wir das luxuriöse Leben in der Marina: Jeden Tag kaltes Süßwasser zum Duschen, nette Leute auf den anderen Fahrtenyachten, ein Hopser an Land, und wir sind auf der großen Wiese zum Ballspielen oder *Bäumchen wechsel dich* zwischen den Palmen, oder wir bauen ein Haus am Fuß einer Palme aus heruntergefallenen Palmblättern.

Am Sonntag machen wir eine geführte Wanderung in den Dschungel. Vor Sonnenaufgang geht es los, und bald stehen wir unter einem Baum voller Affen. Eine ganze Familie guckt neugierig zu uns herunter. Im nächsten Baum hängt ein Faultier. Das finden die Kinder aber eher langweilig. Wo denn die Krokodile seien, wollen sie wissen. Ich bin froh, dass wir keine zu Gesicht bekommen. Dafür raschelt es immer wieder unheimlich im Unterholz. Als wir um neun Uhr schweißgebadet aus dem Urwald zurückkommen, sind wir total erledigt. Körperliche Betätigung ist für uns wirklich nur sehr begrenzt möglich in diesem Klima.

Ein riesiger Kran schlägt derweil Poller für weitere Yachtliegeplätze neben unserem Steg in den Grund, so ist für die weitere Unterhaltung der Kinder gesorgt. Mit großen Augen verfolgen sie genau, wie die Männer die Maschine handhaben, und dann bombardieren sie mich mit unzähligen Fragen.

An Land ist ein Aufruhr; lautes Rufen von den anderen Kindern, Nils und Lisa, kommt schnell, da ist ein Faultier beim Komposthaufen. Und tatsächlich hat sich eines dieser seltsamen Tiere am Zaun um den Komposthaufen festgekrallt. Nun guckt es verwundert in all die aufgeregten Kindergesichter, die wild schnatternd um es herumstehen.

Bruce, der Hafenmeister, versucht es vom Zaun abzunehmen, um es wieder in den Urwald zurückzubringen. Er hat Sorge, dass die Bauarbeiter es sich sonst als Abendbrot auf den Grill legen. Immer wieder sucht er die mit langen Klauen bewehrten Tatzen zu lösen, aber kaum hat er eine befreit, so nimmt das Tier sie mit unendlicher Gelassenheit wieder zurück. Es bewegt sich wie in Zeitlupe, und sein Blick scheint zu fragen, warum wir es nicht einfach in Ruhe lassen können, es will doch bloß da hängen und fressen. Sehr friedfertig. Irgendwann kapituliert Bruce vor dem geballten Phlegma, und am Abend ist es verschwunden.

Sanftmütig.
Das Faultier in Panama.

Endlich ist Carola wieder gesund, und wir beschließen, den Pazifik zu wagen. Ich melde uns für die Kanalpassage an, und obwohl alle immer behaupten ohne Agenten würde gar nichts gehen, versuche ich mein Glück zunächst allein. Die Gerüchteküche unter den Seglern brodelt mit den wildesten Geschichten, und die zahlreichen Agenten machen ein gutes Geschäft mit der Angst der Segler. Ein Gerücht empfiehlt, den Vermesser erst mit Zigaretten und Geschenken zu bestechen, damit man ein günstiges Ergebnis erzielt, denn die Vermessung bestimmt die Tonnage und die legt den Preis für die Durchfahrt fest. Der Vermesser kommt auch prompt an Bord, will aber keine Geschenke und nimmt am Ende nur zwei von den Kindern gemalte Bilder als Souvenir mit. Trotzdem scheint uns sein Ergebnis zutreffend und ich bezahle in Colon die Kanalgebühr. Vom *Dispatcher* erfahre ich unseren vorläufigen Passagentermin mit dem Hinweis, diesen jeden Tag neu zu bestätigen. Also rufe ich täglich im *Office* an. Jedes Mal erhalte ich die freundliche Auskunft, dass unser Termin um einen weiteren Tag nach hinten verschoben worden sei. Es bleibt also immer bei zwei Wochen bis zum Termin.

Nach einigen Tagen wird mir das Spiel zu dumm und wir engagieren einen *Agenten*, der uns auch die notwendigen Leinen und Autoreifenfender besorgen soll. Für 100 Dollar inklusive Fender und Leinen verschafft er uns einen Termin in drei Tagen, und dann müssen wir uns auch schon echt beeilen, denn der LASSE muss noch für den Pazifik verproviantiert werden.

Der Shuttlebus der Marina bringt eine Gruppe von einkaufshungrigen Seglern zum Supermarkt nach Colon. Zunächst geht es vorbei an einem Militärposten, der das Marinagelände bewacht. Dann windet sich die Straße durch den Urwald. Lianen hängen auf die Fahrbahn, ein Tapir verschwindet im Gebüsch, sonst ist nur undurchdringliches Grün um uns. An der Schleuse müssen wir warten, denn es wird gerade geschleust. Die Containerfrachter passen gerade mal so eben in die alten Schleusenkammern und wir können von unserem Logenplatz aus sehen, wie kunstvoll die Bedienmannschaft zusammenarbeiten muss, damit auch alles glatt geht. Vier große Schleusenkammern heben die Schiffe auf das Niveau des Gattunsees, und es ist ein endloser Strom an Frachtern, der sich unermüdlich durch dieses Nadelöhr zwängt. Nach einer halben Stunde ist die Kammer voll, das Schleusentor geschlossen und damit die Brücke wieder frei. Es geht durch Brachland am Kanal entlang, durch ehemalige Militärsiedlungen, die jetzt als Wohngetto für die reicheren Panamesen umfunktioniert wurden, haben sie doch eine wunderbare Mauer drum herum, und auch das Wachhäuschen ist schon vorhanden.

Dann kommen die Slums. Obwohl Colon eine steuerfreie Sonderwirtschaftszone ist, lebt der Großteil der Bevölkerung in erschreckender Armut und der damit einhergehenden Kriminalität. Elende Wellblechbehausungen drängen sich im Schlamm, schrottreife Lastwagen und Pickups versperren die Straßen und zerlumpte Gestalten sitzen am Wegesrand, unberührt von den Segnungen der globalisierten Wirtschaft und ihrer Güter, die nur wenige hundert Meter weiter in den Containern der Frachter durch ihr Land geschleust werden. Wir *Gringos* werden rasch daran vorbei gelotst zu einem gigantischen Supermarktkomplex. Beschämt kaufe ich für hunderte von US-Dollar Berge an Proviant, soll doch im Pazifik alles extrem teuer sein. Bezeichnenderweise wird die lokale Währung nur noch als Wechselgeld bei Summen unter einem Dollar benutzt.

Jede Yacht, die durch den Panamakanal fährt, braucht neben dem Kapitän vier *Linehandler*, darum sammeln wir von den wartenden Riesenyachten drei nette Jungs zwischen vierzehn und siebzehn Jahren ein, die froh sind, ihren Eltern für zwei Tage entkommen zu können.

LASSE ist rundrum mit dicken Autoreifen gepolstert, an Deck stapeln sich in großen Bergen die je 50 Meter langen Panamaleinen, Taylor, Max und Ryan stehen an Deck herum, die Abschiedstränen der Kinder sind vergossen und unter lautem Hupen und Winken verlassen wir etwas überladen diesen gastfreundlichen Platz, um auf der Reede von Colon unseren Lotsen aufzunehmen. Mehrere Yachten drehen schon Wartekreise auf der Reede. Unter ihnen ist auch NAKATCHA, und als wir nahe aneinander vorbei gleiten regnet es Karamellen auf unser Deck.

Das Lotsenboot kommt angerauscht und unser Lotse springt an Bord. Wir haben dank der allgegenwärtigen Gerüchteküche ein wenig Angst, denn es wurden im Vorfeld böse Geschichten von übelwollenden Lotsen, die mit Absicht Schiffe an den Schleusenmauern zu Schaden kommen lassen, etc. erzählt. Unser Lotse zeigt sich als ein sehr freundlicher, kompetenter und vor allem ruhiger Zeitgenosse.

Kurz vor der Schleuse werden wir mit zwei anderen Yachten zu einem Päckchen verschnürt. Das dauert so seine Zeit, hat doch niemand das Kommando und der Lotse vom mittleren Boot, der das Ganze dirigieren soll, vergrößert noch das Chaos mit viel Rumgebrülle. Endlich sind wir vertäut und können vorsichtig in die erste Schleusenkammer einfahren. Weit oben über unserer Mastspitze stehen klein die *Linehandler* des Kanals mit ihren *Affenfäusten* und Pilotleinen. Ein Ruf und schon fliegen diese zu uns herab, werden mit unseren Panamaleinen verbunden und wieder hoch gezogen. Dann heißt es kräftig Lose einholen, denn schon schäumt und sprudelt es wild um uns, und das ganze Päckchen fängt an, bedenklich zwischen den Schleusenmauern hin und her zu treiben. Mit Motorunterstützung versuchen wir uns halbwegs in Position zu halten, und ehe wir es merken, sind wir auch schon auf Augenhöhe mit der Crew am Ufer. Das Wasser beruhigt sich, die Leinen werden gelockert und das Schleusentor vor uns öffnet sich majestätisch. Wie am langen Zügel werden wir in die nächste Kammer geleitet, wo das Spiel von vorne beginnt.

Mittlerweile ist es Nacht. Im gelben Licht der Flutlichtlampen mutet das ganze Spektakel recht dramatisch an. Nils kann vor Aufregung kaum stillsitzen, und leider hat gerade auch niemand Zeit für seine tausend Fragen. Lisa dagegen hat sich unterm Sprayhood zusammengerollt, sie ist mitten im Getümmel eingeschlafen.

Ohne Zwischenfälle bewältigen wir auch die anderen Kammern. In undurchdringlicher Finsternis gilt es unsere Festmacherboje für die Nacht zu finden. Jetzt ist der Lotse wirklich hilfreich, denn ohne ihn hätten wir die Tonne bestimmt nicht gefunden. Zum zweiten Mal auf der Reise kommt unser von Nils *Fernscheiner* getaufte Suchscheinwerfer zum Einsatz. Nach kurzer Zeit machen wir an einer gigantischen Gummiblase mitten im Gattunsee fest. Das Ding ist fast so groß wie unser LASSE, man kann bequem darauf herumlaufen, um das Schiff sicher zu vertäuen. NAKATCHA macht auf der anderen Seite der Tonne fest, so dass wir uns trockenen Fußes besuchen können. Alle sind noch aufgekratzt, und nur langsam kehrt Ruhe im Päckchen ein. Der Lotse wird für die Nacht abgeholt, aber trotzdem ist es bei uns mit drei Leuten zusätzlich an Bord beengt. Ryan beschließt daraufhin kurzerhand, an Deck zu schlafen. Da ist er wenigstens mit den Mücken alleine.

Pünktlich um Sechs kommt das Lotsenboot angebraust, es bringt uns einen frischen *Pilot*. Wir legen ab, gleiten durch eine surrealistische Märchenlandschaft. Der Gattunsee ist aufgestaut, wir schweben so zwischen versunkenen Baumriesen dahin, von denen nur noch die nackten Äste aus dem Wasser ragen. Es gibt viele kleine Inseln, zwischen denen sich das Fahrwasser hindurchschlängelt. Nach einer Stunde kommen wir ins Hauptfahrwasser. Es ist absolut windstill und bereits brütend heiß. Der Lotse erzählt uns, dass es hier Krokodile geben soll, woraufhin die Kinder begeistert Ausschau halten, aber nichts entdecken können. Nur undurchdringlicher Urwald umgibt uns.

Frachter kommen uns entgegen, kleine Fischerboote kreuzen das Fahrwasser. Dann wird es eng. Der Kanal windet sich zwischen Hügeln hindurch. Als ein riesiger Containerfrachter uns von hinten einholt, wird es aufregend. Der Dicke lässt nicht gerade viel Platz an jeder Seite. Dazu schiebt er einen großen Wasserberg vor sich her. LASSE wird immer langsamer. Als der Bug des Großen auf gleicher Höhe mit uns ist, beginnen wir rückwärts zu treiben, so stark strömt das Wasser an beiden Seiten in die Gegenrichtung. Nach einigen Minuten zieht er vorbei, wir machen wieder Fahrt voraus.

Mittags erreichen wir die Schleusentreppe in Balboa, und ganz sanft und friedlich sinken wir auf Pazifikniveau herab. Nils sagt artig nach der letzten Schleuse: "Danke fürs Geschleuse"!

# Wasser im Schiff

Nach der friedlichen Shelterbay Marina ist Balboa ein echter Schock: Der Yachtklub ist ein baufälliges Hüttchen, das weit vorne auf einer Holzbrücke balanciert, die in einem Schwimmponton endet. Wegen des großen Tidenhubs von über sechs Metern und der starken Strömung ist es nicht erlaubt, das eigene Dingi zu benutzen, Ankern ist auch verboten. So liegen wir ganz außen in einem Muringfeld knapp hinter der berühmten Amerikabrücke, über die wie ein endloser Wurm der Verkehr kriecht. Wenige Meter neben uns ziehen die Frachter vorbei, und LASSE tanzt fröhlich in ihren Heckwellen. Pelikane knallen mit lautem Platsch ins Wasser, um zufrieden mit einem Fisch aus der dreckigen Brühe aufzutauchen.

Der *Yachtklub* wird hauptsächlich von Versorgungsbooten genutzt, die vom Ponton aus Proviant für die Frachter bunkern und diesen sozusagen im Vorbeifahren abliefern. Zeit ist offensichtlich Geld, denn es herrscht ein Gedränge wie auf einem Großmarkt. Die Segler, für die das Ganze mal gedacht war, sind nur noch ein lästiges Übel, und der obligatorische Wassertaxifahrer, ohne den niemand an Land kann, ist entsprechend ungnädig. Kommt man vom langen Steg die Treppen zur Uferpromenade hoch, heißt es Spießrutenlaufen zwischen den dort wartenden Händlern und Geschäftemachern hindurch. "Mister, Taxi?" ruft es von allen Seiten, aber die Preise der Herren sind extrem hoch, und so lohnt es sich, zur Hauptstraße zu wandern und dort ein Taxi anzuhalten.

Balboa ist ein Vorort von Panama City, als Naherholungsgebiet für die Reichen gedacht, aber seit die Amerikaner weg sind, eher am Verfallen. Alles liegt kilometerweit auseinander. Um die Ausklarierung zu erledigen, muss ich mit einem Taxi zu vier über die ganze Stadt verteilten Plätzen fahren. Die feuchte Hitze macht alles klebrig und dreckig. In den uralten Amtsstuben werkeln die Könige der Bürokratie selbstherrlich vor sich hin, ein jeder sich seiner Macht sehr bewusst. Als ich nach einem sechsstündigen Marathon verschwitzt und halb verdurstet im hintersten Winkel des Containerhafens die Stufen zu einer kleinen Hütte hinaufstolpere, in der sich die letzte der aufzusuchenden *Behörden* versteckt hat, ist es fünf nach vier. Genüsslich verkündet die Dame hinter dem verfallenen Schreibtisch, dass ich nun zwanzig Dollar *overtime* zu zahlen hätte, oder ich könne ja morgen wiederkommen. Mir reicht es, ich nehme sie beim Wort, weiß ich doch nun zumindest den Weg.

Pünktlich um acht stehe ich am nächsten Morgen wieder in ihrem Büro. Lächelnd verkündet sie mir, dass heute Samstag ist, und ich darum leider, leider zwanzig Dollar *overtime* zu zahlen habe. Es hilft kein Argumentieren und zähneknirschend zahle ich, schließlich wollen wir los, und wer weiß, was ihr am Montag einfällt.

Carola bleibt mit den Kindern oft an Bord, denn es ist so ungastlich an Land. Manchmal machen sie einen Spaziergang durch die verfallenden Parkanlagen hinter dem Yachtklub, aber so richtig wohl fühlt sich niemand dabei. Mit Maggi und Nathan zusammen fahre ich auf den Markt. Unser Taxifahrer zeigt uns stolz die Gegenden, durch die man als *Gringo* nicht fahren sollte. Heruntergekommene Ziegelhäuser, dazwischen wild wuchernde Wellblechbuden und Holzschuppen. Plastikplanen schützen die improvisierten Marktstände zwischen den überall parkenden Autos gegen die täglichen Regenfluten. Verwitternde Reklametafeln für längst nicht mehr existierende Produkte hängen bedrohlich von Häuserruinen. Mitten aus dem Meer der Elendsquartiere ragen die Wolkenkratzer der Reichen auf. Wer hier etwas sein will, der wohnt offensichtlich hoch oben über dem Müll.

Der Großmarkt für Gemüse soll laut unserem Taxifahrer auch für *Gringos* sicher sein. Wir sind die einzigen Weißen und werden dementsprechend beäugt. Hier heißt es verhandeln und feilschen, sonst verliert man nicht nur seine Dollars, sondern auch noch sein Gesicht. In dunklen Bretterhallen türmen sich Berge von Gemüse und Obst. Auf dem Lehmboden tummeln sich die Kakerlaken. Es ist unendlich schmutzig; von der benachbarten Fleischhalle weht ein übler Gestank herüber und der Fliegen kann man sich kaum erwehren. Niemand spricht Englisch, darum kämpfe ich mich mit Händen, Füßen und meinen paar spanischen Brocken durch die elendig lange Einkaufsliste.

Als wir mit unserem überladenen Taxi zum Yachtklub kommen, stehen wir vor einem Transportproblem, denn der Steg bis zum Wassertaxiplatz ist über 100 Meter lang. Die Proviantboote für die Frachter haben kleine Handkarren, auf denen sie ihre Waren transportieren. Maggi fragt einen der Händler, ob wir uns einen ausleihen können. "Klar, kost' zehn Dollar" kommt es herablassend. Maggi reagiert echt cool. Sie lacht dem Macho einfach ins Gesicht, sagt ihm, dass sei ja wohl ein Witz, sie würde einen Dollar bezahlen, schnappt sich den Wagen und vielen Dank auch! Der Mann ist so perplex, dass eine Frau es wagt, so mit ihm zu sprechen, dass ihm nichts weiter einfällt, als sie gewähren zu lassen.

Das Wetter ist gut. Wir verlassen ohne viel Zeremoniell und Tränen Balboa in Richtung Galapagos. Nach den unliebsamen Begegnungen mit schlafenden Frachtern haben wir uns in Panama einen AIS-Empfänger gekauft. Das ist eine kleine Wundermaschine, die uns die Namen, Kennnummern, Kurs und Geschwindigkeit der Schiffe über 300 Tonnen im Umkreis von 30 Meilen verrät und das noch bei minimalem Stromverbrauch. Kommt nun im Dunkeln ein Dicker von hinten bedrohlich nahe, so ist es ein leichtes, ihn über DSC-Funk direkt anzuklingeln, um auf uns aufmerksam zu machen. Ein wahrer Segen, denn der Verkehrsstrom von und nach Panama ist dicht wie die A7 bei Hannover um vier Uhr. Carola erzählt mir bei der Wachablösung ganz begeistert von einem Frachter, der auf ihren Anruf per Funk mit einem fröhlichen: "Good morning my dear" geantwortet hatte. So macht Funken Spaß.

Nach zwei eher flauen Tagen sind wir aus dem Golf von Panama heraus und kommen in den Einfluss der ITCZ, der sogenannten Konvergenzzone zwischen Passatgürtel und Äquator. Schwache Winde mit vielen Gewittern sagt das Seehandbuch voraus. Es soll leider Recht behalten. Mehrere Tage quälen wir uns zwischen drohenden Gewitterbänken hindurch. Wechselnde Winde zwingen uns zu ständigen Manövern und die Angst vor Blitzschlag ist unser ständiger Begleiter.

Dann setzt sich eine westliche Brise durch, die uns zum Kreuzen zwingt. Verwöhnt vom süßen Passatsegeln auf dem Atlantik und karibischen Meer, sackt das Stimmungsbarometer weiter ab, denn wir liegen jetzt ständig mit 30 Grad auf der Seite und rumsen gegen die steilen kurzen Wellen an. Die Luken müssen wegen des überkommenden Wassers geschlossen bleiben, wodurch es unter Deck rasch unerträglich feucht und schwül wird. Also sitzen wir grummelig im Cockpit, und Carola erzählt spannende Geschichten für die Kinder. Zwei Tage später treiben wir in einer spiegelglatten See. Der Wind ist einer bleiernen Flaute gewichen, der Himmel verhangen, es beginnt langsam kühler zu werden. Offensichtlich sind wir in den ersten Ausläufern des Humboldtstroms, denn wir werden jetzt deutlich von unserem Kurs nach Norden versetzt.

Gegen Abend beschließe ich, dem Gedümpel mit Hilfe des Motors ein Ende zu bereiten. Als ich den Motorraum öffne, um vor dem Start routinemäßig den Ölstand zu kontrollieren, schwappt mir Wasser entgegen. Wasser auch unter den Bodenbrettern. Die Batterien sind schon unter der Dreckbrühe verschwunden. Mein erster Gedanke ist: "Hilfe, wir sinken!" Wir rufen den Alarmzustand aus, die Kinder gehen auf ihre eingeübten Manöverplätze.

Der Geschmackstest ergibt Salzwasser. Wir haben also offensichtlich ein Leck. Ich starte die elektrische Bilgepumpe, die ich zusätzlich auf den Kanaren eingebaut hatte, und innerhalb von wenigen Minuten ist das Boot bis auf einen kleinen Rest leer gepumpt. Kein Gurgeln, kein verdächtiges Rauschen ist zu hören, also kann das Leck nicht sehr groß sein. Da innen im Schiff nichts zu erkennen ist, bewaffne ich mich mit Taucherbrille und Flossen und tauche in der Dämmerung den Rumpf von außen ab, während Carola an Deck ängstlich Haiwache geht. Soweit ich erkennen kann, ist LASSE unbeschädigt, womit die Sache immer mysteriöser wird, denn wo sind, bitteschön, diese vielen hundert Liter Salzwasser hergekommen? Langsam beruhigen wir uns etwas, denn die Bilge bleibt trocken. Es scheint nichts Neues nachzukommen.

Dann dämmert es mir: Als ich die neue Lenzpumpe eingebaut habe, habe ich den Auslass mit einem Zweiwegeventil an den bestehenden Schlauch der Handlenzpumpe angeschlossen. Dieses Ventil stand seit Gomera auf *Elektropumpe*. Das war offensichtlich so lange in Ordnung, wie wir nicht kreuzen mussten. Durch die Kreuzerei der letzten Tage, mit der damit verbundenen starken Schräglage, hat sich, trotz Schwanenhals im Rohr, ein Saughebereffekt gebildet, und bei jeder Welle ist etwas Wasser durch das Rohr vorbei an der elektrischen Pumpe in die Bilge geschaufelt worden. Ein klarer Fall von Selbstversenkung. Sehr clever!

Den Hebel des Ventils in Handpumpenstellung gebracht löst das Problem, aber der Schock sitzt uns in den Knochen. Das Wasser ist leider in alle Fächer und Vorratsräume geschwappt. Wir verbringen Stunden damit, Dosen zu entrosten, aufgeweichte Etiketten einzusammeln und alles von einem ölig-salzigen Film zu befreien. Eine tolle Schweinerei.

# Galapagos – schwimmende Motorenwerkstatt zwischen Seelöwen

Das nächste Unglück lässt nicht lange auf sich warten, denn nur 24 Stunden später, als wir wieder mal nach einigem Schwachwindgedümpel am Motoren sind, fällt plötzlich die Drehzahl abrupt ab, steigt sofort wieder an, und der Motor gibt ein entsetzliches, metallisches Geklöter von sich. Ich stürze ins Cockpit und stoppe die Maschine.

Ungläubig schauen wir uns an, war doch unser Motor entgegen all der Unkenrufe bisher ein zuverlässiges und tapferes Maschinchen. Ein Blick in den Motorraum zeigt keine Auffälligkeiten: Ölstand, Keilriemen, Kühlwasser, alles sieht gut aus. Vorsichtig versuche ich ihn noch einmal zu starten, aber die schrecklichen Geräusche aus dem Maschinenraum lassen mich augenblicklich stoppen.

Pfff, das kann ja heiter werden! Motorschaden mitten im Pazifik? Ich bin zwar kein schlechter Handwerker, verstehe aber von Motoren absolut gar nichts. Außer Öl-, Filter- und Impellerwechsel, Entlüften und einmal ein Austausch der Kraftstoffpumpe, bin ich im glücklichen Zustand des maschinellen Ignoranten. Das soll sich nun dramatisch ändern. Gut, dass ich nicht weiß, was noch alles auf mich zukommt, sonst wären wir versucht gewesen, zurück nach Panama zu segeln. Aber bei dem Gedanken an den dichten Verkehr, die Konvergenzzone mit ihren Gewittern und den ungemütlichen Ankerplatz in Balboa, beschließen wir rasch, doch lieber unser Glück in Galapagos zu versuchen. Immerhin gibt es da Fischerboote, deren Motoren muss ja auch jemand reparieren, oder?

Da nun aber Flaute ist und ich nichts Besseres zu tun habe, schraube ich vorsichtig den Ventildeckel ab. Selbst als Laie kann ich erkennen, dass nicht mehr alles zum Besten steht: Metallkrümel überall, eine Ventilfeder schräg gegen die Kipphebel gepresst, die Ventilkeile, welche die Feder an ihrem Platz halten sollen, sind verschwunden. In unserem zwanzig Jahre alten Werkstatthandbuch klebt ein alter Adressaufkleber von einer Kieler Motorenwerkstatt mit Telefonnummer. Nun ist guter Rat im wahrsten Sinne des Wortes teuer. Wir rechnen schnell aus, wie spät es in Old Germany grad ist, und rufen mit unserem Satellitentelefon beherzt bei der Firma Lippold an. Wir haben Glück, die Firma gibt es tatsächlich noch, und nachdem Herr Lippold sein Erstaunen über einen so fernen Kunden überwunden hat, beginnt er, detaillierte Fragen zu stellen. So gut ich vermag, beschreibe ich ihm unseren Patienten und seine Symptome. Besorgtes Gemurmel von der anderen Seite des Globus. Tja, das sehe nicht gut aus. Der Motor müsse raus, der Zylinderkopf ab, die Pleuel geprüft werden, nur so könne man sehen, was innen drin alles beschädigt sei, und wo wir noch mal genau seien will er wissen?

Wir verabreden, uns wieder zu melden, wenn wir in Galapagos angekommen sind, beenden das teure Gespräch und lassen betrübt die Köpfe hängen. Ein Motorschaden im Pazifik ist ein mittleres Desaster, denn entgegen der landläufigen Meinung, wir seien doch ein Segelboot und könnten darum auch ohne Motor vorankommen, wird es extrem gefährlich, wenn wir uns ohne Motor einem Atoll nähern. Da meistens die Riffeinfahrten in Lee der Inseln sind, ist da also kein Wind zum Segeln und wenn, dann ist er auf die Nase und oft der Pass zu eng zum Kreuzen. Starke Tidenströme machen dazu viele Pässe ohne Motor gänzlich unmöglich, und dann ist da immer die Gefahr, dass der Wind im entscheidenden Augenblick stirbt, was das Boot hilflos auf die Riffe treiben lässt. Alles zusammen eine eher abschreckende Aussicht. Klar können wir theoretisch in einem Rutsch durchsegeln bis Neuseeland, aber nun sind wir fast im schönsten Inselparadies der Welt angekommen und sollen einfach daran vorbei fahren?

Im Moment haben wir aber ganz andere Sorgen, denn zunächst müssen wir erstmal nach Galapagos kommen. Es ist immer noch Flaute, und dank der leichten Strömung treiben wir stetig nach Norden. Es sind noch 150 Meilen, aber wenn kein Wind kommt, wird uns der Humboldtstrom stracks nach Mexiko treiben. In der Nacht kommt Wind, wenn auch schwach und unbeständig. Es wird so bleiben für die nächsten drei Tage und unsere Geduld arg auf die Probe stellen, denn eigentlich würde ich gerne sofort loslegen mit Reparieren. Nachts kühlt es ab bis auf 24 Grad, der Himmel ist oft mit Wolken verhangen, Nebelbänke nehmen uns die Sicht. Voller Dankbarkeit nutzen wir unseren modernen Wunderkasten, auch GPS genannt, wohl wissend, dass es ohne ihn ein reines Glücksspiel wäre, die *verzauberten Inseln* zu finden. Seit Tagen haben wir keine Sonne und keine Sterne mehr gesehen. Mit Astronavigation wäre eine Positionsbestimmung jetzt ein reines Glücksspiel, dank der Elektronik wissen dagegen selbst nautische Dussel wie wir, wo's langgeht, und die einzige navigatorische Leistung besteht im richtigen Eingeben der Zielkoordinaten.

Mit unserem Telefon erreichen wir NAKATCHA in Galapagos und informieren sie über unsere Lage. Sie kundschaften aus, wo die besten Reparaturmöglichkeiten sind, und bieten an, uns das letzte Stückchen zu schleppen falls kein Wind sein sollte, denn die Strömung zwischen den Inseln soll kräftig sein. Drei Tage brauchen wir für die 150 Meilen, was manchmal zum Verzweifeln ist, denn der tagsüber wehende schwache Wind schläft in der Nacht oft ganz ein. Wir treiben dann die mühsam gesegelten Meilen hilflos wieder zurück. Ein tolles Geduldsspiel für den Skipper. Trotzdem ist die Stimmung an Bord erstaunlich gut.

Am Montag, den 23. April, um genau drei Uhr überqueren wir den Äquator und gleiten auf die Südhalbkugel. Mit einer Pütz eiskaltem Seewasser taufen wir uns kurz und zünftig. Das kühlere Klima lässt unsere in der feuchten Hitze Panamas doch sehr erschlafften Lebensgeister neu erwachen. Die Kinder sind voller Neugierde auf die Riesenschildkröten und Seehunde, und die Vorfreude wird durch die Besuche von vielen Delfinen und einem Walpärchen noch angefacht. Einige kleinere Thunfische verirren sich an unsere Angel und peppen den merklich ausgedünnten Speisezettel auf.

In der letzten Nacht hält der Wind durch, wenn auch so schwach, dass wir meistens von Hand steuern müssen, und im Morgengrauen sind wir in dichtem Nebel nur noch acht Meilen vor Wreck Bay auf Isla San Cristobal entfernt. Die Sonne bricht durch und die mit seltsamem Buschwerk bewachsenen Vulkankegel erheben sich vor uns aus dem sich auflösendem Nebel. Da kommen auch schon die ersten Seelöwen um uns zu begrüßen! Neugierig schauen sie mit dunklen Knopfaugen zu uns herauf, um gleich wieder prustend abzutauchen. Nils und Lisa stehen jubelnd an der Reling. Nils: "Mannomann sind die Galapagos toll."

Nicht so toll ist dagegen die Flaute, die uns umgibt. Da wir nur noch eine Meile vom Rocka Kicker, einem spitz aus dem Wasser ragenden Felsenzahn entfernt sind, und die Strömung uns genau auf ihn zutreibt, rufen wir wieder NAKATCHA über unser Telefon, denn das Funkgerät reicht nicht hinter die Bergspitzen. Wir sind nur noch wenige hundert Meter vom Rocka entfernt, als NAKATCHA uns endlich auf den Haken nimmt. Fröhliche Begrüßungsrufe fliegen hin

und her, und noch bevor wir einen Schlepptampen übergeben können, kommt ein Päckchen für die Kinder von NAKATCHA geflo-
gen. Während LASSE von ihrem kräftigen Motor mit sechs Knoten
gen Wreck Bay geschleppt wird, stürzen sich die Kinder begeistert
auf das Paket. Zum Vorschein kommt eine in diesen Breitengraden
echte Kostbarkeit: Eine Packung Eis von *Häagen Dazs*. Zur Feier
des Tages dürfen die Kinder probieren. Es ist das erste Mal, dass sie
Eis essen in ihrem Leben, aber Nils verkündet enttäuscht: "Mama,
das schmeckt nicht. Das ist so eklig süß und vieeel zu kalt." Lisa
mag es auch nicht, und so dürfen wir Großen die ganze Packung
alleine verdrücken. Sehr lecker!
Die Reede von San Cristobal ist gepackt voll mit Fahrtenyachten.
Dazwischen verrostete Frachter, von denen mit archaischen Lade-
bäumen palettenweise Waren in kleine Leichter umgeladen werden.
Es gibt einen Jetty zum Anlanden in der Mitte der Bucht, von dort
wird die Fracht von Hand auf kleine Laster geladen und über die
Insel verteilt. Wir liegen eher ungeschützt vor Anker, die Idee nun
hier unseren Motor zu reparieren, kommt uns nicht gerade ideal vor.
Hoffentlich hält das Wetter!

Dank der vielen Seelöwen ist die Verwendung des eigenen Dingis
nicht angeraten. Wir nehmen wieder mal ein Wassertaxi, um die Hafenbehörden zu besuchen. Schon beim Landesteg müssen wir über
unwillig zur Seite rückende Seelöwen steigen. Sie liegen wirklich
überall! Am Strand, auf dem Landesteg, auf den Fischerbooten. Es
grunzt und quiekt und bellt und stinkt, dass es eine Art hat. Selbst
im Eingang zum Hafenmeistergebäude hat sich ein fetter Bulle breit
gemacht. Er guckt drohend, als ich vorsichtig über ihn hinweg steige. Was in Berlin die Hunde, sind hier offensichtlich die Seelöwen!

Seelöwen besetzen
auch den Landesteg.

Die Offiziellen sind sehr schmuck in ihren mit viel Gold behängten Uniformen. Sie blicken streng, als ich mein Anliegen vortrage, schließlich sind wir ein Notfall und wissen nicht, wie lange wir für die Reparatur brauchen. Offiziell darf man nur zehn Tage bleiben, es wird gleich mit einem Agenten gedroht, und wer denn die Reparatur machen würde, und sie wüssten da schon jemanden. Ich bestehe darauf, dass ich es erst einmal selber versuchen will, worauf man mich mit grimmigen Gesichtern zum Boss schickt. Der lässt sich von mir haarklein beschreiben, was denn mit meinem Motor angeblich nicht in Ordnung sein soll und glaubt mir kein Wort. Offensichtlich versuchen zu viele Yachten, ihr *Cruisingpermit* durch einen simulierten Motorschaden zu verlängern. Wir erhalten einen provisorischen Status als *Notfall* und er meint, er werde jemanden vorbeischicken, um sich der Sache anzunehmen.

Kaum sind wir zurück an Bord, prescht auch schon ein kleines Bötchen voller Uniformierter heran. Ein öliger Goldträger ganz in Weiß erklimmt LASSEs enge Badeleiter, quetscht sich den Niedergang hinunter, um lange über dem Motor zu meditieren. Er spricht kein Englisch, ist sich aber sicher, dass die Ursache unseres Schadens mangelnde Ölqualität ist. Triumphierend reibt er etwas schwarzes Maschinenöl zwischen seinen dicken Fingern. Wir bräuchten besseres Öl, ist seine Diagnose, und er bietet sich auch gleich als Agent an, um welches zu besorgen. Uns wird klar, dass hier ohne Agenten nicht viel läuft und komplimentieren ihn mit viel Feingefühl von Bord. Er macht noch schnell einige Bilder von unserem kranken Motor mit einer hypermodernen Digitalkamera.

Inzwischen war NAKATCHA aber nicht untätig. Sie haben auf dem Ankerplatz herumgefragt, ob nicht jemand was von Motoren versteht. Bald darauf haben wir George von der kanadischen Yacht THALIA an Bord. Er besieht sich die Sache und stimmt mit unserem Experten in Kiel überein. Der Motor muss raus, damit wir sehen können, was drinnen kaputt ist. Ich frage ihn, ob er mir dabei helfen würde? "Klar" kommt es brummig zurück. Was er denn dafür haben wolle? Gegenfrage: "Du würdest mir doch auch helfen, wenn ich in Not wäre, oder?" Recht hat er, auch wenn ich ihm nicht wirklich mit seinem Motor helfen könnte, aber ich verkneife mir dieses unwesentliche Detail. So machen wir uns am nächsten Morgen ans Werk. Ich bin überrascht, als wir schon nach nur vier Stunden den Motor an einem ausgeklügelten Flaschenzug ins Cockpit hieven. Das ging schnell! Zwischendurch versuche ich mit der Kamera die einzelnen Schritte zu dokumentieren und all die Teile zu beschriften, die wir unterwegs abgeschraubt haben. LASSE sieht aus wie eine archäologische Ausgrabungsstätte, jede freie Oberfläche ist mit öligen Motorteilen übersät.

Täglich kommt das Bötchen der Hafenbehörde vorbei, um weitere Fotos zu machen. Sie glauben offensichtlich immer noch nicht an die *Echtheit* unseres Schadens. Zudem haben sie den lokalen Mechaniker auf uns gehetzt, der wittert nun sein großes Geschäft!

Am nächsten Tag kommt der Zylinderkopf ab und wir sehen das ganze Ausmaß des Schadens: Ein Fingernagel großes Metallstück hat sich aus unerfindlichen Gründen knapp unterhalb des Zylinderkopfes von der Ventilführung gelöst und ist in die Brennkammer geraten. Dort wurde es offensichtlich pulverisiert, nicht ohne einen tiefen Abdruck im Kolben zu hinterlassen. Alles ist voller Metallsplitter und George ist sehr besorgt, wie die Pleuel und Lager aussehen. Jeden Abend rufe ich via Satellitentelefon Herrn Lippold in Kiel an und beschreibe den Fortgang der Operation. Er stellt sehr detaillierte Fragen, sodass wir viel Zeit mit der Beschreibung der einzelnen Befunde im Motor verbringen. Er kennt unsere Maschine offensichtlich wie seine Westentasche, gibt mir neue Aufgaben für den nächsten Tag und die damit verbundene nächste Schicht, um die ich mit Georges Hilfe tiefer in die Innereien eindringen werde.

Klar ist, dass wir eine neue Ventilführung in den Zylinderkopf einpressen müssen. Die Ventile müssen ausgetauscht werden, die Federn und Ventilkeile ersetzt und neu eingeschliffen werden. Zum Einpressen braucht man eine hydraulische Presse. Ich übergebe am nächsten Tag nach langem Drängen des weißgewandeten Offiziellen zögerlich dem Mechaniker unseren Zylinderkopf mit dem Auftrag, eine neue Ventilführung einzupressen und die Ventile einzuschleifen. Er verspricht mir auch vollmundig und in gebrochenem Englisch, dass er mir auch all die anderen Originalersatzteile von Volvo Ecuador in zwei Tagen besorgen kann, die für die Wiederherstellung des guten Stücks notwendig sein werden. Wir machen eine Liste mit den (Original) -Teilenummern, die mir Herr Lippold durchgegeben hat und einigen uns auf 500.- US Dollar. Mittlerweile sind George und ich bis ins Herz der Maschine vorgedrungen: Silbrig glänzend liegen die Kolben und Pleuelstangen im Cockpit, und oh Wunder, nichts ist verbogen oder gebrochen. Der eine Kolben hat einen heftigen Abdruck abbekommen, aber das lässt sich wohl wieder ausschleifen. George kann es kaum glauben. Er ist der Meinung, dass bei solch einem Schaden der Motor eigentlich hin sein sollte. Herr Lippold in Kiel ist auch nicht wirklich erfreut von der frohen Botschaft, denn: Erstens kann vom Ventilschaft nichts abbrechen, dass hätte er in zwanzig Jahren noch nicht erlebt, und zweitens bliebe dann noch die Frage: Warum es dann doch passiert ist...? Wir werden dieses Rätsel nicht lösen, aber wir hatten offensichtlich einen guten Schutzengel!

Nachdem der Motor in Einzelteilen im Cockpit aufgebahrt ist, haben die Offiziellen ihre täglichen Fototermine endlich eingestellt. Selbst sie sind nun von der Echtheit unseres Problems überzeugt und glauben uns endlich, dass wir den Motor nicht nur so zum Spaß und um die 150.- Dollar Visagebühren zu sparen, mal so eben im Cockpit zerlegen.

Langsam pendelt sich eine Art Routine in unserer schwimmenden Motorenwerkstatt ein: Nach dem Frühstück fährt Carola mit den Kindern an Land, um mir den Weg frei zu machen für mein fröhliches Geschraube. George hat sich abgesetzt, denn wir warten nun schon den dritten Tag auf die versprochenen Teile aus Quito. Ich bereite alles für die große Operation vor: Kolben reinigen und planschleifen, die Einspritzdüsen zur einzigen Autowerkstatt zum Prüfen bringen.

Für die Kinder ist es ein paradiesischer Platz, denn nur wenige hundert Meter neben dem Hafen ist ein kleiner Sandstrand zwischen imposanten Lavafelsen. Dort buddeln sie fröhlich im Sand und teilen sich den engen Raum mit einigen Touristen sowie Hunderten von Seelöwen. Ein Trampelpfad führt vom Strand in die Wildnis. Zwischen den scharfkantig aufragenden schwarzen Zacken der Lava hat sich die Vegetation ihren Lebensraum erkämpft: Seltsame kleine Weidenbäume, Kakteen und niedrige Büsche machen das Beste aus dem kargen Untergrund. Eidechsen huschen herum und die Luft ist erfüllt mit Vogelgezwitscher. Über dem Meer kreisen Fregattvögel und protzen mit rot geblähter Brust. In der kleinen, in Wildwestmanier mit viel Liebe und Fantasie hochgezogenen Stadt, gibt es in einem Hinterhof eine der sagenumwobenen Riesenschildkröten zu besichtigen. Nils erzählt mir ganz stolz, sie sei schon über tausend Jahre alt. In einer Nebenstraße findet sich auch eine Zahnärztin, die Carola eine lockere Krone für zwanzig Dollar wieder einsetzt. Kleine Familienrestaurants bieten für zwei Dollar pro Kopf ein dreigängiges Menü an, und da unsere Kombüse als temporärer Parkplatz für ölige Motorteile herhalten muss, leisten wir uns manchmal den Luxus, essen zu gehen.

Endlich sind die Ersatzteile da. Als ich sie aber auspacke, wird mein Gesicht immer länger, denn selbst ich kann erkennen, dass vieles davon noch nie einer Volvovertretung auch nur nahegekommen sein kann: Da ist die Zylinderkopfdichtung liebevoll aus Pappe ausgesägt, die Ventilkeile sind aus Kupfer anstatt Niro, und die Ventilführung ist 5mm länger als das Original und aus einem undefinierbaren Material. Zudem fehlt eine lange Liste an Simmeringen und anderen notwendigen Dichtungen, um den Motor wieder zusammen zu bauen. Ich bin sauer. Da haben wir also vier Tage einfach vertrödelt und uns auf die *Profis* verlassen. Ich beschließe, von dem Plunder nichts in unseren Motor einzubauen, habe eine lange Diskussion mit dem Mechaniker, der gar nicht verstehen will, wo denn mein Problem liegt und auch noch dreist 100 Dollar zusätzlich für Transportkosten fordert.

Wir stehen in seiner *Werkstatt*, einer luftigen Bretterbude voller Metallschrott und Motorenleichen. Eine einsame Werkbank steht windschief in einer Ecke und das einzige Werkzeug scheint ein großer Hammer zu sein. Mein schöner Zylinderkopf lehnt neben der Tür im Sand. Es ist offensichtlich nichts daran gemacht worden, und ich brauche all meine Selbstbeherrschung und Diplomatie, um dem Schlitzohr das gute Stück wieder abzuluchsen. Die halbe Großfamilie hat sich mittlerweile um uns versammelt, und mir wird immer unbehaglicher zu Mute. Ich will einen offenen Streit vermeiden, schließlich wollen wir ja nicht mit durchschnittener Ankerkette eines Nachts auf dem Riff landen. Mit Mühe kann ich die 100 Dollar auf zwanzig runter handeln, schnappe meinen Zylinderkopf und verlasse den gekränkt dreinblickenden Mechaniker, der immer wieder beteuert, ich könne das nicht alleine reparieren und werde schon sehen.

Erleichtert kehre ich an Bord zurück. Der Kopf lässt sich reinigen und scheint sonst unbeschädigt zu sein. Bleibt nur das kleine Problem: wie nun an die Teile kommen? Und wieder helfen uns NAKATCHA und Herr Lippold aus der Patsche, denn NAKATCHA erwartet einen Gast, der in einigen Tagen aus England angereist kommt, und so rast Herr Lippold in letzter Minute mit den Teilen zum Expressdienst, um sie pünktlich zum Abflug nach England zu schicken. Es klappt, das Päckchen kommt tatsächlich rechtzeitig in England an und Mark - die Crew - schmuggelt unsere Kostbarkeiten zwischen Unterhosen und Socken versteckt durch den ecuadorianischen Zoll. Wie viel Glück wir mit diesem Arrangement haben, erfahren wir von einer anderen Yacht, deren Crew auch Teile für eine Reparatur braucht: Sie haben es mit Fedex-Express geschickt, alles sollte nach Auskunft des Agenten vor Ort in fünf Tagen da sein. Sie warten nun schon seit drei Wochen auf ihre Teile und mussten bereits mehrere hundert Dollar *Agentengebühren* nachzahlen.

Wir nutzen die Wartezeit und machen zusammen mit Chris und Erin von der BAREFEET einen Taxiausflug über die Insel. Vorbei an Gemüseplantagen schlängelt sich die einzige Straße der Insel hinauf ins Hochland. Wir klettern auf einen kleinen erloschenen Vulkan, aus dessen Mitte ein kreisrunder See wie ein silbriges Auge in den fahlen Himmel blinzelt. Riesige Fregattvögel umkreisen uns auf unserem Treck um den Kraterrand, Wolken treiben über die Kante, und wir verschwinden im Nebel. Nils ist ganz begeistert, dass wir jetzt wirklich in der Wolke drin sind.

Und dann kommt die Schildkröten-Aufzuchtstation: In großen Becken tummeln sich die Babys, während im Freigelände die ausgewachsenen Tiere wie versteinerte graue Riesenpilze umeinander herumkriechen. Ihre Art der Fortbewegung wirkt sehr mühevoll und unbeholfen, aber die Kinder tanzen ganz aufgeregt um diese Urwelttiere herum. Auf dem Rückweg legen wir einen Stopp an einem Strand ein. Schon von Weitem können wir im Sand die Spuren der Iguanas, einer weiteren Besonderheit der Insel, erkennen. Diese Riesenechsen werden über einen Meter lang und haben prächtig geschmückte Halskrausen um ihre schuppigen Köpfe. Sie verstecken sich im Gebüsch hinter dem Strand zum Schlafen, einige haben sich auf die Felsen am Ufer zum Sonnenbaden heraus gewagt. Wir folgen ihren eigentümlichen Spuren im Sand, können sie aber nur schwer erkennen, denn ihre Tarnung ist perfekt. Erst als unser Taxifahrer uns nahe an einen heranführt, sehen wir ihn, aber da ist es auch schon zu spät und er huscht mit einem schabenden Geräusch ins Wasser. Bald haben wir uns *eingesehen* und entdecken noch mehrere sich sonnende Echsen. Die Kinder veranstalten eine begeisterte Jagd auf die Tiere. Wie Ziegen klettern sie über die spitzen Lavafelsen bis auf wenige Meter an die reglos daliegenden Echsen heran, und der vorsichtige Papa muss sie immer wieder ermahnen, Abstand zu halten, denn die Tiere sind nicht ganz ungefährlich und können sich blitzartig bewegen.

Es ist schon dunkel, als wir zurück am Pier sind. Ein schlauer Mensch hat beim Bau des Jetty's einen Unterwasserscheinwerfer einbauen lassen. Die Seelöwen lieben es offensichtlich, sich in seinem Schein zu tummeln und wir stehen gebannt und verfolgen ein wunderschönes Unterwasserballett. So schwerfällig und unbeholfen wie die Tiere sich an Land bewegen, so graziös und elegant schweben sie in der blauen Tiefe, tauchen umeinander herum, jagen sich, springen aus dem Wasser und planschen wie vergnügte Kinder in der Badewanne.

Es ist schöner als Weihnachten, als die Ersatzteile endlich ankommen. Das Päckchen ist umfangreich geworden, und wir fragen uns, ob Mark noch viel Platz für Klamotten in seinem Koffer hatte? Egal, er segelt jetzt schon auf NAKATCHA in Richtung Tahiti, da ist es warm, und außer Badehose wird er nicht viel brauchen.

Herr Lippold verrät uns den Trick, wie wir die neue Ventilführung in den Zylinderkopf auch ohne eine hydraulische Presse einsetzen können: Zwei Tage wird das kleine Teil in unsere leer geräumte Kühlbox gelegt und diese auf *tiefkühlen* gestellt. Dann den Zylinderkopf in den vorgeheizten Backofen gezwängt und das Ganze für drei Stunden bei maximaler Hitze backen. Mit Handschuhen den gut gegarten Kopf aus dem Ofen nehmen, die geeiste Ventilführung mit Motoröl bestreichen und so schnell wie möglich in den Kopf eindrücken. Soweit die Theorie.

Leider wird aus dem Eindrücken nichts, das Ding rührt sich keinen Millimeter. Mit großen Augen stehen die Kinder neben dem Kartentisch, während Carola rasch einen ihrer Bauklötze konfisziert, mir den Hammer reicht und dann hilft nur brutale Gewalt, denn wir haben nur diese eine Chance. Wir haben Glück, nichts bricht, die Operation gelingt und außer zwei tiefen Kerben im Kartentisch als Erinnerung geht alles gut.

Es dauert noch einige Tage, bis ich alles soweit zusammengesetzt habe, dass der Motor wieder an seinen Platz kann. Oft bin ich am Fluchen und verwünsche den lieben George, denn er war so schnell beim Auseinandernehmen, dass ich offensichtlich nicht von allen Arbeitsschritten Fotos gemacht habe. So grüble ich lange über manch obskur geformtem Metallteil und rätsle über seinen richtigen Platz. Irgendwann nach dem zehnten erfolglosen Versuch bin ich so sauer und verzweifelt, dass ich ins Cockpit stürze und mit allen Klamotten am Leibe über die Reling ins eiskalte Wasser jumpe. Die Kinder sind sehr beeindruckt: Papa mit Hose an im Wasser!

George musste mich leider nach dem Ausbau des Motors verlassen, denn sein *Cruisingpermit* für Galapagos war abgelaufen. Carola wird zum Hilfsmechaniker befördert und gemeinsam der Motor durch den Niedergang zurück auf seinen Platz gewuchtet. Den Zylinderkopf anschrauben, das Ventilspiel einstellen, all die Schläuche, Kabel, Wellen, Getriebe und anderen wichtigen Organe zurück an ihren Platz bringen, hält mich noch zwei weitere Tage in Trab. Dann kommt der große Moment: Kühlwasser und Öl sind eingefüllt, und vor versammelter Mannschaft soll der erste Testlauf starten. Wir sind alle sehr aufgeregt und ich habe schreckliches Lampenfieber, als ich den Schlüssel zum Starten umdrehe. Nichts passiert. Kein Mucks aus dem Maschinenraum. Ungläubige Stille breitet sich aus. Offensichtlich habe ich bei der Elektroverkabelung einen Fehler gemacht, und von Elektrik verstehe ich nun schon mal gar nichts! Ich sinke verzweifelt auf den Kajütenboden und kann einfach nicht mehr. Betreten stehen Carola und die Kinder um mich herum.

Da klopft es an der Bordwand. Carola geht nachsehen, wer da ist, wir haben niemanden kommen hören. An der Reling stehen Patrick und Noelle in ihrem Dingi. Sie kommen von einer riesigen, selbstgebauten französischen Rennyacht, und fragen, ob wir Hilfe brauchen, sie hätten gehört, dass wir Motorprobleme haben. Etwas bissig frage ich, ob sie denn Elektriker seien? Ja klar, kommt es zurück. Patrick ist Bootselektriker, kommt sofort an Bord und hat meinen Fehler nach 30 Minuten gefunden und behoben.

Wir starten die Show von vorne, diesmal mit vergrößertem Publikum. Der Motor dreht, hustet und röchelt, spuckt eine gewaltige schwarze Qualmwolke aus und beginnt zuerst unwillig und dann immer gleichmäßiger zu laufen. Alle jubeln los, aber ich bin eher skeptisch und sprinte den Niedergang hinunter und richtig, da wartet die nächste Enttäuschung, denn es leckt Kühlwasser aus der nagelneuen Verlängerung des Auspuffkrümmers. Na ja, das Teil hat ja auch nur 350.- Euro gekostet, was kann man da anderes erwarten? Muss ich halt noch etwas nachbessern, aber sonst scheint zunächst alles in Ordnung. Nach zwanzig Minuten fängt das gute Stück aber leise an, Öl in die Bilge zu lecken. Es kommt aus der Verbindung zwischen Schwungscheibe und Getriebe, und wird immer heftiger. Zähneknirschend bauen wir den Motor wieder aus, denn diese Stelle erreicht man nur bei ausgebautem Motor. Wäre ja auch zu schön gewesen, wenn alles beim ersten Mal geklappt hätte, gelle? Jetzt wissen wir ja schon, wie es gemacht wird. Nach nur zwei Tagen ist alles wieder drin und der Motor läuft einwandfrei, wenn auch nicht mehr ganz so schnell, aber was sind schon bummelige 400 U/min weniger gegen einen Totalschaden? Also wollen wir mal nicht kleinlich sein und versprechen ihm, dass wir, sobald wir zurück in Nordeuropa sind, schnurstracks zu unserem lieben Herrn Lippold fahren und ihn richten lassen.

Die ganze Operation hat leider ein beträchtliches Loch in unser Budget gerissen, und nächtelang grübeln wir über den weiteren Verlauf der Reise: Sollen wir LASSE in Neuseeland verkaufen und den Flieger zurück nehmen? Aber alles Grübeln ist mitten im Pazifik nutzlos, denn hier kann man kein Schiff verkaufen. Wir schieben die Sorgen zur Seite und wenden uns der nächsten Herausforderung zu.

# Pazifik - wo selbst Zyniker glücklich sein können

Am Freitag, dem 18. Mai 2007, steigen wir zum letzten Mal über die Seelöwen, die vor dem Eingang zur *Capitaneria* herumlungern, hinweg um auszuklarieren. Wir haben mit all der Warterei gute drei Wochen für die Reparatur gebraucht, und ich bin sehr stolz auf meine neu erworbenen Mechanikerfähigkeiten. Leicht säuerlich klariert uns der Hafenbeamte aus, denn er hatte sich wohl einen fetten Profit von unserer Notlage versprochen. Zurück an Bord noch schnell mit einem von Patrick geliehenen Tauchanzug das Unterwasserschiff von den bereits fröhlich sprießenden Entenmuscheln befreien, eine ganze Bananenstaude am Heckkorb festzurren, und dann geht es endlich los. Obwohl wir nun zu unserer längsten Ozeanpassage aufbrechen, sind wir nicht mal aufgeregt. Wir freuen uns dagegen, endlich wieder für uns zu sein: Keine Hafenbehörden, die einen belauern, keine *Agenten* und Mechaniker, die versuchen, einem das Geld aus der Tasche zu ziehen.

Es weht ein leichter Wind, der Wetterbericht ist günstig für die nächsten Tage. Es hat kaum Schwell, alle sind in Hochstimmung endlich wieder zu segeln. Die Seelöwen begleiten uns hinaus, eine Schule Delfine kommt auch noch zu Besuch. Am nächsten Morgen gleiten wir an Floreana, der westlichsten der Galapagos Inseln vorbei. Ab hier umgibt uns die Weite des Pazifiks. Prustend taucht ein großer Buckelwal neben dem Boot auf. Immer noch gibt es viele Seelöwen und Delfine, und die Luft ist erfüllt vom Geschrei der Tölpel und Fregattvögel. Der Wind bleibt schwach, und wir führen ein Leben fast wie am Ankerplatz, wenn da nicht die lästigen Nachtwachen wären. Mit Singen, Reden, Träumen, Gitarrespielen, Märchenerzählen, Angeln, Basteln und Bildermalen vergehen die Tage, und schon bald haben wir vergessen, wie lange wir schon unterwegs sind.

Am fünften Tag wird der Wind langsam beständiger und LASSE rauscht mit geblähten Segeln und sechseinhalb Knoten durch die sich sanft hebende pazifische Dünung. Wahrhaft ein friedliches Meer. Es wird unmerklich wärmer, und jeden Tag können wir eine weitere Schicht warmer Winterklamotten wegpacken. Die Kinder spielen endlich wieder ungestört von herumliegenden Motorteilen und genießen den vielen Platz sichtlich. Die nun fast vierjährige Lisa deckt in der Koje den Tisch für ihre Puppen, denn heute ist für sie *Lustigtag*, und da sollen sie es auch mal schön haben. So werden ihnen Leckereien aus der Fantasieküche vorgesetzt, lange Märchen erzählt, die meist mit "es war einmal in Pillareal..." anfangen, einem Land, das nur Lisa kennt, und wo alle Pillarealsrussisch sprechen, und das in enger Nachbarschaft zu Schwillareal und Pollareal liegt. Lisa stellt dabei ganz versunken fest: "Mama, ich bin so vertieft am Reden!" Die Vertiefung geht so weit, dass sie vergisst, auf's Klo zu gehen und einfach in den Salon pinkelt!

Ab und an führen Nils und Lisa philosophische Gespräche mit uns: Sie quetschen uns über den Teufel und das Böse aus. Als ich ihnen erkläre, der Teufel und das Böse würden weniger werden, wenn die Menschen Gutes denken und tun, ist Nils ganz begeistert: "Das ist ja toll, dann denken alle Menschen Gutes und dann ist der Teufel irgendwann einfach weg!"

Nach einer Woche Angelköderbaden beißt endlich ein dicker Yellowfin-Thun an und wir genießen unser erstes Meeresfestessen. Am selben Abend geht uns noch eine Goldmakrele an den Haken. Etwas klein zwar, aber nett zum Abendbrot. Der Wind schwankt zwischen drei und fünf Beaufort, wir können ohne viel Segelwechsel den LASSE einfach laufen lassen. Paradiesische Etmale von 150 Meilen und mehr sind an der Tagesordnung.

Am achten Tag ändert sich das Wetter. Wolkenbänke kommen von achtern auf, die ersten Squalls bringen Unruhe und Regen, und auch das Meer ist nicht mehr eine einzige glatte, schwingende Fläche, sondern wird holperig und unwirsch. LASSE fängt an zu rollen, vor allem nach den Squalls treiben wir oft stundenlang ohne Wind und mit flappenden Segeln in der unruhigen See. Morgens ist das Deck jetzt voller fliegender Fische und kleiner Tintenfische, und die Temperatur hat wieder tropische Werte erreicht. Nach dem Geschwindigkeitsrausch der letzten Tage fange ich an, auf die Meilenanzeige zu schielen. So schnell gewöhnt man sich also an perfekte Bedingungen, und kaum wird es etwas ungemütlich, wird gemeckert und genörgelt.

Am schlimmsten ist der Skipper, denn sobald die Segel in der Flaute anfangen zu schlagen, leidet er am meisten unter der sinnlosen Materialvernichtung. Leise vor sich hinfluchend, versucht er dann die Segel beim kleinsten Lufthauch doch noch zum Stehen zu bringen, aber das ist bei den unruhigen Wellen meist vergebliche Liebesmüh. Es geht so die nächsten Wochen weiter. Flaute wechselt mit unruhigem Passatwind, der manchmal bis auf Sturmstärke aufbrist; nichts ist von Dauer auf diesem unendlichen Meer. Wir lernen uns zu fügen, das Unvermeidliche zu akzeptieren und das Beste aus den Umständen zu machen. So leben wir in unserem Rhythmus aus Wache gehen, Kochen, Spielen, Angeln, Segelwechseln - getragen und geborgen in der uns umgebenden Wasserwelt. Die Tage verschwimmen zu einem endlosen Band, aus dem nur manchmal ein *Highlight* herausticht, z. B. wenn wir einen Fisch gefangen haben, oder eine Schule Delfine zu Besuch kommt.

Seit elf Tagen haben wir keine Schiffe mehr gesehen, und wir befinden uns weit ab der Hauptschifffahrtsrouten. Natürlich ist es dann Nacht, als plötzlich Lichter am Horizont auftauchen. Ade schöner Schlaf, jetzt heißt es Beobachten und Wachsamsein. Seltsam, obwohl an der Lichterführung als ein *Großer* zu erkennen, haben wir kein AIS-Echo. Die Peilung steht, wir befinden uns also auf Kollisionskurs. Ich ändere den Kurs um 30 Grad, aber er ändert offensichtlich auch seinen Kurs, kommt immer näher und ich kann jetzt deutlich seine roten und grünen Positionslichter erkennen. Ich versuche ihn am Radio zu rufen, erhalte aber keine Reaktion. Also noch eine Kursänderung, diesmal 60 Grad zur anderen Seite, weiter lässt die Passatbesegelung nicht zu. Carola zum Schiften zu wecken, finde ich dann doch übertrieben. Der Dicke ändert prompt den Kurs und jetzt ist er auch schon auf eine halbe Meile ran. Ich rufe ihn nochmals am Funk, weise dabei auf die Kollisionsgefahr hin. Das war wohl das richtige Stichwort, jedenfalls bekomme ich jetzt eine Reaktion:

Er: "This is japaneeese thunavessel, thunavessel, roger, eeehhh."
Ich: This is sailingvessel LASSE, can you see us, over?"
Er: "Japaneeese thunavessel, thunavessel, roger, eeehhh."
Ich: "What is your intention, over."
Er: "Thunavessel, thunavessel, roger, roger, eeeehhh."
OK, ich habe verstanden. Carola ist von der Funkerei auch aufgewacht, wir lösen die Bullentaljen und gehen auf Gegenkurs. Gespenstisch beleuchtet stampft unser Japaner wenige hundert Meter an uns vorbei, und als wir gerade wieder auf Kurs gehen wollen, dreht er doch glatt wieder in unsere Richtung. Zum Verrücktwerden. Mit unserem Suchscheinwerfer erleuchten wir seine Brücke und ab-

wechselnd unsere Segel, und über Funk bitte ich ihn, doch seinen Kurs beizubehalten, damit wir ausweichen können. Als Antwort erhalte ich nur ein noch längeres "Roger, roger, eeeeehhhh!"

Das Ding scheint magisch von uns angezogen. Wir starten die Maschine und dieseln mit wild schlagenden Segeln erneut aus seinem Kurs. Endlich scheint er von uns abzulassen, aber noch lange sehe ich seine Lichter einen wilden Zackenkurs über das Meer beschreiben. Dies ist leider nur der Auftakt zu einer Reihe von ähnlichen - vor allem nächtlichen - Begegnungen mit japanischen Fangschiffen. Die Englischkenntnisse der Funker variieren, das sinnlose "roger, roger, eeeehhh" aber ist bei allen gleich.

Dass wir uns in fischreichen Gewässern befinden, merken wir daran, dass am nächsten Tag unsere Angel wieder einmal auslöst. Rasch greife ich mir die Spule, aber es gibt einen gewaltigen Ruck und die Leine reißt. Hatte ja auch *nur* eine Bruchlast von 60 Kilo... tsss, gut, dass wir den Fisch nicht an Bord geholt haben. Trotzdem ist das ärgerlich, denn nun ist unser bester Köder verschwunden. Also einen neuen angebaut und wieder ausgebracht. Der hält auch nicht viel länger, und schon bald können wir die Leine wieder einholen, denn ein dicker Fisch hat die Widerhaken einfach abgebrochen. Zu blöd, denn alle haben sich bereits sehr auf frischen Fisch gefreut, da nach zwei Wochen das *Gemüse* restlos aufgegessen ist. Wir ernähren uns bereits seit längerem von Orangen, Zitronen und frischen Zwiebeln mit Dosenzeug. Als Gemüse keimen wir Mungbohnen, aber das wird auf die Dauer eben auch langweilig, und so ist ein Fisch an der Angel immer ein echtes Fest! Jetzt haben wir aber keine Köder mehr, nur noch einen sehr dicken Angelhaken. Aber Not macht bekanntlich erfinderisch: Mit großen Augen beobachten die Kinder, wie ich aus einer leeren Colabüchse ein fischförmiges Blechknäuel um den Haken wickle und das Ganze über Bord schmeiße. Damit kann man fischen? Ich glaube selber nicht an meinen improvisierten Köder, doch es funktioniert, und zwar auch nicht schlechter als mit den teuren künstlichen Ködern, und so ziehen wir mit Hilfe der Cocacolacompany im weiteren Verlauf der Reise viele leckere Fische an Bord.

Die Yacht WANDERLUST ruft über Funk in die Runde und will wissen, ob noch andere Segler in der Nähe sind. Wir antworten, und es entspinnt sich eine kleine Plauderei. Der Skipper, ein Amerikaner, will in einem Jahr um die Welt segeln, hat sich dafür eine riesige amerikanische *Hunter* gekauft, das Deck voller Dieselkanister gestellt und erklärt uns sein schlichtes Konzept: Immer wenn der Speed unter fünf Knoten geht, muss er den Motor starten, damit er pünktlich zur Bootsmesse im nächsten Jahr zurück in den USA ist. Während wir bei schwachen Winden mit für unser Gefühl zügigen vier Knoten dahin gleiten, sehen wir bald WANDERLUST mit sieben Knoten am Horizont entlang motoren. Nach einer Stunde ist der gute Mann außer Reichweite unseres Funkgerätes gedieselt, und wir haben das Meer wieder für uns. Puh, man kann offensichtlich selbst bei einer Weltumseglung immer in Eile sein.

Nils und Lisa unterhalten sich in der Koje übers Erwachsensein.
Nils: "Wenn ich groß bin, will ich keine Kinder haben, die streiten so viel."
Lisa: "Wenn nun aber deine Frau einfach welche bekommt, was machst du dann?"
Nils: "Dann hab ich halt Pech."
Nils hat aus Knetwachs seine achtzehnte Galapagosschildkröte produziert, während Lisa am Fließband ein Bild nach dem anderen malt und ununterbrochen Geschichten dazu erzählt. Sie kann stundenlang ihr Seemannsgarn spinnen und erklärt uns beim Frühstück stolz: "Als ich aufgewacht bin, habt ihr alle noch geschlafen, und da habe ich mir selbst eine Geschichte geflüstert..."
Carola backt zwei Mal die Woche drei leckere Brote, wenn das Wetter es zulässt und die Wellen nicht zu hoch gehen. Bei tropischen Temperaturen ist das selbst am frühen Morgen eine schweißtreibende Tätigkeit, und wenn wir endlich nach einer Stunde die notwendige Menge an Getreide durchgemüllert haben, übergießen wir uns im Cockpit dankbar mit vielen Eimern erfrischenden Pazifikwassers. Aus Angst vor Haien ist das Baden auf See selbst bei absoluter Flaute streng verboten. Wir haben in Spanien aber eine große flexible Wanne gekauft, die zwischen die Cockpitbänke geklemmt und mit Seewasser gefüllt an flauen Tagen für viel Badespaß bei den Kindern sorgt.
Wir nähern uns dem letzten Viertel der Strecke, als der Wind immer unbeständiger wird. Tagelang kämpfen wir mit für Passatgegenden sehr ungewöhnlichen Bedingungen: Jagen wir am Morgen mit zwei Reffs im Großsegel und Sturmfock über ein mit weißen Schaum-

kronen übersätes Meer, so sieht uns der Abend viele Manöver später in einer öligen Flaute schwabbeln. Leider beruhigt sich das Meer immer viel langsamer als der Wind, und so begleitet uns das zermürbende Schlagen der Segel auch noch auf dem letzten Stück der Reise. Die Etmale werden immer kleiner und wir immer ungeduldiger, denn das Land ist jetzt in greifbare Nähe gerückt. Irgendwie ja auch lustig zu sehen, wie wir am Anfang des Trips nach einigen Tagen der Gewöhnung kein Problem hatten, mitten in der Unendlichkeit des Pazifiks still vor uns hin zu treiben, aber jetzt, wo nur noch wenige Meilen hinter dem Horizont die Marquesas locken, bekommt der Skipper fast einen Herzkasper, als er mit 70 Meilen für 24 Stunden das schlechteste Ergebnis der gesamten Überfahrt verkündet. Außerdem wird LASSE immer langsamer, denn an seinem Rumpf entwickelt sich schon wieder eine große Entenmuschelzucht. Beim Motoren kommen wir nur mit Mühe auf vier Knoten, wenn das so weitergeht, werden wir noch buchstäblich auf dem Pazifik festwachsen.

Dienstag, den 12. Juni 2007, heißt es endlich nach 25 Tagen und 3080 Meilen: Land in Sicht! Um sechs Uhr tauchen aus der Morgendämmerung die magischen Felsformationen von Hiva Oa vor unserem Bug auf. Wir stehen glücklich im Cockpit und können uns am Anblick der funkelnden grünen Regenwaldhänge und wilden Lavafelsen einfach nicht satt sehen. Wie unendlich schön ist doch das Land!

Nils: "Ich kann richtig sehen, wie der liebe Gott die Insel gemacht hat. Man sieht, wie seine Finger in die Insel reingedrückt haben."

Lisa: "Das war ja eine kurze Reise!"

# Marquesas - aber keine Ankerplätze

Die Marquesas sind kein ideales Segelrevier. Es fehlen schlicht geschützte Ankerbuchten. In Atuona Bay, wo wir zum Einklarieren festmachen, steht ein ständiger Schwell in die schmale Bucht. Wir bringen Bug und Heckanker aus, und so rollt LASSE wenigstens nicht mehr, sondern stampft nur unwillig vor sich hin. An Land wackeln wir zunächst auf unsicheren Beinen herum, Landbeine müssen erst wieder neu *wachsen*, und so torkeln wir, für alle als Seeleute erkennbar, in Richtung *Städtchen*.

Es geht leicht bergauf, und sofort bricht uns der Schweiß aus, kein Wunder bei dreißig Grad im Schatten und 95% Luftfeuchtigkeit. Die Berggipfel sind ständig in Wolken gehüllt. Alles dampft und glitzert, und wilde Bäche sprudeln in den kleinen Tälern Richtung Meer. Es duftet süß nach Tropenblumen und Rott, und unsere Augen trinken begierig die sich üppig darbietende Orgie in Grün, gesprenkelt mit Blüten in allen Regenbogenfarben. Wie haben wir diesen Anblick vermisst!

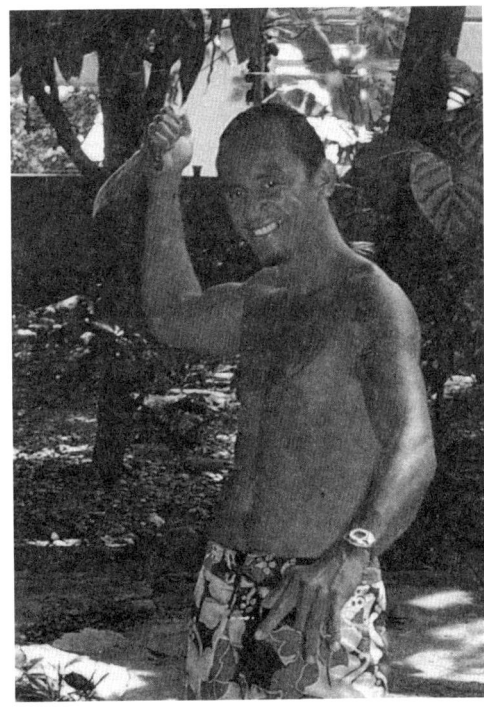

Freundlicher Empfang
in Polynesien.

Als wir nach einem Kilometer Fußmarsch in die Siedlung kommen, sind wir von der Hitze komplett erledigt. Wir sitzen matt im Schatten des einzigen *Supermarktes*, einer im Kolonialstil errichteten Bretterbude mit Vordach. Neben der Hauptstraße erstrecken sich in einer parkähnlichen Landschaft kleine Holzhäuschen, die in unregelmäßigen Abständen um die schmucke, weißgetünchte Kirche gruppiert sind. Freundliche, sehr beleibte Polynesierinnen schweben vorbei, ihre wie Puppen herausgeputzten Kinder wie kleine Entchen im Kielwasser. Stolze und nicht minder beleibte Männer cruisen in glänzenden nagelneuen Pickuptrucks die Hauptstraße auf und ab. Die Marquesas sind unverkennbar französisches Überseeterritorium, und so scheint Geld aus Europa im Überfluss vorhanden zu sein. Der Laden ist eine Enttäuschung, denn außer Konserven hat er nichts Frisches anzubieten. Mit Mühe können wir von einem fliegenden Händler einige Brotfrüchte und Papayas erstehen. Wir schleichen mit gierigen Blicken um die mit Mangos und fußballgroßen Pampelmusen überquellenden Gärten herum. In einem kleinen Holzschnitzerladen haben sie Erbarmen und verkaufen uns statt Souvenirs von ihren tropischen Früchten. Begierig verputzen wir gleich einen der gelben Riesenfußbälle direkt vor dem Shop und sind uns einig: Die Pampelmusen hier sind die leckersten unserer Reise! Der Rückweg kommt uns ewig vor, darum machen wir Autostop und der nächste Truck lässt uns hinten aufsteigen. Mit dem Fahrtwind als *Airconditioning* ist es direkt erträglich.

Auf dem Ankerplatz kommen wir ins Gespräch mit Stephen und Annemie von WAKALELE, einer riesigen 52 Fuß *Beneteau*, auf der auch Kinder sind. Wir kennen sie schon flüchtig von Panama und tauschen unsere Reiseerfahrungen aus. Nachdem ich unser Motordrama erwähnt hatte, meint Stephen mitfühlend: "Ja, ich weiß wie das ist; ich versuche auch schon seit zwei Wochen unseren Duschboiler zu reparieren." Well, wenn der Mann keine anderen Sorgen hat.

Am nächsten Tag brechen wir auf nach Tahuata, der Nachbarinsel, denn hier fehlt einfach Strand und ein friedlicher Ankerplatz. Eigentlich ein kurzer Trip, aber es wird doch rau zwischen den Inseln, und dank starker Gegenströmung erreichen wir erst am späten Nachmittag die erste Ankerbucht. Der Anblick ist ernüchternd: Viele Yachten drängen sich vor einem Strand, auf den die Brandung donnert. Ihre nickenden Masten lassen nichts Gutes ahnen. Also weiter, es gibt ja noch mehr Buchten. Um die Ecke sieht es auch nicht besser aus, aber jetzt kommt schon rasch die tropische Dämmerung, und wenn wir noch einen Ankerplatz finden wollen, müssen wir uns mächtig beeilen. Genervt motoren wir noch eine Bucht weiter, da ist zwar kein Strand, aber einige Yachten haben sich dicht unter Land vor einer steil aufragenden Felswand vor Anker gelegt und scheinen einigermaßen ruhig zu liegen. Leider ist es da sehr tief, und wir haben große Probleme, unseren Anker zum Halten zu bringen.

So paradiesisch es hier überall aussieht, für den segelmüden Pazifikquerer ist es offensichtlich nicht so einfach, denn es gibt keine geschützten Lagunen, kaum Flachwasserzonen, die sich fürs Ankern eignen, und der Schwell rollt ungehindert um die vulkanischen Berginseln. Zähneknirschend verabschieden wir uns wieder einmal von unseren Vorstellungen und segeln nach wenigen Tagen weiter. Ein ruppiger Nachttörn bringt uns nach Ua Pou, und von dort vertreibt uns der Schwell rasch nach Nuku Hiva. Wir wollen nicht meckern: es ist atemberaubend schön zwischen diesen mit Regenwald gekrönten Felskathedralen zu segeln! Nächstes Mal kommen wir mit einem Katamaran, denn mit einem Einrumpfboot ist es einfach zu anstrengend, denke ich, alle bisherigen Vorbehalte über Bord werfend.

Auf der Karte verlockend sieht Danielsbay aus, ein verwinkelter Fjord, der tief ins Land einschneidet und rund um von Felsen geschützt liegt. Aber auch dort, umgeben von wild aufragenden steilen Lavafelsen, findet der Schwell seinen Weg zu uns, und LASSE rollt und ruckt an der Ankerkette. Trotzdem ist es ein Ort wie aus dem Märchenbuch: Vor uns öffnet sich ein wildes Gebirgstal, durch das ein kräftiger Fluss sich ins Meer ergießt. Ein blütenweißer Strand begrenzt eine kleine Ebene, auf der einst Daniel und seine Familie eine kleine Farm unterhalten haben. Jetzt wohnt in der alten Palmenhütte einer seiner Nachfahren und verkauft an die zahlreich sich einfindenden Yachten fußballgroße Pampelmusen, die in seiner kleinen Plantage wachsen, sowie leckeres Quellwasser. Zwei Pferde galoppieren über den Strand, und die Kinder sind ganz verrückt, endlich an Land zu kommen.

Genau dreißig Minuten sind wir glücklich im Paradies, dann haben uns die Sandfliegen entdeckt. Sie finden den Platz ebenso schön wie wir, und so reißen wir die Kinder unter lautem Protestgeschrei aus der lange ersehnten Riesensandkiste und verfrachten sie zurück ins Dingi. Das war gerade noch rechtzeitig, denn sie sind schon ordentlich zerstochen von dieser Plage des Pazifiks und werden Tage später noch unter den Stichen dieser winzigen Tierchen leiden.

Das Wasser ist von den vielen in die Bucht mündenden Flüssen schlammig braun, und man kann nur zehn Zentimeter weit sehen. Also wird Baden aus Angst vor Haien auch verboten. Wir fühlen uns an die Geschichte von Himmel und Hölle erinnert, wo in der Hölle die Menschen vor leckeren Suppentöpfen sitzen, aber es nur Löffel mit einem Meter langen Stiel gibt, und so niemand die Suppe in seinen Mund bringen kann. Im Himmel dagegen haben sie die gleiche leckere Suppe mit den gleichen Löffeln, aber sie füttern sich gegenseitig. Da sitzen wir umgeben von einer paradiesischen Landschaft auf unserem Boot und dürfen nur gucken. Als *Löffelersatz* veranstalten wir mit den anderen Yachten spontane Dingi *sit ins*, wo sich mehrere Dingis in der Mitte der Bucht in sicherer Entfernung von den Sandfliegen zum Plaudern und Fischen einfinden. Wir treiben müßig dahin, träumen, schnacken, während die Kinder versuchen, den Dingiklumpen herum zu rudern, und genießen die wahrlich spektakuläre Aussicht.

Zurück im Hauptort von Nuku Hiva erfahren wir von anderen Seglern von der misslichen Lage der Yacht MARIA III. Sie liegen hier seit Tagen mit Getriebeschaden fest, und selbst George, der uns mit unserem Motor so viel geholfen hat, ist ratlos und empfiehlt ihnen, nach Tahiti zu segeln. Das ist nicht ganz ungefährlich, denn der Kurs führt durch die Inselgruppe der Tuamotus. Die bestehen aus hunderten flachen Korallenatollen, die nur wenige Meter aus dem Meer ragen, dazwischen unzählige Riffe und starke Strömungen, also wirklich nichts ohne Motor.

Rob und Lil sitzen entsprechend frustriert herum und lauschen traurig, wie all ihre Freunde sich auf den Trip zu den Tuamotus vorbereiten, soll doch dieses Revier eines der *Highlights* des Pazifiks sein. Keiner ist bereit, darauf zu verzichten, darum bieten wir ihnen an, sie durch die Riffe nach Tahiti zu begleiten, haben wir doch die Erfahrung gemacht, dass wir lieber weniger Orte anlaufen und für diese dann mehr Zeit haben. Wir sind noch nie *Konvoi* gesegelt und wissen nicht, worauf wir uns da einlassen, und das ist auch besser so, denn die kommenden 700 Meilen nach Papeete werden unsere Geduld auf eine harte Probe stellen.

Aber noch ahnen wir nichts davon, als wir MARIA III fröhlich auf den Haken nehmen, um sie aus dem windgeschützten Ankerplatz hinaus aufs Meer und in den Passatwind zu schleppen. Draußen weht es frisch, wir schmeißen die Schlepptrosse los und setzen Segel. Klar, dass sich ein Wettrennen ergibt. LASSE ist über einen Meter kürzer und viel *dicker* als MARIA III, ist aber mit nur neun Tonnen deutlich leichter gegen die elf Tonnen der Kanadier. Gespannt verfolgen die Kinder, wie wir Seite an Seite über die Wellen jagen, und bald zeigt sich, dass LASSE eine Spur schneller ist. Damit wir uns nicht aus den Augen verlieren, haben wir verabredet, einen Abstand von einer Meile zu halten. Dies wird vor allem nachts wichtig, denn ohne Maschine kann MARIA III ihre Batterien nicht laden und ihr Windgenerator bringt nicht viel beim Segeln vor dem Wind. Schon in der ersten Nacht müssen sie zum Stromsparen die Positionslichter ausschalten. Eine als Ersatz im Cockpit brennende Kerze ist nur aus wenigen Metern zu erkennen, also kontrollieren wir den Abstand regelmäßig mit dem Radar.

Squalls ziehen durch, der Wind wird immer weniger. MARIA III fällt immer weiter zurück, und wir müssen Segel kürzen, um auf sie zu warten. Das ist sehr unbequem, denn nun fängt LASSE an, übel in der alten Dünung zu rollen, weil wir eigentlich die Segel zum Stabilisieren brauchen. Leise Zweifel machen sich breit, ob unser Angebot so klug war?

In der zweiten Nacht verlieren wir MARIA III in einem Squall ganz aus den Augen, auch am Radar können wir sie nicht mehr erkennen. Also weiter Segel kürzen, rollen und warten. In der morgendlichen Funkrunde stellen wir erstaunt fest, dass wir ihnen in der Nacht fünfzehn Meilen davon gesegelt sind. Ja, parken die denn, oder was? Wir drehen für mehrere Stunden bei und legen uns schlafen, so sind wenigstens die Schiffsbewegungen erträglich. Nach fünf Stunden taucht MARIA III endlich aus dem morgendlichen Dunst auf, wir lassen ihr den Vortritt und das scheint sie zu beflügeln, denn nun müssen wir uns sputen, um Schritt zu halten.

Die nächsten Tage werden immer flauer, und wir genießen den Luxus unserer Ariesselbststeueranlage, während MARIA III die ganze Zeit von Hand gesteuert werden muss, da ihre Monitor-Windsteuerung bei schwachen Winden nicht richtig arbeitet. Nachts funkeln die Milliarden Sterne der Milchstraße über uns, und unter uns spiegelt sich ihr leuchtendes Ebenbild im ruhigen Ozean. Schwach glimmt die Kerze in MARIA IIIs Cockpit, wenige Bootslängen neben uns.

Das Meer hebt und senkt sich ganz langsam und wiegt uns sanft mit seinem großen Atem.

Am Morgen tauschen wir frisch gebackenen Kuchen gegen Wein und Schokolade, und die Kinder halten ein Plauderstündchen mit Lil am Funk. Sie finden das Ganze sehr aufregend und wollen jetzt immer im Konvoi segeln. Wir Großen sind uns da nicht mehr so sicher. Anschließend belausche ich ein Gespräch zwischen Nils und Lisa:

Nils: "Wofür hat man einen Bauchnabel?"

Lisa: "Damit das Essen da nicht rausrappelt!"

In der siebten Nacht treiben wir wieder in der Flaute, als von hinten ein größeres Motorboot aufkommt. Wir machen bei uns die Festbeleuchtung an, sind aber in Sorge, denn MARIA III ist einfach nicht zu erkennen, und ihr Radarecho ist auch sehr schwach. Sie müssen ihren Saft jetzt auch schon fürs Funken rationieren, und so versuchen wir, das sich nahende Schiff zu erreichen. Keine Antwort, aber am Radar sehen wir, dass ihr Kurs direkt auf MARIA III zuläuft. Also Motor an und wie ein Schäferhund, der seine Herde verteidigt, kommen wir MARIA III zu Hilfe, um mit unseren Lichtern den Dicken auf sie aufmerksam zu machen. Immer wieder versuchen wir, ihn am Funk zu erreichen, aber erfolglos. Irgendwann meldet sich stattdessen BLACK WATTLE, die wir ja schon vom Atlantik kennen. Wir treffen zusammen mit dem Dicken bei MARIA III ein. Rob leuchtet mit einer schwachen Taschenlampe in die Segel und der Große zieht dicht hinter MARIA III vorbei. Glück gehabt, aber offensichtlich sollten wir nachts noch näher zusammen bleiben, was also noch mehr Segelmanöver und Stress bedeutet, denn die Gefahr, sich gegenseitig über den Haufen zu segeln, wird dadurch natürlich auch größer.

Als wir am Morgen immer noch in einer öligen Flaute treiben, wird es mir zu bunt, und wir nehmen MARIA III in Schlepp. Mit 2000 Umdrehungen erreichen wir satte vier Knoten. So kommen wir wenigstens voran, wenn auch der Preis dafür mit noch mehr Hitze im Schiff und langen Stunden an der Pinne hoch ist. Aber nach fünf Stunden hat der Wind Erbarmen und wir können wieder Segel setzen.

In der nächsten Nacht passieren wir Rangiroa und stehen am Morgen in der Durchfahrt zwischen Rangiroa und Arutua. Der Wind hat aufgefrischt, und mit rauschender Fahrt fliegen wir dahin. Auf den

Wellenkämmen können wir manchmal die Palmenspitzen der kleinen Motus auf dem Ringriff erkennen, bevor der nächste Squall uns jede Sicht nimmt. Er hält untypisch lange an und es brist immer mehr auf. Unwillig reffe ich das Großsegel im strömenden Regen, und als der Squall endlich weiterzieht, ist MARIA III wieder weit hinter uns. Per Funk teilen sie uns mit, dass ihnen bei dem starken Wind der Traveller gebrochen ist. Sie müssen das Großsegel bergen und können ab jetzt nur noch unter Fock segeln. So humpeln wir die letzten 80 Meilen nach Papeete, der Hauptstadt von Tahiti, deren Lichter in der Nacht einen unwirklichen Schein an die Wolken über der Insel werfen. Im Morgengrauen nehmen wir MARIA III ein letztes Mal auf den Haken und schleppen sie gegen eine starke Strömung durch den Pass in die geschützte Lagune.

Wir sind alle euphorisch. Das Land duftet so herrlich nach Tropen. Die Vulkankegel von Tahiti verschwinden über uns in einer weißen Wolke, der Himmel ist übersät mit kleinen Passatwölkchen, und das Morgenlicht lässt die Insel wie einen Edelstein funkeln. Im Westen ragen die Klippen von Moorea aus dem Meer und über uns schweben die riesigen Jets aus Übersee ein, denn die Landebahn ist direkt neben dem Fahrwasser. Per Funk müssen wir um Durchfahrtserlaubnis bitten, denn immer wenn ein Flugzeug landen oder starten will, wird das Fahrwasser gesperrt, hat doch wohl mal ein besonders tief fliegender Jet einen Mast abrasiert?

Glücklich schleppen wir MARIA III die letzten Meter bis zum Ankerplatz. Es ist gar nicht so einfach zwischen den hunderten von Yachten einen geeigneten Platz zu finden, noch dazu als Schleppverband, aber wir entdecken eine Lücke nicht allzu weit vom Dingisteg entfernt und MARIA III gleitet sanft in Position. Der Anker fällt, und wir sind endlich die Verantwortung los.

# Käseparadies Tahiti

Tahiti, klangvoller Name. Inbegriff von Südseeromantik.
Morgens um sechs, wenn ich zum Rasieren ins Cockpit steige, begrüßt mich angenehm würziger Blütenduft vom Land. Wir ankern in einer Art Ententeich hinterm Riff, auf das die Brandung donnert und so gnädig den Verkehrslärm vom Ufer überdeckt; wir können vom Boot aus baden, und zum Supermarché sind's auch nur zwanzig Minuten. Die Käseabteilung ist zehn Meter lang, und Erin vom amerikanischen Kat BAREFEET bricht angesichts all dieser französischen Pracht in Tränen aus. Auch aus unserer Bordkasse wandert ein beträchtliches Sümmchen zu Carefour, denn der Käse ist einfach zu köstlich.
In Tahiti trifft sich alles wieder. Die einzelnen Kohorten und Grüppchen, die Reichen und die Armen. Irgendwie echt cool: Da ankern die zwei norwegischen Jungs mit ihrem sieben Meter Bötchen neben einem gut 40 Meter langen Segelmonster mit sechs Mann Besatzung, die tagsüber nur damit beschäftigt scheinen, das Ding zu putzen, schließlich könnte der Eigner ja zu Besuch kommen.
Alle sind hier, um den französischen Nationalfeiertag mitzuerleben. Laut Segelhandbuch ein einmaliges Ereignis. So laufen an besagtem 14. Juli die Funkgeräte heiß, da jeder versucht zu erfahren, wo denn nun die große Party steigen soll. Tja, Pech gehabt! Ist alles nur ein Gerücht, das sich hartnäckig hält. Es gibt zwar ein Festival in einem Museum, aber in der Stadt selber ist absolut nichts los! Trotzdem ist es schön, alte Bekannte zu treffen und neue Bekanntschaften zu machen. Nils und Lisa üben fleißig das Schwimmen, und Carola hat den Schatzmeister endlich weich geklopft, ihnen Taucherbrillen und Schnorchel zu besorgen. Angeblich sollen die das Schwimmenlernen vereinfachen.
Englisch ist jetzt auch bei den Kindern angekommen, vor allem, da wir NAKATCHA wieder getroffen haben (die uns in Galapagos eingeschleppt hatten) und beide Kinder heftig in Maggi verliebt sind. Nils kann wunderbare Sätze formen, wie etwa den: "Please came auf's boat." Aber das "auf's" hat einen göttlichen englischen Akzent. So vergehen Stunden, während derer die Eltern einfach nicht mehr gebraucht werden. Nachher kommt Nils dann an und sagt zu Carola: "Mama, ich hab die Maggi am liebsten auf der Welt. Lisa und ich

wollen auf die NAKATCHA ziehen."

Ich: "Ja, schön, dann können die Eltern mal eine Nacht für sich sein."

Nils: "Nö, ihr müsst schon auch mit kommen, sonst fühlen wir uns so allein!"

Kurz, uns geht's gut! Selbst der zum Sarkasmus neigende Skipper genießt das Dasein in vollen Zügen.

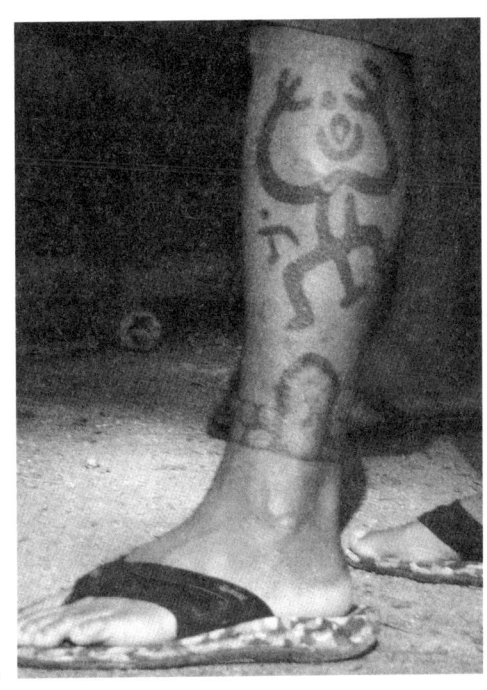

Polynesisches Tattoo.

Ein kurzer, aber sehr ungemütlicher Trip bringt uns nach Huahine. Obwohl es nur etwas mehr als 90 Meilen sind, wird es rau, denn der Passat wird zwischen den Inseln unruhig, und oft gibt es einen Düseneffekt zwischen den hohen Bergen. Auch die lange Pazifikdünung gerät durcheinander, wird von steilen Klippen reflektiert und verursacht unangenehme Kreuzseen. Aber die Mühe lohnt sich, denn Huahine belohnt uns mit noch mehr echtem Südseeflair: Wir ankern in türkisfarbenem Wasser, wunderbar geschützt hinter dem Außenriff in der Baie d' Avea. Der Passat singt sein Lied in den Kokospalmen am Ufer, und unter sein Rauschen mischen sich polynesische Lieder, denn abends veranstaltet das kleine, aber exklusive Resort, das sich malerisch unter die Palmen kuschelt, eine Tanzshow. Das Donnern der Brandung vom Außenriff liegt wie ein Basso Continuo unter allem, und der Duft von Kokosfeuer und Frangipaniblüten rundet das Ganze stilvoll ab.

Wir werden zu faulen Urlaubern im Paradies, mit langen Wanderungen am Strand, Muscheln suchen, baden, schnorcheln, auf umgestürzte Palmen klettern und einfach nur im Schatten liegen und das *Postkartenidyll* einatmen. Es ist perfekt. Die Kinder freunden sich mit einem deutschen Mädchen an, das im Resort mit seinen Eltern Urlaub macht und spielen stundenlang zusammen im lauwarmen Wasser. Nils kann jetzt endlich schwimmen und traut sich jeden Tag ein Stückchen weiter von unserer Badeleiter weg, während Lisa immer noch auf ihren Schwimmflügelchen besteht. Als sie aber sieht, wie Nils mit Schnorchel und Brille vom Ufer aus zwischen die Korallenblöcke schießt, packt sie dann doch der Ehrgeiz, und sie versucht es ihm gleich zu tun.

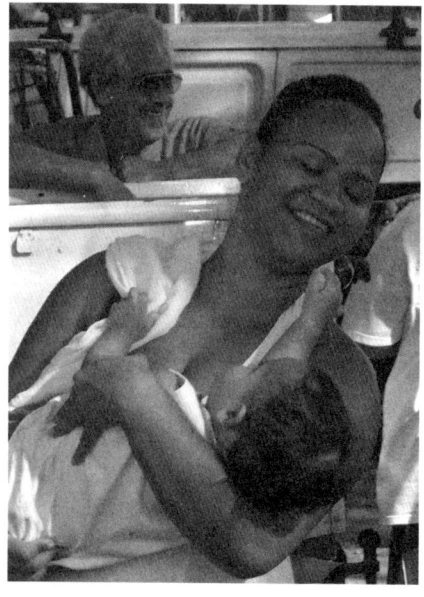

Pazifisches Leben auf dem Markt in Huahine.

Bei unserem täglichen Spaziergang über den endlosen Strand lockt polynesische Musik aus einem Garten. Wir folgen den aufmunternden Rhythmen und finden eine kleine Musikgruppe mit einer Tänzerin beim Proben. Zwei Männer sitzen mit großen Trommeln am Boden. Ein dritter spielt eine winzige, leicht verstimmte Gitarre und ein Flötenspieler bläst melancholische Südseeweisen. Das Beste aber ist eindeutig die Tänzerin. Sie ist klein und, was ich höflich mit sehr korpulent beschreiben würde. Kaum hat die Musik angefangen, beginnt ihr massiger Körper zu schweben. Voller Anmut und Grazie scheint sie leicht wie eine Feder über der Erde zu vibrieren, und alle Schwere ist von ihr abgefallen. Fasziniert beobachten wir diese Verwandlung und nehmen dankbar die Einladung zum weiteren Zusehen an. Die Kinder können nicht still sitzen und schwingen ihre Hüften bald begeistert im Takt. Zurück an Bord wird die Kajüte zum Tanzboden umfunktioniert, und in bunte Tücher gehüllt wiegen sie sich schwitzend zu imaginärer Musik.

Ein kleiner Ausflug bringt uns zum Hauptort der Insel. Es findet gerade der alljährliche Landwirtschaftswettbewerb statt, und wir mischen uns unter die bunt geschmückten Polynesier. Sie tragen lange traditionelle Gewänder, und immer wieder sehen wir aus zauberhaften Tropenblüten geflochtene Blumenkränze um kräftige Hälse hängen.

Der Dorfchef hält mit prächtigem Blumenkranz auf der Brust eine lange Rede. Sein Gesicht ist übersät mit traditionellen Tattoos, die ihm ein kriegerisches Aussehen geben. Viele Beine, Hälse, Oberarme und manches Gesicht der Besucher sind ebenfalls mit solchen Tattoos geschmückt und erinnern an die Zeit, als T-Shirts und japanische Pickups noch keine Statussymbole waren. Mit wichtiger Mine schreitet der Schiedsrichter von Stand zu Stand und begutachtet die aufgetürmten Früchte. Offensichtlich geht es allein um Masse, so werden auf einer aus Bambus improvisierten Waage die dickste Bananenstaude, oder die größte Kassavawurzel ermittelt. Was wir sehen, ist wahrlich beeindruckend. Dick wie die Oberschenkel der meisten Polynesier liegen die bräunlichen Wurzeln von Maniok und Kassava zu großen Stapeln aufgehäuft. Kokosnüsse warten in kunstvoll errichteten Stapeln auf den obligatorischen Wettkampf, um den schnellsten Kokosnussöffner der Insel zu ermitteln. Alle sind mit fröhlichem Ernst bei der Sache, auch wenn wir angesichts des gut bestückten und ebenso gut besuchten Supermarkts bezweifeln, ob noch viele die traditionelle Küche pflegen?

Wir jedenfalls müssen zu unserer Schande gestehen, dass außer gegrillter Brotfrucht keines der typisch polynesischen *Gemüse* es auf den täglichen Speisezettel geschafft hat. Klar mixen wir Kokossahne in unsere Currygerichte und verkochen unreife Papaya zu einem leckeren Gemüse. Aber so richtig warm werden wir mit Taro, Kassava und Maniok nicht, und etwas beschämt essen wir am Ende des Festes Hühnerbeine mit Pommes von der romantisch am Strand aufgebauten Imbissbude.

Im Flug vergehen die Tage und nach zwei Wochen süßen Nichtstuns wird es Zeit für uns, wieder zu echten Fahrtenseglern zu werden! Also Anker raus und schnell mal rüber nach Raiatea, denn dort wollen wir in der Werft das Antifouling erneuern. Das ist nach gut zwei Jahren in tropischen Gewässern auch dringend notwendig, denn vor allem die Entenmuscheln sind schon lange nicht mehr vom Siedeln abzuhalten, was sich äußerst ungünstig auf unseren Speed und damit auch auf die Laune des Skippers auswirkt.

Aus einer Rundmail:
*04. September 2007*

*Liebe Sommerfrischler,*
*Wir waren da! DIE PERLE DES PAZIFIKS! Cool! Das teuerste Zimmer 3000,- Dollar die Nacht, etwa 250.- die Stunde, wünsche gut zu ruhen.*
*Eine traumhaft schöne Insel, wenn nicht der Verkehr wäre. Da es ein Muss ist, wenn man schon nach Bora Bora fährt, eine Tour über die Lagune zu machen, einen Hubschrauberrundflug um den Berg, einen Jetskiausflug zu den Motus, ein Barbecue am Strand und eine Jeeptour um die Insel... hat also jeder unter dem albtraumhaften Verkehr zu leiden. Die wirklich postkartenreife Lagune wird also von früh bis spät von U-Booten, Taucherbooten, Jetskies, Speedbooten, Hochgeschwindigkeitsfähren und dem ganz normalen Verkehr zwischen den Hotels durchpflügt. Selbst die Putzfrauen werden mit 30 Knoten vom Dorf zum Resort befördert, sodass der ganze Spaß schon morgens um fünf Uhr beginnt. Über allem kreist der Hubschrauber, und so schaukeln und rummsen wir vor Anker auf und nieder, müssen alles seefest gestaut haben, damit keine Teller rumfliegen. Selbst Schwimmen vom Boot aus ist gefährlich, da die Speedboote natürlich immer wenige Meter an den ankernden Yachten vorbei müssen. Also der Hamburger Hafen ist echt ruhig dagegen!*
*Toll, so ein Traumplatz.*
*Das Lächeln in den Gesichtern der Honeymoon-Pärchen ist vor krampft, der Erfolgsdruck dem Preis des Ganzen entsprechend hoch. Wer hier hinfährt muss sich gut amüsieren! Auf Teufel komm raus!*

Traurig, was man mit Geld so alles kaputt kriegen kann. Für uns war der Schock groß, denn wir kamen von der Nachbarinsel Tahaa, die nur 24 Meilen weiter im Osten liegt. Welch Kontrast! Ankern in einem spiegelglatten Fjord. Die Berge als Spiegelbild glasklar im Wasser zu erkennen. Am Ufer freundliche Menschen, gepflegte Gärten, keine Hotels. Dafür aber Lehmstraßen, auf denen sich herrlich wandern lässt durch einen paradiesischen Tropengarten. Überall der Duft von Vanille, die hier in Plantagen kultiviert wird.

Wir wollen Wasser kaufen bei einem hier lebenden Franzosen, der am Ufer eine Boutique betreibt: Geld, nö, das sei nicht nötig, aber ob wir noch Bananen bräuchten? Oder frischen Kurkuma? Alain und Christina sind vor vielen Jahren zusammen mit dem berühmten Segler Bernard Moitessier hier angekommen und haben versucht, dessen Ideen zum tropischen Gartenbau umzusetzen. Sie haben sich ein klassisches Polynesierhaus gebaut, mit Palmendach und Mattenwänden und wir sitzen lange auf ihrer Terrasse beisammen und lauschen ihren Erzählungen aus der Zeit, als Fahrtensegeln noch ein großes Abenteuer war. Also der ideale Platz, um sich vom Werftaufenthalt zu erholen. Schließlich waren wir vorher in Raiatea mit LASSE in einer kleinen Werft aufs Trockene gegangen, um nach zwei Jahren endlich mal das Unterwasserschiff neu zu streichen! Klar, dass gleich die Kinder krank wurden. Carola schleppte sich noch etwas dahin und ich schliff und malte in fünf Tagen das Unterwasserschiff mit vier Schichten neuer Farbe, immer hoffend, dass der nächste Regenschauer nicht alles wieder abwaschen würde. Nun ist der LASSE glatt einen Knoten schneller.

Nach nur vier unerfreulichen Tagen auf Bora Bora verlassen wir französisch Polynesien Richtung Tonga. 1300 Meilen. Neun Tage. 5,99 Knoten im Mittel. Die letzten zwei Tage mit drei Reffs im Groß und Sturmfock. Bestes Etmal in 24 Stunden 164 Meilen! Zum ersten Mal mussten wir das Fenster zur Kinderkoje schließen, da der Wind mit 35 Knoten, oder acht Beaufort von der Seite kam und immer wieder Gischt ins Cockpit wehte. Leben wurde zum Hochleistungssport, da das Schiff wie wild bockte und rollte. Leider waren die Wellen auch so hoch, dass wir ständig Wache gehen mussten, denn die Sichtweite schrumpfte auf wenige hundert Meter zusammen. Vor allem nachts gaaanz toll. Dann tauchte Vava'u auf, die Hauptinsel der nördlichen Gruppe von Tonga. Erinnert irgendwie an die westschwedischen Schären. Felseninseln, tief eingeschnittene Fjorde, weiß getünchte Holzhäuser am Ufer... ach ja, aber immer wieder Palmen und das Konzert der Zikaden am Abend. Alles das absolute Gegenteil von Französisch Polynesien: kein Geld aus Paris, ergo keine neuen Pickuptrucks, sondern Fahrrad fahrende Insulaner. Die Häuser sehr ärmlich, aber eigenwillig und kreativ gestaltet mit dem, was es auf der Insel zum Bauen eben so gibt. Und alle freuen sich, dass wir gekommen sind! Bis auf den Zollbeamten, der uns bei der sehr umständlichen Einklarierungsprozedur besuchen kommt. Ich hatte extra beim Ausklarieren in Papeete nachgefragt, ob das alles sei an Papieren, kam mir der Stapel doch verdächtig dünn vor. Nee, nee, alles in Ordnung, hieß es da. Hier nun fehlte natürlich das wichtigste Dokument überhaupt: Clearence!!! Wo ist eure Clearence???

Da segelt man neun Tage durch nicht so tolles Wetter, ist endlich todmüde angekommen, und dann haben diese Franzosen bei der Bürokratie geschlampt. Ohne Clearence keine Einreise. Basta. Drei Tage könne er uns geben. Und wir hätten eine Strafe zu zahlen. 1000 Dollar! Dann müssten wir zurück nach Papeete und dieses Papier besorgen. Oder Weiterreisen. Aber in Fidschi würden sie uns auch nicht reinlassen ohne CLEARENCE! Mist. Das war etwas zu viel des Guten. Die Kinder weinten, Carola weinte, der Kapitän war drauf und dran zu explodieren...

Nach einigem Hin und Her wurden wir dann gegen eine inoffizielle Zahlung von 55 Dollar doch rein gelassen und durften den geheiligten Boden eines der letzten echten Königreiche der Welt betreten. Uff! Es geht doch nichts über eine Bananenrepublik oder ein Königreich, wo sich solche bürokratischen Hürden mit der diskreten Zahlung von inoffiziellen Dollars regeln lassen. Und wie geht's uns? Wir grübeln über den Schuleintritt von Nils. Über unsere Zukunft überhaupt: haben Heimweh nach Europa. Können uns nicht so recht vorstellen, in Neuseeland Fuß zu fassen. Aber wer weiß? Kommt ja alles bekanntlich auf die Umstände an. Also, wenn uns niemand in Neuseeland gebrauchen kann (wenn ihr irgendjemanden wisst, der unsere Fähigkeiten benötigt, dürft IHR GERNE DISKRET REKLAME FÜR UNS MACHEN!!!), werden wir im April 2008 von Neuseeland aus Richtung Heimat aufbrechen. Falls wir das Schiff nicht verkaufen und den Flieger nehmen, oder Daniel diesen Teil der Reise als "Mobile Weltweite Segelschule" mit Extremrevieren zu vermarkten weiß, oder unsere Freunde beschließen, dass jeder

*dringend auch mal kotzend auf dem Indik rumgeeiert sein muss und Ben also mit wechselnder Crew das Schiff nach Hause bringt, da wir in Europa deutlich mehr Geld für unseren guten LASSE kriegen würden, als hier am Ende der Welt.... oder, oder.... Schön so viele Möglichkeiten! Schrecklich diese ewige Ungewissheit! Leben eben. Wir lieben Euch!*
*Tschüss. Ben.*

# Tonga ist toll!

Wir verbringen zwei wunderbare Monate in diesem lieblichen Inselreich. Die Vava'u-Gruppe im Norden hat es uns angetan. Hier treffen sich die Yachten aus allen Gegenden des Pazifiks, um von hier vor der drohenden Hurrikansaison entweder nach Neuseeland auszuweichen oder weiter nach Australien zu segeln. So steht unsere Zeit in Tonga vor allem unter einem sehr kommunikativen *Stern*. Glücklicherweise sind die Ankerplätze in der Seekarte nummeriert, denn viele der Namen sind einfach unaussprechlich, und wie soll man sich sonst auch am Funk mit den anderen Seglern verabreden? Ankerplatz Nr. 8 wird unser absoluter Favorit. Eine winzige Insel, dicht bewachsen mit Palmen und anderen tropischen Gewächsen, auf drei Seiten schroffe Lavabrocken, in der Mitte eine verlassene Palmenhütte, dann eine 150 Meter lange Sandzunge, hinter der wir geschützt vor dem oft kräftigen Passat vor Anker liegen. Wir sind so nah am Strand, dass die Kinder an Land schwimmen können. Dort treffen wir uns mit Ann, Uwe und ihrer Tochter Kara von der MAGNUM, und während die Kinder vergnügt im Sand spielen, Muscheln suchen oder Krebse fangen, plaudern wir Großen in lockerer Runde über Gott und die Welt. Andere Segler kommen dazu, und wenn der Abend naht, sammeln wir etwas Holz und machen ein spontanes Barbecue. Es ist eine fröhliche internationale Gemeinschaft, die sich versammelt hat, viele auch mit Kindern, und wir genießen die Begegnungen und Gespräche sehr.

Am nächsten Morgen ziehen einige Yachten weiter zu anderen Plätzen, aber wir wissen, der Abschied ist nur kurz, denn am Wochenende sehen wir uns alle wieder in Neiafu, der Hauptstadt der Inselgruppe, um auf dem Markt frisches Obst und Gemüse zu kaufen. Dann geht es wieder hinaus zwischen die Riffe und Inselchen, so treffen wir uns immer wieder neu in wechselnden Gruppierungen.

Als wir von so einem Marktausflug zu unserem geliebten Ankerplatz Nr. 8 zurückkommen, begegnen wir einer alten Tonganerin am Strand. Sie begrüßt uns herzlich, will aber pro Kopf einen Dollar *Eintritt* pro Strandbesuch kassieren, denn das sei ihre Insel. Wir sind platt, schließlich gibt es in Tonga keinen privaten Landbesitz, da alles dem König gehört, und Strand ist selbst bei verpachtetem Land immer öffentlich. Na ja, es gibt ja noch andere schöne Ankerplätze, und so machen wir uns grummelnd ans Umkehren. Das ist ihr auch nicht lieb und sie versucht, uns zum Bleiben zu überreden, wir bräuchten auch nichts zu bezahlen, aber die Stimmung ist danach nicht mehr so entspannt. Schade.

Eine der größten Attraktionen Tongas sind die jedes Jahr zu Hunderten aus dem Südpolarmeer zum Kalben kommenden Buckelwale. Nils ist ganz begierig, diese Tiere aus der Nähe zu sehen, und so macht Carola mit ihm eine *Walewatchingtour*. Es wird ein großes Erlebnis für die Beiden, denn sie dürfen sogar zu den Tieren ins Wasser. Tief berührt hat Carola die unglaubliche Schönheit und Eleganz dieser Tiere - dunkel auf dem Rücken, zeigen sie beim Drehen überraschend einen leuchtend weißen Bauch. Am nächsten Tag allerdings kommt eine Walfamilie auch ohne Bezahlung direkt zu unserem LASSE. Schnaufend planschen sie nur wenige Meter neben unserer Bordwand vorbei, auf diese Weise kommen auch Lisa und ich zu einer hautnahen Walbegegnung.

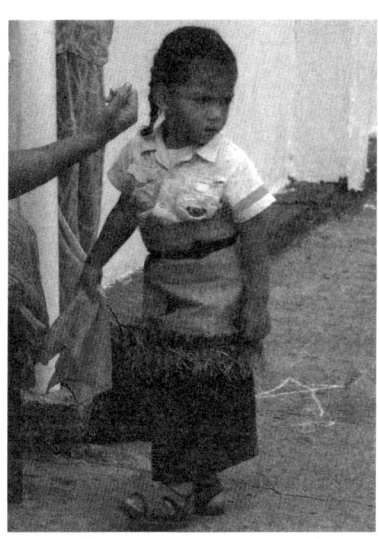

Tonganische Tracht.

Ein weiteres eindrückliches Erlebnis ist unser Besuch bei zwei *echten* Aussteigern: Elke und Werner haben sich die Insel Fofoa zur Verwirklichung ihres ganz persönlichen Südseetraumes ausgesucht. Die Insel hat die Form eines Backenzahns, bei dem die Mitte schon weggefault und voll Wasser gelaufen ist. Ins Innere gelangt man durch eine nur wenige Meter breite Durchfahrt zwischen ungemütlich nahe rückenden Felswänden. Ist man erstmal drin, ist es sehr geschützt, und Elke und Werner haben auf ihrer Yacht sogar einen Hurrikan hier abgeritten. Sie siedeln schon seit vielen Jahren hier, haben sich ein Haus gebaut und einen Hurrikan-Bunker und wollen ihre Yacht nun gerne verkaufen, um sich ganz an Land niederzulassen.

Obwohl sie einen Trans-Ocean Stützpunkt unterhalten, sind wir auch als Nichtmitglieder herzlich willkommen. Wir trecken auf einem Trampelpfad vom Ankerplatz quer über die Insel zu ihrem sehr geschützt liegenden Häuschen. Nils und Lisa finden es toll, denn Werner pflückt mit ihnen Kokosnüsse und Papayas, zeigt ihnen die riesige Spinne, die zwischen zwei Palmen ein imposantes Netz ge spunnen hat, und vom Strand aus begutachten sie die Riesenmuschel, die Werner sich als *Haustier* hält und gegen die Begehrlichkeiten der tonganischen Fischer verteidigt. Derweil sitzen wir mit Elke bei Kaffee und Kuchen, alles sehr deutsch, und durch die Gespräche zieht sich ein feiner, trauriger Faden Einsamkeit. Sie sind die Fremdheit hier nicht los geworden, leiden unter der Isolation und der Enge der tonganischen Familienverbände, in die sie nicht aufgenommen werden. Eigene Familie und Enkelkinder sind weit, und sie bleiben Fremde im Paradies, begierig auf Begegnungen mit den gelegentlich vorbei ziehenden Seglern.

Nach ein paar Tagen wird uns der Kontakt zu beklemmend, die Einsamkeit der Beiden schlägt uns aufs Gemüt, und wir machen einen weiteren Hüpfer nach Ankerplatz Nr. 7, und hurra, da ist die BRAVO!

Das ist genau die Medizin, die wir jetzt brauchen, denn nach der etwas traurigen deutschen Begegnung ist diese lebenslustige brasilianische Familie auf ihrem chaotischen Riesenkatamaran genau das Richtige.

Ricardo veranstaltet ungefähr jeden Abend ein Barbecue, zu dem er großzügig den ganzen Ankerplatz einlädt und mit feinstem Rinderfilet aus Uruguay versorgt, denn schließlich würden da die Rinder immer auf der Weide sein und das gäbe das beste Fleisch. Seine Frau Claudia hält derweil drinnen im Salon zusammen mit ihrer ältesten Tochter Lygia Hof. Die soll später mal das Familienbauunternehmen weiterführen und ist schon ganz frühreife Dame. Gelassen erklärt sie mir, dass es zwar Favelas in Brasilien gäbe, die Menschen dort aber freiwillig leben würden, denn schließlich lägen diese meist in

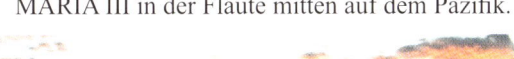

Unruhige Ankerbuchten auf den Marquesas.

MARIA III in der Flaute mitten auf dem Pazifik.

Nils hat das Kommando.

Frisch gestrichen in Raiatea.

Südseeschönheit in Huahine.

Französisch Polynesien. Ankerplatz in Tahaa.

Morgenstimmung in Tahaa.

Bei acht Beaufort auf dem Weg nach Tonga.

Stilleben mit Mülltonne. Neiafu, Tonga.

Nuku. Unser Lieblingsankerplatz in Tonga.

Nuku hat den schönsten Spielplatz der Welt.

Nuku. Winzig in der Weite des Pazifik.

Buckelwale kommen zu Besuch.

Riesenmuschel eingegraben.

Riesenmuschel-Kinderspielzeug.

In den neuseeländischen Alpen.

Wahrzeichen Neuseelands und der erste Schnee für unsere Kinder.

Neukaledonien. Île des Pins.

Marktfrauen in Neukaledonien.

Papayas, und sonst nicht viel.

den besten Lagen an den Hängen über der Stadt. Giovanna, ihre pubertierende Schwester, taucht nur manchmal von ihrem Walkman auf und findet das ganze Seglerleben eher etwas uncool, während Ricardinio mit seinen zwölf Jahren das Leben auf einem Boot offensichtlich sehr zu schätzen weiß. Begeistert rast er mit dem mit 25 PS üppig bestückten Dingi über die Lagune, geht surfen und tauchen, und hält alle mit seiner Energie auf Trab. Dudu rundet das Familienensemble ab. Er ist ein winziger weißer Hund, der es liebt, unsere Kinder immer wieder mit seinen heftigen Bellanfällen zu Tode zu erschrecken. Abend für Abend feiern wir eine rauschende Party nach der anderen, lernen viele neue Segler kennen, und lassen uns von der fröhlichen Ignoranz und Lebenslust dieser liebenswerten Menschen anstecken.

Am Funk wird zu einer *Piratenparty* auf Ankerplatz Nr. 30 eingeladen. Der liegt hinter einer kleinen, recht bergigen Trauminsel weit draußen am Außenriff. Der Weg dorthin führt uns durch eine wahre Farborgie: über einen tiefblauen Himmel gleiten wie weiße Wattebäuschen die Passatwolken. Smaragdgrün liegen die Inseln gesäumt von einem Halsband aus hellem Korallensand. Weiß schäumend die Brandung vom Riff, und dahinter rötlich-braun die Korallen im seichten Wasser. Von hellgrün, über alle Abstufungen der Türkisskala bis zu Dunkelblau reicht dann die Farbenpracht. Es ist, als würde die Sonne von unten aus dem Meer heraufleuchten, und uns auf dieser leuchtenden Intensität schweben lassen. In der Seekarte, die noch auf der Vermessung der Inseln durch eine britische Fregatte von 1848 basiert, ist der Weg durch die Riffe genau verzeichnet. Aber offensichtlich haben sich die in der Karte vermerkten Tonnen selbstständig gemacht, und wir müssen uns unseren Weg anhand der Farbschattierungen selber suchen. Ich stehe auf halber Masthöhe im Rigg und rufe Carola die Richtung zu. Sie ruft mir die Wassertiefen herauf, die sie vom Echolot abliest. Ab vier Metern bekommt ihre Stimme eine dringliche Note, die Zweimetermarke kann ich deutlich am Tonfall leiser Panik erkennen, schließlich ist eine Grundberührung hier draußen zwischen den Korallen fatal.
Aber wir haben Glück, und nach einer etwas stressigen halben Stunde haben wir die Passage hinter uns und segeln durch einen türkisfarbenen Traum zu Ankerplatz Nr. 30. Es wird ein wildes Fest, denn Bier, Wein und Blut fließen in Strömen. Alle haben sich in bunte

Kostüme geworfen. Es gibt eine Schnitzeljagd mit einer Schatzkarte, und oben auf dem Gipfel des höchsten Berges der Insel graben die Kinder ihn aus. Die darin enthaltenen Luftballons und klebrigen Süßigkeiten sind nicht ganz stilgerecht, aber alle haben Spaß, und bald sitzen wir gemütlich um ein Lagerfeuer, während zwischen den Palmen die Sonne im Meer versinkt.

Lautes Geschrei schreckt uns aus der romantischen Stimmung. Lisa ist beim Klettern auf den scharfkantigen Felsen gestürzt und ein kräftiger Blutstrom ergießt sich aus einer klaffenden Wunde auf ihrem Scheitel.

Wir hasten mit ihr auf meinem Arm so schnell wir können den Pfad durch den Dschungel hinab zu unserem Dingi. Nils darf während der Operation auf die YARA, denn wir sind auch ohne seine nervösen Fragen schon aufgeregt genug. Lisa hält sich sehr tapfer und es sind offensichtlich vor allem die Eltern, denen das großzügig strömende Blut ihres Kindes an die Nieren geht. Zurück an Bord macht Carola die OP-Schwester, während ich meinem Kind die Haare rund um die Wunde rasiere, alles in Jod bade, und dann den Schnitt mit vielen Klammerpflastern verschließe. Nichts entzündet sich, und wir haben wieder mal Glück gehabt!

Der Kalender mahnt uns zur Weiterreise. Es ist bereits der 14. Oktober, und im November beginnt hier die Hurrikansaison. Zusammen mit der MAGNUM machen wir uns auf zur weiter südlich gelegenen Ha'apai Gruppe.

Wegen der unzähligen Riffe müssen wir uns sputen, denn nachts ist es nicht ratsam, sich dort zu bewegen. Das scheint einer der Gründe zu sein, dass viele Yachten gleich einen großen Bogen um dieses Gebiet machen, wir aber wollen wieder mal etwas Einsamkeit nach all dem Trubel. Da kommt uns die winzige Insel Ofolanga gerade recht. Sie hat nur eine Delle im Ringriff mit einem kleinen Sandfleck, auf dem gerade so eben unsere zwei Boote Platz zum Ankern finden. Die Insel ist unbewohnt, und wir machen uns neugierig ans Entdecken. An einer Seite können wir alte Siedlungsspuren erkennen. Da ist ein Stückchen Urwald gerodet worden, jemand hat Gartenbau betrieben, aber alles ist verlassen, und die Wildnis verleibt sich die Gärten unerbittlich wieder ein. Unsere Versuche, ins Innere vorzudringen, scheitern kläglich an undurchdringlichem Dschungel, so machen wir einfach einen langen Spaziergang um die ganze Insel.

Nils sammelt begeistert Kokosnüsse und schleppt sie kilometerweit, um sie an *unserem* Landeplatz aufzuhacken. Wir sammeln Holz und machen ein Feuer. An langen von den Kindern selbst zugeschnittenen Spießen wird Stockbrot über der Glut geröstet. Dazu gibt es frische junge Kokosnuss, von denen unsere Kleinen nie genug bekommen können, und wir fühlen uns wie echte Nomaden.

Außer der MAGNUM treffen wir auf unserem weiteren Weg durch die Ha'apais noch die VADIS. Jon, Genevive und ihre zweieinhalbjährige Tochter Skye sind auf dem Weg von England in Genevives Heimat Neuseeland. Sie reisen auf einer über dreißig Jahre alten neun Meter langen Yacht, die trotz der fast gleichen Länge wie unser LASSE winzig erscheint und in beklagenswertem Zustand ist. Wir bewundern sie sehr, und unser Boot kommt uns neben der VADIS wie ein Luxushotel vor, denn im Augenblick haben sie auch noch Besuch von Marc und Wendy und deren zwei kleinen Kindern, die mit ihnen den Trip von Vava'u bis nach Tongatapu segeln. Wir sind schwer beeindruckt, denn zwei Wochen mit vier Erwachsenen und drei Kindern an Bord auf so einem winzigen Schiff zu reisen, würden wir uns nicht zutrauen.

Trotz der Enge schaffen es Jon und Genevive in diesen zwei Wochen, wieder schwanger zu werden, wie uns Jon später verschmitzt erzählt.

Marc ist auch Neuseeländer und wie Jon ein echter *Outdoor Freak*. Sie kennen viele kleine Kniffe und Tricks zum Überleben in der Natur, und staunend beobachten Nils und ich, wie Jon eine Kokosnuss ohne Messer oder Machete auf altpolynesische Art mit einem in die Erde gerammten spitzen Stock öffnet. Außerdem kann Jon einen echten Haka, was ein Maori-Kriegstanz ist. Nils und er stehen am Strand und klopfen sich rhythmisch auf die Schenkel, während sie die Möwen mit dem laut heraus gebrüllten: "Kamate, Kamate, Kaora, Kaora" erschrecken. Lisa ist ganz begeistert von der kleinen Skye, und ihr Verhalten sinkt sofort auf den Stand einer Dreijährigen ab. So können die zwei herrlich Unsinn machen und uns Große damit wunderbar nerven.

Es ist ein echtes Phänomen, wie Lisa wie ein Schwamm den Tonfall und das Verhalten anderer Kinder augenblicklich aufnehmen kann. Seit sie mit Kara von der MAGNUM viel gespielt hat, spricht sie mit deutlich amerikanischem Akzent.

Als Marc und Wendy erfahren, dass wir auch nach Neuseeland segeln wollen, fragen sie uns, ob wir denn dort schon Freunde hätten? Nein? Spontan kommt ihre Antwort: "Dann sind wir jetzt eure Freunde dort".

Wir dürfen ihre Postadresse an unsere Freunde weitergeben, und sie laden uns herzlich in ihr Haus ein. Ihre offene und großzügige Haltung und ihr Interesse an anderen Menschen berühren uns sehr, und als wir sie später in Neuseeland besuchen, sind wir beeindruckt von ihrem unkonventionellen Lebensstil.

Um sich ein Haus selbst zu bauen, hatten sie sich eine mit Wellblech verkleidete Fertiggarage auf das traumhaft über der Nelsonbay gelegene Grundstück gestellt. Dort wollten sie provisorisch während der Bauzeit leben. Das einfache Leben in diesem *Blechhaus* mit Komposttoilette im Garten, Regenwasserdusche und kleinem Holzofen hat ihnen aber so gut gefallen, dass es zum eigentlichen Hausbau nie gekommen ist. Als die Kinder größer wurden, schuf ein angebauter Bretterkasten genug Raum für ein Kinderzimmer und der ehemalige Bauplatz wurde zu einem herrlichen Wildgarten umfunktioniert.

Starker Südwestwind hält uns noch auf dem Ankerplatz fest, während die VADIS beschließt, über Nacht nach Tongatapu, der *Hauptstadt* Tongas, zu segeln. Sie haben Zeitdruck, denn Marc und Wendy müssen ihren Flieger erwischen, und wir wünschen ihnen viel Glück für diesen ungemütlichen Törn.

Zwischen unserem Ankerplatz und Tongatapu liegt noch eine kleine Insel mit einem durch Riffe geschützten Ankerplatz. Über Funk fragen wir in die Runde, ob dort eine Yacht liegt und uns sagen kann, wie die Bedingungen im Pass sind und tatsächlich erhalten wir eine Antwort. Alles *easy* versichert man uns, und wir brechen auf. Der Wind hat nachgelassen, aber als wir am frühen Nachmittag die Insel erreichen, steht in der Einfahrt eine hohe Grundsee. Riesige Brecher türmen sich zu beiden Seiten über dem Riff auf, und die drei vor Anker liegenden Yachten rollen dahinter unruhig im Schwell. So unterschiedlich kann man easy also interpretieren.

Die Mannschaft grummelt unwillig, als ich die Passage für zu gefährlich erkläre und verkünde, dass wir nun über Nacht nach Tongatapu weitersegeln werden. Das wird auch nicht besonders lustig, denn wir kommen mitten in der Nacht an, und keine Fahrwassertonne ist an ihrem in der Karte verzeichneten Platz. Glücklicherweise sind wir in Lee der Insel und haben keine Welle, so tasten wir uns mit Radar und Echolot durch die Fahrrinne bis zum Yachtankerplatz hinter Pangaimotu.

Aus einer Rundmail:
*01. November 2007*

*[...] Wir sind wohl auf und freuen uns sehr auf Neuseeland und endlich mal keine Palmen und Dschungel!!! Nils und Lisa sind glücklich, weil auf dem Ankerplatz auch ihre Freundin von der MAGNUM ist und sie viel zusammen unternehmen können, falls der Wind nicht so stark ist, dass sich niemand ins Beiboot traut.*
*Wir waren neulich auf einer Tonga-Party, mit Barbecue, Tanz und Gesang, und seitdem verkleiden sich beide als Tongakrieger und erschrecken uns mit wilden Kriegstänzen. Nebenbei lernen sie in wildem Kauderwelsch zu erzählen. Das geht munter gemischt aus Deutsch, Englisch und Pillarealsrussisch, und vorbei sind die Zeiten, wo Carola und ich uns auf Englisch kurz mal absprechen konnten, wenn die Kinder nicht alles mitbekommen sollten. Dazu ist ihr Englisch mittlerweile zu gut. The parents are not so amused... But never mind.*
*50 Yachten liegen mittlerweile in Nukualofa vor Anker und warten auf ein sogenanntes "Wetterfenster", um nach Neuseeland zu segeln, was ja für die meisten Yachten (ca. 80% Amerikaner) der erste große Trip raus aus dem Passatgürtel ist. Sie sind entsprechend unsicher, versuchen mit Internet und Wetterrouting alles richtig zu machen, und stecken dabei sich und alle drum rum mit ihrer Nervosität an! Nun ist es schlicht unmöglich, selbst in der Passatzone einen zuverlässigen Wetterbericht zu bekommen, der mehr als zwei bis drei Tage in die Zukunft geht. Nach Neuseeland segelt man aber mindestens sieben bis acht Tage. Da ist also viel Raum für herrliche Spekulationen und Theorien. Dazu regnet es sehr ausgiebig und der Wind pfeift motivierend mit Sturmstärke über den Ankerplatz. Als Urlaubsziel ist Tonga im Augenblick nicht gerade zu empfehlen. Die paar Touristen, die es hierher verschlagen hat, sehen dementsprechend bleich und deprimiert aus.*
*Als wir losfahren, mit nur einer anderen "mutigen" Yacht zusammen, raunt es von den umliegenden Booten: Ihr seid ja mutig, mit Kindern, bei dem Wetterbericht, etc... was übersetzt wohl heißen soll: Seid ihr bescheuert und wollt eure Kinder umbringen?*

*Klar gab es da einen lokalen Wetterbericht, der "damaging seas" für die Gewässer um Tonga vorhergesagt hatte, aber wir trauen doch lieber dem Wetterbericht aus Neuseeland, der meint, das gehe in Ordnung, aber wir sind trotzdem etwas beklommen. Außerhalb der Lagune ist dann leider kaum Wind und der Seegang auch nicht höher als ein Meter. Also motoren wir fröhlich drauf los.*

*Der Tross der 48 anderen Yachten kommt am nächsten Tag hinterher motort, als wir bereits mit gutem Wind schon auf und davon sind. Letztlich erreichen wir dann alle zusammen Neuseeland, was uns natürlich etwas stolz macht, sind wir doch so viel kleiner als all die 44 Füßer. Über Funk hören wir unterwegs schreckliche Schauergeschichten, was für wildes Wetter sich über Neuseeland zusammenbrauen würde, und tatsächlich kehren doch einige Boote um und motoren (da sie ja keinen Wind hatten) zurück Richtung Tonga, um dem vorhergesagten Starkwind zu entgehen. Wir holen uns via Bruder Daniel und Satellitentelefon eine beruhigende Einschätzung. Schließlich braucht man ja auch etwas Wind zum Segeln, denn wir können nicht wie der Durchschnittsamerikaner von Tonga nach Neuseeland motoren, und so segeln wir weiter. Die Umkehrer brauchen dann zur Strafe sechs Tage länger.*

Zu Besuch bei Skye auf der VADIS.

*Die erste Woche in Neuseeland sind wir völlig high. Endlich aus den Tropen raus! Ihr glaubt ja gar nicht, wie ermüdend das da war! Wir haben es erst realisiert, als wir hier in nahezu europäischem Klima plötzlich wieder mit acht Stunden Schlaf statt der bisher dringend notwendigen zwölf auskommen! Herrlich. Endlich kann man wieder was machen! Mein herzliches Beileid gilt allen Menschen, die sich ihren Wunschtraum vom Heim auf einer einsamen Tropeninsel erfüllt haben und nun schwitzend und apathisch unter ihrer Palme hocken und warten, dass die Nüsse vom Baum fallen, denn Hochklettern ist echt viel zu anstrengend. Hier spüren wir wieder so etwas wie Arbeitsimpulse! Echt klasse! Ich habe sogar schon von Baustellen geträumt! Carola hat darum auch entschieden, dass wir versuchen sollen, hier zu bleiben und ich mir doch bitteschön einen Job besorgen soll, damit wir die Kinder zur Schule schicken können.*

*Aber im Ernst: dat is so scheun hier, dass wir schon nach einer Woche eine ganze Foto-CD voll haben. Egal wo man hinfährt, alles ist überaus fotogen und eindrucksvoll. Nur die Häuser leider nicht. Da hat die schöne Umgebung irgendwie nicht abgefärbt: sind alles fantasielose Holzkisten. So etwa wie dänische Ferienhaussiedlungen (sorry liebe Dänen, aber ihr habt ja dafür schöne Städtchen).*

*Toll ist dagegen, dass man beim Wandern in der Natur von anderen Menschen immer gegrüßt wird, und zwar richtig mit Angucken und Anlächeln und ein paar Worte wechseln. Echt ungewohnt für uns klemmige Deutsche.*

*Schwierig dagegen ist es hier in Weihnachtsstimmung zu kommen! Es ist halt Frühling, und das unübersehbar! Alles duftet und blüht und sprosst und quillt über. Na ja, und abends hat es bis zehn Uhr wunderbare Dämmerung, was auch nicht zur inneren Einkehr verlockt. Aber wir schaffen das schon!*

*Falls jemand aber ein klassisches Keksrezept weiß, so eines mit dem man Lebkuchensterne und den Standard-Keksteller-Kram zum Ausstechen backen kann, dann wären wir dankbare Leser solcher Tipps, da die guten Neuseeländer scheinbar alles aus Shortbreadteig, oder einem Zeug, das sie Fudge nennen, machen. Und dieses Fudge-Dingens ist wirklich oberekelig (geschmolzene Lakritz mit viel Mehl, Zucker und Sikaflex scheinen die Bestandteile zu sein)!*

*Unsere Pläne sind noch sehr vage und wie immer vom Wetter bestimmt. Im Moment suchen wir uns ein stilles Plätzchen für Weihnachten: vorzugsweise auf dem Weg runter an der Ostküste der*

*Nordinsel. Gleichzeitig sind wir natürlich auf Jobsuche, schauen uns Waldorfschulen und andere interessante Plätze an und halten uns offen für das Glück und andere Gelegenheiten!*

*Alles zusammen genommen ein volles Programm, und am Boot sollten wir auch etwas machen, und das Visum gilt nur bis Ende April, und wenn ihr uns besuchen kommen wollt, hätten wir auch nichts dagegen, denn einmalig ist es hier auf jeden Fall!*

*Schöne Weihnachten und genießt die Dunkelheit für uns mit, wir vermissen euch schrecklich!*

*Liebe Grüße von Lisa, Nils, Carola, Ben, LASSE mit Motor und allem drum und dran!*

# Neuseeland - Land der Träume und Sandfliegen

Aus einer Rundmail:
*05. Februar 2008*

*Hello to all of you around the world... I am really sorry, but I have to write this mail in english, what means at least I try to write in english and I apollogise for all the mistakes and wrong written words and hope that you can make out the sense between all the mistakes! We got a new home! It is called Gracia, is ten years old and is originally from Japan. It is a Toyota stationwagon, what you call in Germany a Kombi. Some nice friends in Tauranga lend us a tent, and we tried to sleep in that because it is very large and comfortable, but after a few tries we figured out that we are much more happy when we all sleep in the cramed car! The children in the trunk, so they can't roll over the parents because they are separated by the backseats. We sleep in the cosy front seats and we do well now for nearly three weeks. Well, actually we are really lucky whith the weather! It rained only two days, and most of the time we had an extraordinary beautyful New Zealand summer! Thanks a lot to the weather gods!! We travelled all around the south island, sometimes more in the car than outside, even when it was in the most outstanding landscape you can imagine and the reason is: THE SANDFLY!!!! Don't know why they call them Sandfly because they are everywhere! In the bush, in the jungle, on top of the mountains, and they like to sleep in the car too! They are severe biters, and the only way to avoid them is to keep moving. So we had sometimes breakfast walking around in the morning cold, waiting for the sun to start, and the wind to blow them away.*
*But we have a great time and meet lots of nice people, and went near two glaciers and near mount Cook and Nils and Lisa are really happy to live in a car now, because it is much more adventurous than living in a ordinary sailing boat! Now we are in Golden Bay, Top of Southisland, trying to spend a few more days here before we go back to our most loved and missed LASSE in Tauranga! We hope you are all well and enjoing your live and don't laugh to much over my rude english! I speak better, than I write. Really!!! Lots of love from all of us and keep save,*
*Ben and Crew.*

Neuseeland ist für uns ein langer wunderbarer Traum. Reisen mit dem Auto macht süchtig, denn wo man in Deutschland hundert Kilometer durch eine einzige gleichförmige Landschaft fährt, wechselt hier die Szenerie alle halbe Stunde. Wir machen im Zeitraffer eine Reise durch nahezu alle Landschaften dieser Erde: Sanfte Hügel und Kiwiplantagen begleiten uns, als wir in der Morgendämmerung von Tauranga an der Pazifikseite der Nordinsel aufbrechen.

Die Hügel werden steiler und unbewaldet, erste Felsen ragen aus der Grasdecke hervor, und die Straße windet sich durch ein enges Tal auf ein Hochplateau. Geysire schießen zischend aus Schlammlöchern; ein reißender Fluss jagt durch einen engen Canyon. Seine milchigen Wassermassen stürzen tosend über eine Stufe in die Tiefe. Das satte Grün wird fahl, mehr gelblich, und ein riesiger See blinkt sanft zwischen weiten Bergen. Die Farnwälder machen Kiefern und Eiben Platz, und wieder eine halbe Stunde weiter halten wir für eine Frühstückspause am Fuße eines 2800 Meter hohen Vulkans. Die Straße windet sich in endlosen Kurven über ein Lavafeld, das von der Erosion in unzählige kleine Schluchten zerfressen wurde. Zwanzig Kilometer weiter schwingt die Straße am Rande eines tiefen Canyons entlang. Ein Fluss hat sich stufenweise immer tiefer in das weiche Gestein gegraben, und auf den so entstandenen Terrassen weiden jetzt riesige Schafherden. Früher war dies alles von dichtem Wald bedeckt, und die jetzt nur noch mit gelblichem Präriegras kahl und unwirtlich aussehenden Hügel erinnern uns an erstarrte Ozeanwellen. Noch eine halbe Stunde und eine große landwirtschaftlich intensiv genutzte Ebene weiter, sind wir wieder am Meer.

Vor uns erstreckt sich die Tasmansee bis nach Australien. Wir fahren nun durch dicht besiedeltes Gebiet, denn der schmale Streifen fruchtbarer Erde zwischen Ozean und den schroff aufragenden Hügelketten der Tararua Range ist voller Gärtnereien und Obstwiesen. Am Nachmittag sind wir schon in Wellington. Sehr englisch schmiegen sich die hübschen Cottages an die steilen Hügel, die sich um einen natürlichen Hafen lagern. Gar nicht so einfach einen Platz zum Wildcampen zu finden, denn wir wollen die Fähre ganz früh am nächsten Morgen erwischen. Hinter dem Flughafen entdecken wir einen einsamen Strand, der uns sehr an Lanzarote erinnert. Wenige Meter hinter der Stadtgrenze beginnt die Wildnis. Schwarze Klippen fallen aus mehreren Hundert Metern steil und zerklüftet in die tosende Brandung der Cookstrait. Der Wind faucht und rüttelt am

Auto. Er wirbelt das Wasser zu hohen Gischtfahnen auf und bläst sie weit aufs Meer. Niemand hat Lust, das Zelt aufzubauen und so verbringen wir unsere erste Nacht in der Geborgenheit unseres Kombis. Die Fähre bringt uns auf die Südinsel in eine neue Welt. Dichte Tannen- und Birkenwälder wecken nordische Gefühle. Hier ist es noch einsamer, noch dünner besiedelt und die Natur noch spektakulärer. Eine Salzwüste gleitet vorbei, zur Linken leuchtet tiefblau der Südpazifik, zur Rechten schwingen sich kahle grasbewachsene Hügel in immer größere Höhen bis ihre letzte Kette in scharf gezackten Felszinnen ausläuft. Dahinter grüßen majestätisch die Schneeberge der Southern Alps.

Aber die Südinsel hält für uns neben der unvergleichlichen Landschaft auch berührende Menschenbegegnungen bereit. In Christchurch treffen wir wieder auf John, Genevive und Skye von der VADIS. Unsere Kinder sind zu Skyes zweitem Geburtstag eingeladen, und das wird ein lustiges Ereignis, denn wir sind in keiner Weise richtig vorbereitet. Die Party findet bei Genevives Eltern statt, die in einem sehr feinen Stadtviertel leben. Protzige Villen sitzen in üppigen kleinen Parks. Kanäle durchziehen das ganze Viertel, und alles atmet solide englische *upperclass*. Natürlich sind wir *completely out of place* in unseren verwaschenen Seglerklamotten. Auch das Campieren im Auto mit gelegentlicher Katzenwäsche in einem eiskalten Bach trägt nicht unbedingt positiv zu unserem Erscheinungsbild bei. Die anderen Gäste sind alle well dressed, Kinder wie Eltern, und schauen etwas besorgt, als wir auftauchen. Die Kinder stört es nicht, sie spielen auch mit nicht so fein gekleideten Leuten, und bald sind eh alle über und über mit eklig süßem neuseeländischem Kuchenschlamm bedeckt. Skyes Großmutter ist eine echte Lady und trägt die temporäre Verwüstung ihres Hauses mit Fassung, während die Eltern der anderen Kinder etwas verklemmt mit uns Konversation versuchen. Sie sind Banker und Ähnliches, alle sehr gepflegt und schick und geben sich große Mühe, uns deutsche Zigeuner in ein höfliches Gespräch zu verwickeln. Was John, Genevive und wir gemacht haben, finden sie *extremely courageous* und a *great adventure*, aber verstehen können sie den Impuls dazu nicht. Wir haben Verständnis, dass wir nicht eingeladen werden, unser Zelt auf dem makellosen Rasen für die Nacht aufzustellen, und so verlassen wir die glamouröse Welt, um auf einem nüchternen Parkplatz am Stadtrand zu schlafen.

Wir besuchen Mount Cook, den höchsten Berg Neuseelands, der uns mit eisigen Winden und Schneefall empfängt, und queren die Southern Alps zum Westland hinüber. Die gletscherbedeckten Gipfel der Dreitausender münden in atemberaubendem Schwung zwischen den regengetränkten Riesenfarnurwäldern, der Heimat der letzten frei lebenden Kiwis. Dahinter kommt der Strand.

In Okarito beherbergt uns ein idyllischer Campingplatz für einige Tage. Als Nachbarn haben wir eine freundliche Kiwifamilie. Um uns Farne und echte Kiwis, die nachts in den Wäldern rufen. Ein kleiner Weiler mit schrägen Leuten, die ihr eigenes Sandfliegenschutzmittel herstellen, das tatsächlich für die lokal ansässige Population der Biester zu wirken scheint. Eine Lagune mit Sandzunge ins Meer, einem endlosen Strand und hinterm Horizont Australien.

Unsere netten Nachbarn laden uns zu einer Kiwi-Grillparty für die Kinder ein. Am Strand sammeln wir Treibholz und entfachen ein romantisches Feuer. Die Kinder sind begeistert dabei, suchen lange Stöcke zum Grillen. Und was soll es geben? *Marshmallows*, eine neuseeländische Spezialität, ist die Antwort. Klingt suspekt, aber nur keine Vorurteile. Die Sonne wirft einen goldenen Schimmer über unser Idyll während sie effektvoll im Meer versinkt. Begeistert stecken die Kinder die weiß-rot gestreiften Schaumgummiwürste auf die zurechtgeschnitzten Spieße. Es gilt die Dinger von jeder Seite gleichmäßig braun zu rösten, bis sie zu schmelzen beginnen. Man isst das Geschmolzene ab, bevor es ins Feuer tropft und röstet weiter. Zuckersüß und für unseren Geschmack extrem amerikanisch. Aber wir haben alle Spaß, auch wenn mir persönlich Grillwürste mehr liegen. Schön war's trotzdem! Und vielen Dank auch für die Einladung!

Wir folgen einer kleinen Nebenstraße, die sich von Westport abseits der Touristenroute bis zum Beginn des Kahurangi Nationalparks schlängelt.

Beim Durchfahren eines der vielen fast verlassenen alten Goldgräberdörfer sehe ich aus dem Augenwinkel eine Szene am Straßenrand wie aus einem alten Western: Vor einer aus Brettern fantasievoll zusammengehämmerten Bude sitzt ein alter Indianer vor einem Glas Bier. Über seinem mit langen grauen Strähnen bedeckten Vogelkopf schwingt ein verwittertes Holzschild mit dem kaum noch leserlichen Namen der Bar im Wind: *Granity Inn*.

Wir wenden und fahren auf den verlassenen Parkplatz. Ein Schild im Fenster annonciert, dass die Bar zum Verkauf steht. Schade eigentlich, denn der Besitzer hat mit viel Liebe aus Strandgut, alten Fässern und kleinen Wägelchen aus dem alten Granitsteinbruch eine sehr urige Atmosphäre geschaffen. Es gibt eine kleine Bücherecke, und sogar ein Computer mit Internetzugang ist vorhanden. Nur Gäste fehlen offensichtlich, denn mit den wenigen hier noch lebenden Farmern ist kaum ein Geschäft zu machen, und der große Strom der Touristen verirrt sich nicht hierher. Der Slogan auf dem T-Shirt des Wirts bringt die Situation auf den Punkt: "I lost my sanity in Granity."

Von Nelson, dem wirtschaftlichen und kulturellen Zentrum im Norden der Südinsel, führt noch so eine Sackgassenstraße zum westlichsten Zipfel. Vorbei am Abel-Tasman-Nationalpark windet sich die Route in endlosen Kurven über einen hohen Pass. Dahinter liegt in einem von einem Gletscher hufeisenförmig ausgehobelten weiten Tal, Golden Bay. Atemberaubend ist der Blick über die liebliche Talsohle bis zum Strand, der sich über endlose Meilen in perfektem Halbbogen bis weit hinaus zum Farewell Spit erstreckt, wo er in einer fünf Meilen langen Sandzunge im Meer verläuft.
Die Kinder können sich ausschütten vor Lachen über die leicht anzügliche Namensfolge, denn hier hören die Dörfer auf die schönen Namen *Mutupipi* und *Onekaka*.
In Takaka, dem Hauptdorf des Tals, werden wir von Erika adoptiert. Sie ist Friseuse aus Österreich, hat ein schönes altes Holzhaus gemietet und stellt uns großzügig zwei Zimmer, ihren Computer und den Garten zur Verfügung.
Nach drei Wochen Autocamping sind wir glücklich über echte Betten und eine heiße Dusche. Nils gräbt mit Begeisterung und Ausdauer in Erikas Garten nach Kartoffeln, Lisa darf Erikas sehr umfangreiche Schuhsammlung ausprobieren und stöckelt, ganz feine Dame, auf *High Heels* der Größe 43 durchs Gebüsch. Abends machen wir ein Feuerchen, grillen Nils' Kartoffeln und einige Fische, die uns Genevive vom Internetcafé in Takaka geschenkt hat, und lauschen Erikas wilden Geschichten über die Menschen in Golden Bay.

Eine märchenhafte Dünenlandschaft mündet in der Sandzunge hinter Farewell Spit. Ein kleines Café auf einer Hügelkuppe überblickt die atemberaubende Landschaft. Jedes Jahr sterben im flachen Wasser hinter der Landzunge Wale, die hier aus unbekannten Gründen stranden. Eine Fotodokumentation an den Caféhauswänden informiert über die möglichen Hintergründe dieses Phänomens. Die Erklärungen reichen von Verschmutzung der Meere, über Sonarwellen, welche die Tiere in ihrem Orientierungssinn beeinträchtigen, bis zu der Theorie, dass die Wale sich als Zeichen für die Menschen und ihren sorglosen Umgang mit der Erde hier töten würden. Welche Version zutreffend ist, können wir nicht entscheiden, auch wenn wir persönlich die Legende der Maoris sehr überzeugend finden, nach der die Wale zum Sterben hier her kommen, weil es einfach so schön ist.

Campervans in Neuseeland.

Auf dem Rückweg besuchen wir Marc und Wendy in ihrem Blechhaus, nehmen dankbar unsere bei ihnen gesammelte Post in Empfang und dann hat Carola noch einen Programmpunkt: Sie will dringend die *Outward Bound* Schule in Anakiwa besuchen. Eine in den 1960er Jahren von Kurt Hahn initiierte Einrichtung, die sich zum Ziel gesetzt hat, Menschen durch Grenzerfahrungen in der Natur an ihr eigentliches Potential heranzuführen.

Mir ist nicht ganz klar, was Carola da eigentlich sucht, denn außer, das John und Marc dort als Lehrer gearbeitet haben, wissen wir nichts weiter über den Ort, und nur zögerlich lasse ich mich von Carola auf die gewundene Straße nach Anakiwa lotsen. Etwas scheu wandern wir über das weitläufige Schulgelände direkt in die Arme von Colin. Freundlich fragt er uns, was wir denn suchen und als er erfährt, dass wir mit einem Schiff nach Neuseeland gesegelt sind, lädt er uns spontan zum Übernachten zu seiner Familie ein.

Wir verbringen einen intensiven Abend mit ihm und seiner Frau Alex. Sie sind beide vor ein paar Jahren aus Kanada hierher gezogen, um bei *Outward Bound* zu arbeiten, stecken voller Fragen und Neugier, und ihre fröhliche, zuversichtliche Ausstrahlung schlägt uns in ihren Bann. Was uns aber am meisten überrascht, ist ihr Interesse an unserer Reise. Oft haben wir die Erfahrung gemacht, dass nach dem ersten erstaunten: "was, soweit seit ihr schon gesegelt..." das Interesse schnell versiegt. Die Menschen wollen lieber von sich erzählen. Colin und Alex dagegen sind ganz fasziniert, holen eine an der Wand hängende Weltkarte herunter und fordern uns auf, doch jetzt unsere Reise von Anfang an zu schildern.

Es wird ein langer Abend, und für uns wird es eine sehr beglückende Erfahrung, unsere Reise zum ersten Mal in einem Stück vor ihrer wohlwollenden Anteilnahme ausbreiten zu dürfen. Wir fühlen uns reich beschenkt durch ihre Aufmerksamkeit und reisen am nächsten Morgen weiter, erfüllt von einer neuen Sicherheit, dass unser ganz persönlicher Weg sinnvoll ist. Die Unsicherheit, wie es weiter gehen soll, ist einer neuen Freude auf das kommende Wegstück gewichen. Europa ist unser nächstes Ziel, auch wenn es schmerzlich ist, sich von Neuseeland zu lösen. Doch wir spüren deutlich, dass wir nicht bereit sind, so fern unserer *Heimat* wurzeln zu schlagen. Wehmütig lassen wir das Zauberland der Südinsel hinter uns zurück, aber irgendwann werden wir wiederkommen, versprechen wir uns, und sei es zum Sterben am Farewell Spit!

Zurück auf dem LASSE geht es ans Vorbereiten der nächsten Etappe. Die Segel müssen zum Segelmacher, die Rettungsinsel zur Inspektion, und wir brauchen dringend einen Mastbeschlag für den Spinnakerbaum, denn der alte ist eine Fehlkonstruktion, die bei starkem Wind sehr gefährlich werden kann. Der Rigger wälzt sorgenvoll den dicken Katalog eines führenden Mastenherstellers. Ja, da gäbe es etwas, aber das sei furchtbar teuer und auch nicht wirklich ideal, aber er würde es mal aus Auckland kommen lassen, und dann könnten wir ja sehen. Als der Beschlag endlich da ist, wiegt er bedenklich den Kopf. Fünfhundert Dollar findet er einfach zu teuer, und dann könnte man das Ding ja noch aus etwas dickerem Material machen, dann würde es sicher länger halten. Das Original schickt er zurück und für 200.- Dollar bekomme ich von ihm eine verbesserte Kopie, die uns sicher um den Rest der Welt bringt.

Der Segelmacher sorgt für eine weitere positive Überraschung. Während der Arbeit an unserem alten Großsegel sind ihm noch einige Ideen gekommen, und so hat er weitere Verstärkungen aufgenäht und die Reffkauschen extra verstärkt. Auf der Rechnung finden sich diese Extras aber nicht wieder, denn das hätten wir ja nicht verabredet. Den Kasten Bier, den ich ihm als Dankeschön vorbeibringe, nimmt er nur im Tausch gegen eine Rolle seines kostbaren selbstklebenden Segeltuchs an.

Nach einem tränenreichen Abschied von Tauranga und all den Freunden, segeln wir wieder Richtung Bay of Islands. Plötzlich schwimmen winzige Pinguine um den LASSE. Sie sind nicht viel größer als Möwen und sehen aus wie ertrinkende Enten, denn nur der Hals guckt aus dem Wasser und ein Stückchen vom Schwanz. Als ich Nils und Lisa an Deck rufe, erklärt mir Nils nach einem kurzen Blick: "Papa, ich interessier' mich eigentlich nicht für Pinguine... ich bin interessiert in Schafe und Kühe!"

In der Bay of Islands schwelgen wir zum letzten Mal in selbstgesammelten Grünlippenmuscheln, wandern eine Abschiedsrunde über Urupukapuka Island, verabschieden uns von all den anderen Seglern, von denen wir viele nicht mehr wiedersehen werden und setzen Segel Richtung Neukaledonien. Der Wetterbericht ist gemischt: Südwest, fünfzehn Knoten, nachts in Böen auf 25 auffrischend, morgens Südost zwanzig Knoten, danach wieder fünfzehn. Das verspricht einen *frischen* Start, und so bricht außer uns nur noch die amerikanische PHOENIX von Paddy und Giff auf. Als wir die vertrauten Hügel zum letzten Mal vorübergleiten sehen, bricht Nils in lautes Weinen aus und ist lange untröstlich: "Ich sehn' mich schon nach Neuseeland seit ich ein Baby bin, und jetzt muss ich hier weg!!!"

# Sturmfahrt nach Neukaledonien

Es wird ein grässlicher Törn. Der Wind frischt immer mehr auf, dreht auf Ost. Am zweiten Tag wühlt LASSE sich tapfer durch ein wildes Meer. Es bläst mit mehr als sieben Beaufort, was wir auch ohne Windmesser gut daran erkennen können, dass wir drei Reffs im Groß und ein winziges Vorsegeldreieck oben haben und trotzdem noch sieben Knoten laufen. Da der Wind immer mehr von der Seite kommt und es in Strömen regnet, sind alle Luken geschlossen, und die Luft unter Deck wird eklig feucht und stickig. Alle sind seekrank, trotz Pillen, und hängen apathisch in den Kojen.

Als nach dem dritten Tag mit Sturm und hohem Seegang die Seekrankheit immer noch nicht überwunden ist, fangen wir an, uns Sorgen zu machen, denn eigentlich werden die Kinder nicht seekrank, und normalerweise helfen uns die Pillen. Was ist bloß los? Später stellt sich heraus, dass der schlaue Apotheker, bei dem Freunde für uns die nur in Deutschland erhältlichen Pillen gekauft hatten, einfach ein *Ersatzmedikament* eingepackt hatte, mit leicht abweichenden Wirkstoffen. So sind die Dinger gegen Seekrankheit wirkungslos und verschlimmern noch unseren Zustand. Wir reiten kotzend den Sturm aus. Ab und an quält sich einer von den Erwachsenen für einen Rundblick den Niedergang hoch, aber außer einem Frachter sehen wir nichts als steile, brechende Wellen, von deren Kämmen die Gischt in langen Fahnen abgeweht wird. Niedrige Wolken jagen über uns dahin, und der Regen rundet das deprimierende Bild ab.

LASSE verhält sich großartig. Gesteuert von der Aries nimmt er auch die dicksten Brecher gelassen, und seine Bewegungen sind sanft und ausladend. Manchmal bricht eine besonders hohe Welle über unsere Seite. Dann schießt grünes Seewasser über die Plexiglasluke im Kajütdach, ergießt sich ins Cockpit und läuft gurgelnd durch die Lenzrohre ab. Trotz unseres schlechten Zustands fühlen wir uns sicher und geborgen. Zumindest unser Schiff ist der Situation gewachsen.

Sechzig Meilen hinter uns hat PHOENIX dagegen Probleme. Sie ist ein extrem leichtes und schnelles Boot. 50 Fuß lang und mit einem schmalen Flossenkiel ähnelt sie mehr einer großen Jolle denn einem echten Fahrtenschiff. In einer besonders großen Welle wird sie platt aufs Wasser geworfen. Alles bleibt heil, und Paddy und Giff sind unverletzt. Aber sie fallen aus allen Wolken, als nach zwanzig Minuten die neuseeländische *Coastguard* über Funk fragt, ob sie Hilfe benötigen. Woher die wohl von ihrem Missgeschick wissen, wundern sie sich? Ja, alles OK, geben sie zurück. Die *Coastguard* bittet sie daraufhin höflich, dann doch ihre EPIRB (Notfallboje) abzuschalten. Der achtern montierte Radarmast wurde bei dem *knock down* unter Wasser gedrückt und die daran montierte EPIRB ausgelöst und unbemerkt fortgespült. Sie sollen die Boje bitte wieder einsammeln und abschalten. Zurück gegen acht Windstärken und dann ohne Peilgerät die Boje im aufgewühlten Meer zu finden, ist den beiden verständlicherweise zu viel. Die *Coastguard* macht daraufhin eine *Übung* aus der Angelegenheit und fischt die Boje mit einem Helikopter aus dem Meer. Per Post wird sie Paddy und Giff kostenlos nach Neukaledonien geschickt. Neuseeländischer Service eben!

Auf den Sturm folgt Flaute und das ist fast genauso schlimm, denn nun wird LASSE hilflos von den sich einfach nicht beruhigen wollenden Wellen herum geworfen. Die Segel schlagen zum Erbarmen und wir sind voller blauer Flecke, denn die Schiffsbewegungen werden immer ruppiger. Nach drei weiteren Tagen hat sich das Meer endlich beruhigt, eine leichte Brise kommt auf, und wir segeln dankbar die letzten hundert Meilen nach Noumea, der Hauptstadt Neukaledoniens.


Wir sind alle sehr erleichtert, als diese Reise zu Ende geht. Am Steg in Noumea treffen wir PHOENIX wieder, und Paddy backt zur Feier eine amerikanische Torte. Die ist so süß, dass selbst die Kinder nach einem Stück keinen Appetit mehr haben, und am Abend liegen wieder alle kotzend in der Koje. Erst später dämmert uns, dass da ja wohl ein Zusammenhang zwischen Zucker und Kotzen zu bestehen scheint. Als wir Hans, dem deutschen Zahnarzt und Fahrtensegler auf der Île de Pins, unsere Symptome schildern, diagnostiziert er *Giardia Lamblia*, eine durch infiziertes Wasser weit verbreitete Darmkrankheit. Durch Zuckerkonsum vermehren sich die Lamblien und verursachen Symptome ähnlich der Seekrankheit. In Neuseeland sind viele Flüsse und Seen mit Lamblien verseucht, und wir hatten versucht, dort entsprechend vorsichtig zu sein. Vermutlich haben wir die Erreger aber wohl schon aus Tonga mitgebracht. Dort wurde unter den Seglern über Funk das Gerücht verbreitet, man dürfe ja kein Wasser aus dem öffentlichen Netz bunkern, da es verunreinigt sei, so haben wir für viel Geld abgepacktes Flaschenwasser getankt. Seitdem waren wir extrem anfällig für *Seekrankheit*, vor allem wenn wir uns mit Schokoriegeln und ähnlichem durch die Nachtwachen gefuttert hatten. Wir versuchen, die lieben Tierchen durch eine zehntägige Reis-Zitronen Diät auszutreiben, nehmen am Ende aber doch völlig entnervt und geschwächt ein spezielles Antibiotikum. Danach geht es uns zwar besser, doch sie scheinen auch dagegen resistent zu sein. So ist unsere *Tropenkrankheit* ein willkommener Anlass zu einer zuckerfreien Ernährung zurückzukehren. Besser als Malaria allemal!

Die Île de Pins, eine kleine Insel am Südende von Neukaledonien gelegen, wird unser Zuhause für die nächsten zwei Monate. Abseits vom Tourismus und schwer erreichbar gelegen, bietet sie für Familienfahrtensegler alles, was man sich wünschen kann: Einen sicheren und geschützten Ankerplatz direkt vor einem makellosen Sandstrand. Kokospalmen sorgen für Schatten, Essen und Trinken. Einen kleinen Urwald aus knorrigen Nadelbäumen zum Spielen im Schatten für die Kinder, einen Wasserhahn mit Trinkwasser und ein weiteres Fahrtenschiff mit Kindern an Bord: Hans und Eva sind schon vor vielen Jahren aus Deutschland losgesegelt und leben mittlerweile mit ihren in Neuseeland geborenen Kindern Lola und Luka seit einiger Zeit in einem kleinen Haus an Land. Hans ist der Inselzahnarzt und am Wochenende machen sie *Urlaub* auf ihrer OPHELIA, die neben uns vor Anker liegt.

Die Kinder spielen zusammen am Strand, rudern mit den Dingis herum, fischen oder sammeln Kokosnüsse. Lisa ist ganz fasziniert von Luka, denn mit seinen zwei Jahren spricht er noch ein sehr ulkiges Deutsch. F und K wollen ihm nicht über die Lippen und so erweitert sich das Repertoire an Sprachen um die Variante *Luggadeutsch*. Beim Streit, welcher Fisch denn das nun sei, sagt Luka den anderen gebieterisch: "Hör aub, dat is ein Höhöhö!" Was Nils und Lisa begeistert aufgreifen, und bei jeder halbwegs passenden Gelegenheit kommt nun von ihnen in bestem Luggadeutsch besagtes *hör aub*...

Hans und Eva beschenken uns großzügig mit abgelegten Kinderklamotten, Obst aus ihrem Garten und einem kostenlosen Zahnarztbesuch für die ganze Familie. Während ich mit dem LASSE für zehn Tage nach Noumea auf die Werft gehe, um das Unterwasserschiff neu zu streichen, dürfen Carola und die Kinder solange auf der OPHELIA wohnen. Wir sind ganz beschämt von ihrer Freigiebigkeit, aber Hans meint dazu nur lakonisch: "Geht doch eh' alles im Kreis." Ein schöner Gesichtspunkt finden wir und bemühen uns seitdem, Geschenke und Hilfe mit mehr Gelassenheit anzunehmen und nicht gleich innerlich nachzurechnen, wieweit denn unser *Beziehungskonto* dadurch in die Miesen gerutscht ist.

Am Freitag ist Markt in der Hauptsiedlung, und so wandert die ganze Familie im Gänsemarsch entlang der einzigen Straße. Immer wenn ein Auto naht machen wir alle *Hitchhiking*, aber wir sind schon schweißgebadet und halb angekommen, als uns endlich ein Pickup Truck mitnimmt. Da wir kaum Französisch sprechen, ist die Kommunikation mal wieder recht mühsam, aber mit Händen und Füßen können wir das Nötigste kommunizieren.

Die Marktfrauen sind das einzig Üppige auf dem kleinen Dorfplatz. Klägliche Häufchen mit Paprika und Bohnen, einige einsame Möhren, Kassava und Yams werden angeboten. Mit Glück erstehen wir noch einige Papayas und kaufen schnell das gesamte Limonenangebot für unsere Limonen-Reisdiät auf. Der Dorfladen hat außer Dosen und gefrorenem Hühnchen nur frisches Baguette, und darum leben wir nach unserer Reisdiät hauptsächlich von frischen Kokosnüssen.

Hinter dem Dorf liegt in einer schönen Lagune die *Werft* der Insel. Hier werden noch nach traditioneller Art Auslegerkanus gefertigt. Die Werkzeuge sind archaisch, die Materialien für die Segel *modern*, denn es ist heute offensichtlich zu mühsam, ein Segel aus Palmenblättern zu weben, wenn der Dorfladen wunderbare aus Plastik gewebte Mehlsäcke hat. Die alten Fertigkeiten können hier nur dank der reichen, meist französischen Touristen überleben. Für sie gehört eine kleine Kreuzfahrt in einem traditionellen Kanu zum Südseeurlaub dazu. So bewahrt der Tourismus wie überall im Pazifik noch etwas vom alten Brauchtum. Für die Einheimischen ist alles Alte *rückständig*, und mit großem Eifer wird versucht, einen möglichst *westlichen* Lebensstil zu führen.

Hans kann davon ein langes und trauriges Lied singen, sieht er doch täglich in seiner kleinen Klinik die Folgen der westlichen Ernährungsgewohnheiten. Als erfolgreich gilt, wer es sich leisten kann, seine Kinder mit Süßigkeiten zur Schule zu schicken. Zähneputzen dagegen gehört nicht unbedingt zu den begehrten neuen Kulturtechniken, und so füllt sich sein Wartezimmer mit kleinen Kindern, deren Milchzähne bereits voller Karies sind. Die Jugendlichen haben große Lücken, und ab dreißig gibt's halt ein Gebiss.

Hans erzählt uns noch eine andere traurige Geschichte von einer kleinen Nachbarinsel: Dort gibt es keine Quelle, aber das Regenwasser sickert durch den porösen Lavafelsen und sammelt sich in natürlichen Höhlen, aus denen die Bewohner seit Generationen trinken. Mit dem Einzug von Kühltruhe und Fernseher kommt auch das Problem der Entsorgung der Altgeräte auf die Insel. Diese werden einfach in die Landschaft geworfen. Der Regen wäscht die Schadstoffe aus verrottenden Batterien und Kühlschränken aus, und trägt sie in die kostbaren Wasservorräte. In absehbarer Zukunft wird das Wasser verseucht sein und die Bewohner müssen ihre Insel verlassen. Zuwachs für die Entwurzelten und Gestrandeten, die bereits in trauriger zahl die Slums um die Hauptstadt der Inselgruppe bevölkern...

Alle zwei Wochen kommt das Kreuzfahrtschiff aus Noumea und bringt für einige Stunden tausend Touristen auf die Insel. Die Einheimischen schmücken den Landesteg mit Palmzweigen und Blumen, und am Morgen schiebt sich der weiße Koloss gemächlich in die Bucht. Geschäftig durchpflügen die Beiboote das friedliche Wasser und bringen in endloser Kette ihre Ladung an Land. Eine Abordnung aus dem Dorf begrüßt sie dort mit Tanz und Musik, dann dürfen sie für ein paar Stunden ohne Aufsicht den Strand erkunden. Lustig wird es, als sie alle wieder zurück an Bord sollen. Es bildet sich eine Warteschlange am Steg, und selbst als ein tropischer Regenschauer nieder geht, harren sie geduldig an ihrem Platz aus, anstatt sich unterzustellen. Nach zwei Stunden sind endlich alle zurück an Bord. Wir haben Mitleid mit ihnen und können trotzdem nicht verstehen, wie man so etwas mitmachen und auch noch viel Geld dafür bezahlen kann: Schlange stehen, um an Land zu dürfen, dann Schlange stehen zurück an Bord, Schlangen vor dem Buffet... Am Abend sind sie verschwunden und die Segler haben die Bucht wieder für sich.

Der Ankerplatz füllt sich immer wieder mit durchziehenden Yachten. Sie bleiben meist nur kurz, denn es ist hier nicht sehr spektakulär, und im Norden locken so exotische Ziele wie Vanuatu und die Solomonen. YARA und RISHO MARU sagen kurz hallo, NADEZDA, die wir noch von Tonga kennen, und dann taucht auch noch Nick mit seiner KIKA auf. Er ist neu in unserer *Peergroup*, denn er hat ein Jahr in Neuseeland pausiert. Nick ist ein fröhlicher englischer Gentleman und Einhandsegler wider Willen, denn seine Freundin ist in Neuseeland ausgestiegen. Er ist in unserem Alter, versucht mit wechselnder Crew KIKA nach England zu segeln und hat ein Händchen für Kinder. Nils und Lisa sind sofort verliebt in ihn und untröstlich, als auch er zusammen mit PHOENIX und den anderen Yachten nach Vanuatu aufbricht. Gerne wären wir ihnen gefolgt, doch die Malariagefahr ist uns zu groß, und die Prophylaxe wollen wir unseren Kindern nicht zumuten.

So blättern wir etwas wehmütig in unserem Vanuatu Segelführer und trösten uns mit dem Kapitel über das Pidgin Englisch, das sie dort sprechen sollen und dem man deutlich seine unterschiedlichen kolonialen Wurzeln anmerkt. Eine kleine Sammlung offensichtlich unter pragmatischen Gesichtspunkten ausgewählter nützlicher Begriffe findet sich am Ende des Buchs:

- *how much (wie viel) = hamas*
- *child (Kind) = pikinini*
- *someone you don't like or don't agree with (jemand, den man nicht mag) = wan kranghe man*
- *house of parliament (Regierungsgebäude) = house bullshit*
- *saw (Säge) = wan tingting i gat tith, i go i kam i go i kam, taim i go, kam bak i kakae wud*


Wieder mal heißt es Abschiednehmen von lieben Menschen, aber die Zeit drängt, denn bald fängt die Saison für Asien an, und wir wollen rechtzeitig in Darwin sein, um Visa für Indonesien zu beantragen. Wir winken ein letztes Mal und verlassen traurig die Lagune. Die nächsten vier Tage segeln wir innerhalb des Riffs, ankern nachts hinter kleinen Inseln und gleiten tagsüber durch eine Märchenlandschaft. Rechts die steilen, unzugänglichen Berge, links kleine Inseln, Korallenköpfe und dann das Außenriff, auf dem sich trotz tagelangem Schwachwind die Dünung aus der Coral Sea weiß schäumend bricht. Viele Frachterwracks liegen dort und zeugen von vergangenen Dramen und der Unerbittlichkeit der See. Wir aber segeln langsam und gut geschützt wie in einem Museum im glatten Wasser der Lagune daran vorbei. Dann ist das Riff zu Ende, und wir gleiten nach einer letzten geschützten Nacht vor Anker hinaus aufs Meer. Die Torresstraße, eine enge Riffpassage zwischen Australien und Neuguinea ist unser Ziel.

Nachdem wir den Windschatten von Neukaledonien verlassen haben, bläst uns ein steifer Passat in Richtung auf unser Ziel zu. Bald laufen wir wieder unter zweifach gerefftem Groß und kleiner Fock große Wellenberge hinunter, aber uns geht es gut, denn dank Hans und Eva haben wir wieder die richtigen Pillen an Bord, und niemand ist seekrank.

Es ist eine mondlose Nacht und sehr dunkel. Ich habe Wache und bin für einige Minuten unter Deck gegangen, als LASSE plötzlich den Kurs ändert und eine Halse fährt. Wild schlagen die Segel gegen ihre Bullentaljen. Ich stürze ins Cockpit, löse die Pinne von der Aries und bringe LASSE wieder auf Kurs. Zunächst kapiere ich gar nicht, was passiert ist. Dann aber sehe ich die schlapp im Wasser hängenden Steuerseile der Aries. Offensichtlich hat etwas Großes, Kräftiges das Servoruder erwischt und es samt Sicherheitskupplung knapp unterhalb der Sicherungsleine abgerissen. Wir haben keine Kollision gehört, und so tippen wir mehr auf Wal oder Hai, denn auf treibenden Baumstamm oder Container, aber das ändert jetzt eh nichts an unserer Situation, denn wenn wir nicht den Rest der Nacht von Hand steuern wollen, müssen wir das Ersatzruder montieren. Das liegt sicher verstaut unter der Kinderkoje weit unten in der Bilge. Nachdem ich es endlich herausgekramt habe, wird LASSE beigedreht, um etwas Ruhe ins Schiff zu bringen, und während Carola meine Beine festhält, montiere ich kopfüber über die Bordwand hängend im Schein meiner Stirnlampe das Ersatzruder. Jede Welle lässt das Heck ruckartig ansteigen, dann schweben Ruderblatt und ich sekundenlang hoch in der Luft, um gleich darauf bis zum Kragen ins dunkle Nass getaucht zu werden. Gar nicht so einfach, dabei nicht das Ruder zu verlieren, geschweige denn es anzubringen.

Durch dieses Erlebnis wird uns mal wieder bewusst, wie viel Glück wir bisher auf unserer Reise gehabt haben, denn bis auf den Motor hatten wir keine entscheidenden Ausfälle am Schiff. Die Montage gelingt, LASSE ist zurück auf Kurs und Carola wieder in der Koje. Aber getreu dem Motto: Ein Unglück kommt selten allein, gibt am Morgen die Klopumpe prompt ihren Geist auf. Nun ist das ja nicht so schlimm, denn wir haben einen schönen Eimer als Ersatz. Wer aber schon mal versucht hat bei drei Meter hohen Wellen in einem wild rollenden Cockpit mit einem schmalen Eimerrand in die Weichteile schneidend sein Geschäft zu machen, kann vielleicht verstehen, dass wir unser enges, aber sehr gemütliches stilles Örtchen unter Deck vorziehen. Da kann man, sicher eingekeilt zwischen Schrank und Niedergang, auch bei den größten Wellen nicht vom Thron geworfen werden.

Nun hat unsere Klopumpe eine lange Geschichte, denn bereits beim Bootskauf wies uns der Vorbesitzer auf die Sensibilität der Anlage hin. Vorsichtshalber hatte ich darum eine passende Ersatzpumpe gekauft. Die musste schon in Portugal ihren Dienst antreten, hielt durch bis in die Karibik, wo ich durch Mangel an Ersatz aus Teilen der Originalpumpe und der Ersatzpumpe ein gut arbeitendes Provisorium fabrizierte.

Glücklicherweise sind auf LASSE auch die Lenzpumpen baugleich mit der Klopumpe und in der Hoffnung, dass wir in den nächsten zwei Tagen nicht sinken, und wenn doch, dann nur mit der elektrischen Lenzpumpe auskommen werden, widme ich die Lenzpumpe ihrer neuen Aufgabe. Ein eindeutig sträflicher Fall von Missachtung der eisernen Regel: Sicherheit vor Komfort!

In Darwin kaufen wir das neueste Modell unserer Originalpumpe. Seit über zwanzig Jahren auf dem Markt, hat es der Hersteller bei stetig steigendem Preis geschafft, sein ehemals gutes Produkt so *verschleißfreudig* zu bauen, dass wir schon nach zwei Monaten das Ding komplett wegschmeißen müssen. Die Klopumpengeschichte endet erst in Malaysia, wo wir endlich einen geeigneten Ersatz von einem anderen Hersteller finden. Der Preis ist gleich, aber das Modell tut bis heute klaglos seinen harten Dienst im wichtigsten Ort an Bord.

Wir nähern uns der Torresstraße. Früher gefürchtet wegen der vielen vorgelagerten Riffe und starken Strömungen, fühlen wir uns im Zeitalter von GPS recht sicher. Trotzdem ist es merkwürdig, zwischen den meist unsichtbaren Riffen zu segeln. Der Himmel ist bewölkt, das Meer hat eine schlammige Farbe angenommen, und nichts kündet von den Gefahren, die um uns unter Wasser lauern. Natürlich ist unser Timing nicht gerade günstig, denn wir stehen erst um 22 Uhr vor der Pandorapassage. Wir sind laut Karte umgeben von Riffen und fühlen uns immer unbehaglicher. Hätten wir doch draußen auf dem offenen Meer warten sollen? Endlich erkennen wir auf dem Radar schwach das Echo der Brandung auf den Riffen, die die Durchfahrt flankieren. Jetzt ist alles klar und auch ohne GPS finden wir mit Hilfe des Radars unseren Weg in der Nacht.

In der Morgendämmerung passieren wir das Leuchtfeuer auf East

Cay und das Meer wird zusehends ruhiger. Wir sind jetzt geschützt vom Riffgürtel, der sich als Verlängerung vom Great Barrier Reef mit nur wenigen Durchfahrten von Australien bis nach Neuguinea erstreckt. Kleine Inseln tauchen auf, das Wasser wird flacher, und der Gezeitenstrom spült kräftig durch die Enge.

Am Nachmittag ankern wir hinter Campbell Island, einer der vielen unbewohnten Inselchen der Torresstraße. Wir wollen hier die Nacht verbringen, um morgens bei Tageslicht die gewundene Passage zwischen den Riffen bis nach Thursday Island zu schaffen. Das Fahrwasser ist zwar mit Tonnen und Richtfeuern gekennzeichnet, aber mit dem stark quer setzenden Strom ist es nachts doch eine knifflige Sache. Um 23 Uhr kentert die Tide und unser friedlicher Ankerplatz wird zusehends ungemütlich. Wind steht gegen Strom und ruppige kleine Wellen lassen LASSE den Samba tanzen. Was soll's, wir gehen Anker auf und segeln in Carolas Geburtstag hinein.

Ich bin sehr stolz auf meine Seglerfrau, denn sie manövriert den LASSE sicher durch die Nacht, hakt Tonnen und Leuchtfeuer in der Seekarte ab, plottet unseren Kurs, weicht entgegenkommenden Frachtern aus und ändert die Segelstellung nach jeder Kursänderung. Sie dagegen ist ganz glücklich darüber, dass ich solches Vertrauen in ihre Fähigkeiten habe und selig unter Deck schlafe.

Die Torresstraße feiert Carolas Geburtstag mit einem atemberaubenden Naturschauspiel: Der kräftige Passat lässt das gletscherfarbene Wasser wild schäumen. Die Sonne glitzert und funkelt in sprühender eisblauer Gischt. Über Neuguinea steht eine pechschwarze Wolkenwand, vor der sich das Meer in unwirklich leuchtendem Türkis abhebt. Vorbei an malerischen Wracks und bizarren Wüsteninseln jagen wir dahin. Es wird trotz Wind immer heißer, und die Luft beginnt über dem Wasser zu flirren. Die Wolkenbank hat sich verzogen, das Licht ist so grell, dass wir ständig Sonnenbrillen tragen müssen. Wir fahren ein Rennen gegen die Zeit, denn wer nach vier Uhr in Thursday Island ankommt, muss saftige *Overtime*-Gebühren bezahlen. Eine dicke Propellermaschine des australischen Zolls kommt mit lautem Gebrumm im Tiefflug auf uns zu. Wir versuchen, sie per Funk zu rufen, denn Yachten werden hier theoretisch streng überwacht und sollen sich bei Einfahrt in die Hoheitsgewässer anmelden, erhalten aber keine Antwort. Das Flugzeug hat aber ein Foto von uns gemacht, und darauf sieht der LASSE aus, als sei er mindestens fünfzehn Meter lang. Sehr eindrucksvoll. Als wir uns endlich in

Reichweite des Funkers von Thursday Island befinden und unsere Schiffsdaten durchgeben, ist die Reaktion eher skeptisch. Später gesteht uns der Zollbeamte: "When I heard it was a ten meter boat, I thought it was a joke!"

Pünktlich um 15:35 Uhr *on Thursday the third* fällt der Anker vor Thursday Island. Wir haben in den letzten sechzehn Stunden einen Durchschnitt von 6,6 Knoten geschafft und sind rechtschaffen müde. Die 1700 Meilen von Neukaledonien bis hier stecken uns in den Knochen, aber die Offiziellen haben kein Erbarmen: Vier bullige Australier in Uniform und Springerstiefeln entern LASSE. Sie sind sehr freundlich, gehen aber zielstrebig und ohne um Erlaubnis zu fragen direkt an unsere Unterwäsche. Da waren die Neuseeländer besser erzogen. Die haben sich erst entschuldigt, dann erklärt, warum sie das alles machen, und der Drogensuchhund hatte extra Socken an bevor er an Bord durfte.

Nils und Lisa sind glücklich, ihre ersten echten Australier kennen zu lernen und versuchen mit Charme, selbst gemalten Bildern und endlosen Fragen, die Beamten von ihrem Job abzuhalten.

# Australien - Krokodile? Krokodile!

Als ich am nächsten Morgen an Deck komme, traue ich meinen Augen nicht. Was zunächst wie ein treibender Baumstamm aussieht, ist ein etwa drei Meter langes Krokodil. Nur die Augen, Nasenlöcher und der gezackte Rücken schauen aus dem Wasser, während es gelassen den Ankerplatz kontrolliert. Könnte ja sein, dass die Neuankömmlinge ein vorwitziges Bad nehmen? In seinem Kielwasser folgt noch ein zweites etwas kleineres Tier, und nachdem sie ihre Runde um die Yachten beendet haben, verschwinden sie zwischen den Mangroven im Uferschlamm. Die Botschaft ist angekommen, ab sofort besteht striktes Badeverbot. Am Ufer warnen Schilder vor der Gefahr, aber im kleinen Städtchen selber sei man nicht gefährdet, versichern uns die Einheimischen.

Ein Australier bringt es schön auf den Punkt: "Immer wenn du ins Wasser gehst betrittst du die Nahrungskette, und in Australien bist du nicht an der Spitze..." Schade eigentlich, denn es ist wüstenmäßig heiß und trocken, und wir sehnen uns nach einem erfrischenden Bad. Die kleine Stadt auf Thursday Island trägt alle Merkmale eines Vorpostens am Rande der Zivilisation. Die Häuser sind improvisiert, der große *Supermarkt* eine Blechhalle, die Straßen staubig. Es gibt ein Kulturzentrum, wo *Aboriginal Art* ausgestellt wird, und da hat es auch ein kleines Café, in dem wir begierig die Annehmlichkeiten eines gepflegten Cappuccino genießen. Am Nachbartisch sitzt Thomas, weißhaarig, verschmitzt und an seinem Akzent klar als echter Hamburger Jung erkennbar. Er ist Eigner eines riesigen hölzernen Motorseglers und mit wechselnder Crew auf dem Weg um die Welt. Obwohl kein ausgebildeter Psychiater, hat er großes Talent, sich bei der Auswahl seiner jeweiligen Crew therapiebedürftige Paare aufzuhalsen, und landet regelmäßig in der Rolle des Mediators. Mit seiner ruhigen Art und dem norddeutsch trockenen Humor finden wir ihn für seinen unfreiwilligen Job hoch qualifiziert und lauschen gespannt seinen Geschichten. Dagegen geht es auf dem LASSE ja richtig harmlos und gesittet zu!

Kaum sind wir zurück an Bord, slippt unser Anker und LASSE geht auf Drift. Gut, dass wir an Bord sind, denn die Strömung ist heftig und hätte unser Schiff in wenigen Minuten auf die nahen Felsen geworfen. Wieder einmal hat unser Schutzengel über uns gewacht. Als wir versuchen neu zu ankern, merken wir nach dem dritten Versuch, wie schlecht der Ankergrund hier ist, und genervt gehen wir an eine der - verbotenen - Murings. Thomas dagegen hat mit seiner Yacht ganz andere Sorgen. Er wollte eigentlich auslaufen, um weiter nach Darwin zu segeln, aber sein Anker hängt hinter einer riesigen alten Ankerkette am Grund fest. Nach langem erfolglosen Gewürge mit der Ankerwinsch geht er beherzt tauchen, während seine Crew ängstlich Krokodilwache hält.

Ureinwohner.

Nach drei schönen Tagen auf diesem australischen Vorposten machen wir uns auch auf den Weg. Versehen mit einer versiegelten Depesche für den Zoll in Darwin, erhalten wir gnädig die Erlaubnis, auf einer festgelegten Route die australischen Gewässer zu benutzten. Jeden Tag kommt *Coastwatch* mit einem Flugzeug und verlangt über Funk unsere sechzehnstellige Quarantänenummer, unsere Passnummern und die Geburtsdaten der Crew. Solcherart gut überwacht starten wir in die Arafurasee.

Zum letzten Mal blinkt zwischen den Inseln der Pazifik auf, aber niemand ist traurig an Bord, denn vor uns liegen Australien und Asien, und wir sind voller Unternehmungslust. Carola vertreibt auf der Überfahrt den Kindern die Zeit mit Geschichten über Australien. Wir sind alle begierig nach Darwin zu kommen und finden Segeln gerade sooo langweilig und anstrengend. Das Meer ist trübe, es gibt kaum Fische, die Wellen sind unregelmäßig und ärgern uns, der Wind ist auch kein Passat mehr und oft einfach sehr schwach auf der Brust, aber irgendwie überstehen wir diese 650 Meilen bis nach Darwin.

Dort wird das Leben lustig, denn der Tidenhub ist so beträchtlich, dass wir weit draußen ankern müssen, mit entsprechend weiten Wegen im Dingi. Manchmal seufzen wir auf unserer zwanzigminütigen Ruderpartie zum Ufer und blicken sehnsüchtig auf die vorbei preschenden Motordingis. Aber spätestens bei Niedrigwasser am Strand hellen sich unsere Mienen wieder auf, denn da fangen für die fetten Motorbrummer die Probleme an. Sie brauchen immer Hilfe, wenn sie ihr Dingi die fünfzig Meter bis über die Hochwasserlinie schleppen wollen, während wir unsere leichte Kiste einfach hinter uns her durch den Schlick ziehen.

Der Yachtklub, direkt am Ufer vor dem Ankerplatz gelegen, hat, bis auf eine kleine Jugendsegelgruppe, rein gesellschaftliche Funktion. Segeln geht hier keiner. Um Wasser zu tanken und den sehr schön gelegenen Spielplatz benutzen zu dürfen, werden wir gegen Geld zu geduldeten *Gästen* erklärt. Die Klubmitglieder sind extrem steif, bleiben unter sich und folgen seltsamen Regeln. Eine davon besagt, dass man jedes Mal, wenn man das Klubgelände betritt oder verlässt, sich in ein Buch einträgt. Eine andere verbietet das Tragen von Kopfbedeckungen an der Bar, worauf ein halb unter dem Tresen verstecktes Schild dezent hinweist. Der Comodore persönlich weist mich streng auf diese Regel hin, als ich am ersten Abend ohne züchtig entblößtes Haupt für ein Bier anstehe.

Die anderen Fahrtensegler machen das Beste aus der Anlage. Man trifft sich zwischen den steifen Mitgliedern zu fröhlichen Seglerrunden. Alte Freunde und neue Bekanntschaften mischen sich bunt durcheinander. In den Uferpalmen kreischen bunte Papageien und zwischen den Steinen am Strand sonnen sich große Lizzards. Jeden Frühling wird die Bucht von Krokodilen gesäubert, und es ist theoretisch ungefährlich am Strand spazieren zu gehen. Wir aber sind vorsichtig, denn einige Segler haben weit draußen doch noch ein Krokodil gesichtet.

Das Meer ist trotz Stadtnähe sehr bewohnt: zum Sonnenaufgang kommt das Dugong, oder auch Seekuh, vorbeigeschnaubt. Schildkröten beäugen neugierig die ankernden Yachten. Eine Schule Delphine hält regelmäßig nach dem Frühstück ihre Übungen ab. Es gibt giftige Seeschlangen und tödliche Box Jellyfish, eine Quallenart, die aber im Moment gerade Pause macht. Trotzdem sind wir beeindruckt von der langen Liste an gefährlichen oder gar tödlichen Tieren in diesem Land. Nils und Lisa verbringen die meiste Zeit mit anderen Seglerkindern auf dem Spielplatz. Beschattet von Palmen verschaukeln sie fröhlich schwatzend Stunde um Stunde, und Nils verliebt sich ständig aufs Neue, sobald ein langhaariges Mädchen im passenden Alter zwischen fünf und zwanzig Jahren auftaucht.

Um in die Stadt zu fahren nehmen wir den Bus. Vor dem Klub ist, romantisch an der stark befahrenen Uferstraße gelegen, eine Bushaltestelle mit Fahrplan. Der entpuppt sich allerdings als so kryptisch und kompliziert, dass selbst die australischen Fahrtensegler sich keinen Reim darauf machen können. Der vorbeilaufende Spaziergänger erklärt pikiert, dass er *of course* niemals den Bus benutzt, und darum nicht weiter helfen könne. Klar, wer hier kein Auto hat, muss *aboriginal* sein oder ein *bloody tourist*. Sorry for asking, Sir.

Die Hochhäuser von Darwin sind erfrischend schön und vielgestaltig. Hier hat sich offensichtlich jemand Mühe gegeben. Alles ist sehr sauber und aufgeräumt und strahlt Erfolg und Reichtum aus. In der Fußgängerzone sitzt ein junger Japaner und bläst ein Didgeridoo, das traditionelle Instrument der Ureinwohner. Diese sitzen mit ihren Bierflaschen einen Hauseingang weiter und wirken trostlos und entwurzelt.

Carola und ich sitzen in einem Straßencafé, Nils und Lisa vergnügen sich auf dem Spielplatz daneben. Plötzlich werden sie umringt von einer uniformierten Schar, bewaffnet mit Fahnen, Gitarren und einer Standarte. Laut schmettert die Gruppe religiöse Lieder in die Runde und stampft dabei um den Spielplatz. Die Texte sind für uns meist unverständlich, aber sie wimmeln von O *Lord* und *Halleluja*. Staunend betrachten unsere Kleinen diese seltsame Mischung aus religiöser Propaganda und Militär. Mit einem Achselzucken wenden sie sich aber bald wieder der Rutsche zu: So sind halt die Sitten in Australien.

Auf dem Rückweg ist im Bus eine betrunkene Aboriginesfrau. Sie schimpft und zetert und beleidigt die anderen Fahrgäste. Die schauen alle weg, sind es offenbar gewöhnt. Einen schönen Kontrast erleben wir dagegen, als im nahe gelegenen Museum die Verleihung eines Kulturpreises für *Aborigines* Kunst stattfindet. Mehrere Bands machen traditionelle Musik, Gruppen erzählen getanzte Geschichten von Jagd und Wassersuche, Geburt und Tod. Etwas vom Jahrtausende alten, friedfertigen Einvernehmen mit ihrem Kontinent leuchtet auf, und es ist berührend zu sehen, wie diese verfolgten und in ihrer Kultur missachteten Menschen wie Kinder aus einer längst vergangenen Zeit vor das Publikum treten. Sie sind großartige Künstler, haben Bilder geschaffen, die weit über Australien hinaus geschätzt werden und stehen doch hilflos vor dem Mikrofon, kaum in der Lage ein paar Worte in Englisch zu sagen.

Unsere Kinder sind fasziniert von ihnen. Mit leuchtenden Augen lauschen sie den Geschichten von der Regenbogenschlange und dem dummen Brolgar, die seit Urzeiten an den Feuern der Ureinwohner weitererzählt werden. Sie können gut verstehen, warum die Aborigines lieber im Freien unter dem Sternenhimmel schlafen und durch den australischen Busch streifen, anstatt in Betonhäusern zu wohnen oder im klimatisierten Supermarkt shoppen zu gehen, denn sie erleben die Stadt auch als eher ungastlich und langweilig.

Wir haben den Eindruck, dass den weißen Australiern mit denen wir sprechen das Thema *Aborigines* extrem unangenehm ist. Hier ist niemand stolz auf die Ursprünge einer Jahrtausende alten Kultur, wie wir es in Neuseeland immer wieder erleben konnten. Dort wirkte zwar die von offizieller Seite betonte Gleichberechtigung zwischen den zwei Kulturen manches Mal etwas aufgesetzt, so wenn z.B. die Zollpapiere im Titel auch in Maori verfasst sind, aber überall im Land sahen wir vergangene und gegenwärtige Zeichen dieses großartigen Volkes. Es ist offensichtlich, dass die Maoris mit ihrer mehr kriegerisch geprägten Kultur die westlichen Siedler nicht unwesentlich beeinflussen konnten und sich bis heute einen - wenn auch bescheidenen - Platz in der Gesellschaft erhalten konnten.

Die *Aborigines* dagegen scheinen in Australien allenfalls in extra geschützten Nischen überleben zu können. Einst von den weißen Siedlern wie Tiere gejagt und getötet, sind nur wenige von ihnen bereit, sich der westlichen Kultur zu öffnen. Es wirkt, als hätten sie vor all der Grausamkeit und Skrupellosigkeit der Weißen nur den Weg der Selbstauslöschung gehen können, unfähig zu entkommen und unwillig sich anzupassen oder zu kämpfen.

Jedes Jahr startet von Darwin aus die *Sail Indonesia*. Wie die ARC über den Atlantik wirkt auch diese Veranstaltung auf uns etwas befremdlich, denn wenn wir die teilnehmenden Segler fragen, warum sie nicht alleine fahren, scheint immer das Hauptargument die *Sicherheit in der Masse* zu sein. Wilde Geschichten kursieren auf dem Ankerplatz wo sich die über 130 Yachten der diesjährigen Rally versammelt haben. Man würde nur schwer ein Visum für Indonesien bekommen, von den Behörden im Land schikaniert werden, und vor allem das Einklarieren in Kupang, dem nächstgelegenen Hafen, wäre ohne Rallyorganisation mit großen Schwierigkeiten verbunden, denn die Offiziellen dort haben einen extrem schlechten Ruf. Und dann ist da noch das Gerücht, dass jede Yacht die durch indonesische Gewässer fährt, ein *bond* in Höhe von 25% des Schiffswertes zu hinterlegen hat und es sei gar nicht sicher, ob man das beim Ausklarieren auch wiederbekommen würde. Die Rally dagegen verspricht, dass man mit ihr ohne *bond* fahren kann, da sie eine Sonderregelung mit der Regierung arrangiert haben. Wir fühlen uns mal wieder als Außenseiter mit unserer Freiheitsliebe und dem Misstrauen gegenüber Massenveranstaltungen.

Schön ist, dass wir unser Visum ohne Probleme über die Marina in Bali organisiert bekommen, und als wir dann noch hören, dass die Rally dieses Jahr beim Einklarieren in Kupang für drei Tage an die Kette gelegt wurde, da die Offiziellen ein *bond* wollten, kann ich mich einer gewissen Schadenfreude nicht erwehren. Trotzdem fahren wir vorsichtshalber an Kupang vorbei und klarieren erst in Lombok ein.

Es wird eng und turbulent auf dem Ankerplatz in Darwin kurz vor Abfahrt der Horde Richtung Indonesien. Nachts können wir oft nicht schlafen, denn da wir versuchen wegen der langen Ruderwege möglichst nahe am Ufer zu ankern, muss jeder auf dem Weg von und zum Land an uns vorbei, und so knattern die Dingis die halbe Nacht durch unseren Schlaf. Ein Franzose hat es besonders gut getroffen. Er ist so betrunken, dass er offensichtlich im Dunkeln zwischen all den Yachten sein eigenes Boot nicht mehr wiederfindet. Wir hören ihn immer wieder vorbei knattern, als er wie eine verirrte Motte durch die Nacht taumelt. Irgendwann ist endlich Ruhe, aber nicht, weil der gute Mann sein Boot gefunden hat, sondern weil ihm der Sprit ausgegangen ist. Zu betrunken zum Rudern, treibt er mit der Tide langsam aufs Meer hinaus. Am Morgen entdeckt ihn ein freundlicher Segler fern am Horizont, und als er mit seinem eigenen Dingi zur Rettung naht, schlummert der Pechvogel selig in seiner Gummiwurst!

# Indonesien - Land der Kinderkneifer und Betrüger

Asien kündigt sich durch eine Flut von Müll im Wasser an. Schwarze Plastiktüten scheinen der Hauptbestandteil zu sein, nicht weiter verwunderlich, wenn man bedenkt, dass noch vor nicht allzu langer Zeit jeden Morgen unzählige alte Menschen damit beschäftigt waren, Körbe und Taschen aus Palmblättern für den Einkauf auf dem Markt zu flechten. Diese wurden am Ende des Tages fortgeworfen. Nun will Indonesien aber auch die Segnungen der westlichen Zivilisation nutzen und *modern* werden. Mit fatalen Auswirkungen auf die Umwelt, denn jetzt werden die gleichen Gewohnheiten eben mit den schwarzen Plastiktüten gepflegt. Die Folgen sind unübersehbar, dabei sind Plastiktüten nur der Anfang. Der Gedanke, dass allein in Indonesien jeden Tag 200 Millionen Menschen diese *Sitte* praktizieren, ist zutiefst beunruhigend.

Wir erreichen die Südspitze von Roti im Morgengrauen, und gemeinsam mit KIKA suchen wir die Lücke im Riff, um den einzigen, halbwegs geschützten Ankerplatz der Gegend zu finden. Schon von Weitem sehen wir riesige, spinnenartige Trimarane, die mit abenteuerlich verspannten Seilen zusammengehalten werden und mit überraschend vielen Menschen besetzt sind, sich dem Ufer nähern. Ein stetiger Strom dieser Boote, mit denen die Indonesier auf Fischfang gehen, nähert sich wie ein Schwarm großer Insekten dem Ufer, wo wir unter hohen Kokospalmen einige dunkle Hütten am Ufer erkennen können. Rauch steigt auf und der Wind weht den Duft von Asien herüber. War es im Pazifik der Duft von Kokosfeuern, Frangipaniblüten und Dschungel, so ist es hier eine unverwechselbare Mischung aus Holzfeuer, verbranntem Plastik, Gewürzen, Fäulnis, Fäkalien und Schweiß.

Wir werfen den Anker. Die Kinder sind ganz hin und weg von den ständig an uns vorbeiknatternden Fischerbooten. Sie stehen an der Reling und winken, und die Fischer winken begeistert zurück. Ein Boot stoppt, und zwei Jungs kommen in einem Kanu herübergepaddelt mit einem Eimer *Squid* (eine Art Oktopus). Nein, sie wollen nicht verkaufen, nur den Kindern eine Freude machen.

Die Boote hier sind auch schon *modern* und haben alle einen Einbaumotor. Die Propellerwelle wird einfach durch ein Loch im Heck gesteckt, und da ständig Wasser durch diese Konstruktion ins Schiff läuft, muss einer von der Besatzung ununterbrochen schöpfen. Dies scheint kein Problem zu sein, denn Menschen sind genug vorhanden!

In einer Ecke haben die Boote eine Einbauküche, bestehend aus einem offenen Feuer in einem mit Blech ausgeschlagenen Holzkasten, es macht den Eindruck, dass die Fischer nur selten ihr Schiff verlassen, und das nur, wenn es auf den Strand gezogen wird. Der ist übersät mit hochgezogenen Booten. Manche zur Reparatur, andere zum Streichen. Im flachen Wasser davor ist ein schier undurchdringliches Gewusel von Leinen, Booten und Netzen. Mühsam suchen wir uns einen Weg mit unserem dagegen exotisch anmutenden Plastikruderkahn. Alles starrt uns an, lacht, winkt. Kaum an Land, werden wir neugierig umringt. Junge Männer kommen herbei, wollen uns mit ihren hoch modernen Handys fotografieren. Verrückte Welt!

Am Strand von Roti.

Da stehen sie vor einer tropischen Palmenkulisse, unter der sich aus Palmwedeln gebaute ärmliche Hütten ducken, die umzäunt werden von Steckenzäunen. Dazwischen laufen Schweine und Hühner, also eine Szene, wie wir sie von einsamen, pazifischen Inseln erwartet, aber dort leider kaum noch angetroffen hatten. Die Jungs tragen nagelneue Nike Turnschuhe, Armani T-Shirts und Spiegelsonnenbrillen und sind begierig, uns fremde Wesen zu knipsen. Die Frauen schöpfen derweil an einem altertümlichen Ziehbrunnen Wasser und tragen es auf ihren Schultern nach Hause. Die älteren Dorfbewohner versuchen Lisa und Nils ständig in die Wange zu kneifen. Das scheint so eine Art freundliche Begrüßung zu sein, ist aber doch so unangenehm, dass unsere Kleinen verstört auf unsere Arme flüchten, und es verwundert wohl niemanden, dass die ersten indonesischen Worte, die sie lernen: *jangan tubit* (nicht kneifen) sind.

Wir bahnen uns einen Weg durch das Menschengewimmel, folgen einem Pfad zwischen den Hütten hindurch. Ich werfe besorgte Blicke auf die prall mit Nüssen hängenden Kokospalmen und ermahne die Kinder, ja auf dem Weg zu bleiben. Nicht auszudenken, wenn man so ein Ding auf den Kopf kriegt. Schließlich werden laut einer Statistik für die pazifischen Inseln über 50% der in Krankenhäusern versorgten Verletzungen durch Kokosnüsse verursacht. Auf der Hauptstraße, die schon mit Teer bedeckt ist, knattern ultramoderne Mopeds vorbei. Oft mit vier oder mehr Personen, oder riesigen Gepäckbergen beladen. Ab und an kommt ein Bemo des Weges, das sind umgebaute Lastwägelchen. Zwei auf der Ladefläche stehende Bänke machen sie zum Taxi. Sie sind bunt bemalt, aber das Allerwichtigste scheint eine gute Stereoanlage zu sein. Wichtiger noch als genügend PS, denn so kann man die Bemos schon aus der Ferne an lauter Popmusik erkennen.

Hier an der Straße bestehen die Hütten aus Beton und haben Wellblechdächer. Ob das wirklich ein Fortschritt ist, wagen wir zu bezweifeln; hässlicher ist es auf jeden Fall. Von einer jungen Frau werden wir zum Essen in ihr Haus eingeladen. Sie unterhält eine Art Mittagstisch für die Fahrtensegler, und für einige Rupien sind auch wir willkommen. Der Großvater sitzt auf der Terrasse und flicht noch die traditionellen Transporttaschen aus Palmblättern. Die zwei Kinder spielen scheu mit Nils und Lisa, und die Frau bittet uns, in der guten Stube Platz zu nehmen. Die ist bis auf drei Plastikstühle und einen nagelneuen Fernseher leer. Etwas beklommen sitzen wir herum, können wir uns doch kaum verständigen. Glücklicherweise ist noch ein anderer Fahrtensegler mit von der Partie. Er kann ein paar Brocken Indonesisch und hilft uns aus der Patsche. Wir erfahren, dass die Mopeds alle auf Kredit gekauft sind und es für die Fischerfamilien Jahre dauern wird, sie abzubezahlen. Ob sie wohl in dem rauen Tropenklima auch so lange halten?

Das Essen ist extrem würzig und scharf. Mühsam quälen Nils und Lisa etwas davon in sich hinein. Das Wasser, das dazu gereicht wird, wollen wir lieber nicht trinken, und so sitzen unsere zwei tapfer mit brennendem Mund am Tisch und haben Hunger. Uns Großen schmecken die vielen Köstlichkeiten ausgezeichnet. Endlich wieder erschwingliches Essen mal nicht aus der Bordküche, denn Australien und Neuseeland glänzten nicht gerade mit kulinarischen *Highlights*.

Als Carola auf dem Weg zur Toilette aus Versehen in der *Küche* landet, ist sie geschockt: da gibt es eine offene Feuerstelle auf dem Boden, eine Wasserschüssel daneben, und die Hühner und das Hausschwein laufen dazwischen herum. Na prost Mahlzeit, wenn das mal keinen Durchfall gibt! Die Prioritäten sind eindeutig nicht eine saubere Küche oder ein gutes Klo, sondern die neueste Unterhaltungselektronik! Aber wir überleben das Essen unbeschadet und auch am nächsten Tag hat keiner an Bord Durchfall.

*Jangan tubit!* Nicht kneifen!

Auf dem Rückweg ruft es schon von allen Ecken und vielen Fischerbooten: "Lisa, Lisa", scheint dieser Name doch sehr einfach zu merken zu sein. Lisa nimmt gelassen die Aufmerksamkeit entgegen und grüßt huldvoll zurück. An Nils' Namen dagegen zerbrechen sich fast überall auf der Welt die Menschen die Zunge.

Erschöpft und überwältigt von der Fülle der Eindrücke kommen wir auf dem LASSE an. Wir sind hier besonders dankbar, unsere eigene kleine Welt zum Ausruhen und Zurückziehen dabei zu haben. So können wir in Ruhe all die fremden Eindrücke und Erlebnisse verarbeiten. Die Kinder fangen an, Bilder von indonesischen Fischerbooten zu malen, und aus Wachs, Bambus und Garn werden die Boote nachgebaut, während draußen in endloser Folge die Fischer zum abendlichen Fang aufs Meer hinausknattern. Leise vernehmen wir zwischen dem ohrenbetäubendem Lärm ihrer nicht schallgedämpften Motoren die Rufe der Kinder herüber klingen: "Lisa, Lisa..."

Wir haben Glück, denn am nächsten Morgen soll Wochenmarkt sein, und so machen wir uns mit Taschen bewaffnet auf, um den Markt zu suchen.

Der ist gleich hinter der Straßensperre, welche die Polizei strategisch günstig auf der Hauptstrasse errichtet hat. Uns lassen sie passieren, aber die Mopeds werden alle angehalten und müssen blechen.

Der Markt ist auf einer holperigen Wiese und es herrscht ein wildes Gedränge; da alle Menschen mindestens zwei Köpfe kleiner sind als wir, ragen wir wie Riesen über die Menge und erregen entsprechendes Aufsehen. Kichernd beobachten die Marktfrauen, wie ich versuche, die notwendigen Einkäufe zu erledigen; das ist gar nicht so leicht, denn da sind wenige Dinge, die wir kennen. Aber Fragen geht nicht, da niemand Englisch kann, und so bleibt unsere Ausbeute neben Zwiebeln, Yams, Möhren, Kohl und Limonen doch eher mager. Einige grüne Stängel erstehen wir noch, die entfernt an Spinat erinnern. Und dann natürlich Gewürze! Sie werden direkt aus Säcken angeboten, und der Anblick ist malerisch: Kurkuma, leuchtend Gelb, daneben in hellem Ocker Curry, gefolgt von dunkelrotem Paprika, braunrotem Chili, erdfarbenem Muskat. Säcke mit Nelken und Pfeffer, Kardamom, Ingwer, Zimt und Vielem, zu dem wir keine Namen haben. Alles ist für unser auf Australien geeichtes Preisgefühl extrem billig, und so fällt es uns schwer, den Angaben im Reiseführer zu folgen, die es unbedingt vorschreiben, dass man feilschen müsse, sonst verliere man das Gesicht und würde die Preise für die Einheimischen ruinieren. Ja, ja. Später erfahren wir von anderen Seglern, dass im christlich geprägten Roti im Gegensatz zum restlichen Indonesien niemand feilscht. Wieder mal daneben benommen, was nachträglich die vielen erstaunten Blicke und das Unverständnis erklärt, das uns bei unseren ersten Feilschversuchen entgegenschlägt.

Später werden wir natürlich zu ausgebufften Feilschern, auch wenn wir diese Sitte oft einfach nur ermüdend finden, denn dadurch wird aus einem schlichten Gemüseeinkauf eine tagesfüllende Staatsaktion.

Am nächsten Morgen bringt uns eine schwache Brise über die Sawusee zwischen Roti und Flores. Der Wind ist so schwach, dass wir für die knapp 70 Meilen auch noch die ganze Nacht brauchen. Das Meer ist ruhig, und so sind wir zufrieden mit unsrem langsamen Tempo. In der Morgendämmerung tauchen vor unserem Bug die gigantischen Vulkankegel von Flores und Solor auf, zwischen denen wir hindurchfahren wollen. Achterlicher Wind kommt auf, und bald rauschen wir unter ausgebaumter Fock und Groß mit acht Knoten in die Enge zwischen den beiden Inseln. Die Sonne brennt vom Himmel, und es ist trotz des Windes heiß und schwül. Zum Greifen nah ziehen die Ufer vorüber; kleine Buchten mit feinen Sandstränden wechseln mit wilden unzugänglichen Klippen. Dann wieder Regenwald, undurchdringlich und abweisend. Immer wieder kleine Dörfer und Fischerboote, deren Besatzungen uns fröhlich zuwinken. Am Ende der Passage wird das Wasser plötzlich von brechenden Wellen scharf abgetrennt. Es bilden sich Wirbel und Stromschnellen und der Wind kommt plötzlich von vorne. Rasch bergen wir die Segel und motoren etwas beklommen auf die schäumenden Brecher zu. Da sollen wir durch? Kräftig schiebt der Strom von hinten, und ich kann nur mit Mühe vom Mast aus die Durchfahrt in der engen Korallenpassage finden. Sicher steuert Carola uns hindurch, von mir mit Zurufen und Handzeichen gelotst, und dann sind wir im Märchenland. Zwischen kleinen Inseln ragt eine grell weiße Sanddüne nur wenige Zentimeter aus dem unwirklich türkis strahlenden Wasser. Wir ankern hinter der Düne, schnorcheln durch die blaue Pracht und lassen die fremdartige Landschaft auf uns wirken. Hier, auf der Nordseite der indonesischen Inselkette, gibt es deutlich mehr Häfen und Ankerplätze, leben aber auch mehr Menschen als im unzugänglichen Süden. Was zunächst wie unberührte Natur aussieht, entpuppt sich bald als dicht besiedelt: Da haben Fischer auf Stelzen ein Häuschen gebaut, von dem aus sie ihre Netze bewachen. Am Ufer von Flores liegt in jedem kleinen Tal ein Dorf, unschwer am aufsteigenden Rauch von den Kochfeuern und den beständigen Rufen des Muezzin zu erkennen. Fischerboote knattern mit ohrenbetäubendem Lärm vorbei. Sie sind neugierig und gleichzeitig scheu - kommen doch nicht allzu viele Segler hier entlang.

Im Segelführer ist ein Ankerplatz vor einem freundlichen Tauchresort beschrieben, darum segeln wir eine weitere Nacht durch, um im Morgengrauen dort zu sein. Es ist mal wieder Totenflaute während wir die letzten Meilen motoren. In der Nacht wehte ein schwacher Wind aus Westen, und wir sind vom ständigen Kreuzen rechtschaffen müde. Aus der Ferne erkennen wir den Mast einer Segelyacht. Endlich, wir dachten schon wir sind ganz alleine in Indonesien, denn wir haben seit Roti keine anderen Segelboote mehr gesehen. Wir suchen unseren Weg durch das übliche Gewimmel der heimkehrenden Fischerboote, dann noch eine Perlenzucht umrundet und es hat gerade noch genug Platz für unseren Anker. Zwischen den Palmen am Ufer kleine pagodenähnliche Häuser, ein wackeliger Steg, und rechts und links von dieser *Anlage* die üblichen Behausungen aus Wellblech, Holz und Plastik. Das soll ein Tauchresort sein? Vorsichtig rudern wir an Land und betreten den windschiefen Steg. Ein freundlicher Indonesier bestätigt uns zurückhaltend, dass dies das Resort sei, und ja, wir seien willkommen und dürften uns umschauen. Er spricht Englisch und wie sich später herausstellt, ist er der Besitzer.

Ohne Frauen geht gar nichts. Wasserträgerin auf Roti.

Die Pagoden sind liebevoll aus Holz und Bambus gebaut und haben wunderbar geschwungene Schilfdächer. Sie stehen auf Stelzen, und alle Holzteile sind kunstvoll verziert und geschmückt. Kleine Pfade verbinden die einzelnen Hütten, dazwischen plätschern kleine Bächlein, und in der Mitte befindet sich ein Teich mit üppigen Seerosen darauf. Daneben ein Reisfeld, quietschgrün und von klarem Bach-wasser getränkt. Ein kleines Café, im gleichen Baustil, lädt zum Verweilen ein, und das tun wir dann auch ausgiebig. Die Frau des Besitzers ist Deutsche, hat einen Sohn in Nils' Alter, und lädt uns ein zu bleiben. Wir trinken Kaffee, die Kinder spielen zwischen den Pagoden und am kleinen Kiesstrand, fangen Frösche und Fische in den Bächen und dem Teich und sind einfach glücklich. Niemand kneift sie, niemand stört sie, will Bilder machen oder sie anfassen. Wir merken, wie angespannt wir die letzten Tage waren, wie sehr die Masse an Menschen uns angestrengt hat. Obwohl wir ja oft einfach auf unserem Boot waren, haben wir uns doch immer bedrängt und niemals allein gefühlt. Selbst beim Segeln waren wir ständig von Fischerbooten umgeben. Hier im *Ankermi* finden wir wieder Ruhe und Raum zum Durchatmen, finden Gelassenheit, um die Schönheit der Landschaft wieder bewundern zu können. Wir bleiben einige Tage, relaxen im Café und am Strand, genießen die Gespräche, die wir mit der Besitzerin führen können und gewinnen allmählich mehr Verständnis für die lokale Mentalität.

Mit nur fünf Schlafpagoden ist das *Ankermi* klein und überschaubar, aber trotzdem gibt es eine einheimische Großfamilie, die für den Service verantwortlich ist. Einige der Männer errichten aus Bambus eine neue Hütte. Die Mädchen fegen die Wege und putzen die Häuschen. Die älteren Frauen bereiten die Mahlzeiten zu. Wir fragen schüchtern an, ob sie unsere Wäsche waschen könnten? Klar, kein Problem, das sei aber teuer. Als wir mit unserem großen Sack voll Wäsche anrücken machen sie große Augen. Ja, dafür brauchen wir einen Tag, ist die Antwort. Was wir nicht wissen: es gibt keine Waschmaschine. Und so sitzt eine Gruppe von Frauen den ganzen Tag am Bach und wäscht unsere Wäsche von Hand. Wir zahlen für die ganze Aktion nicht mehr, als uns eine Maschine voll in Darwin gekostet hätte und geben dankbar das Gleiche noch mal als Trinkgeld, denn die Wäsche ist so sauber, wie wir es niemals auf der ganzen Reise erlebt haben! Es geht offensichtlich nichts über gute Handarbeit.

# Zwischen Fischfallen und Vulkanen

Mit flauen Winden quälen wir uns an der Nordküste von Flores entlang. Segeln ist hier eine echte Geduldsprobe. Kein Wunder, dass die Einheimischen kreativ geworden sind und ihre kleinen Segelkanus mit improvisierten Außenbordern bestückt haben: Eine billige Motorsense wird am Ende mit einem Propeller versehen und an einer Halterung schräg vom Heck ins Wasser getaucht. Fertig ist der Außenborder *made in Indonesia*. Macht einen Höllenlärm, ist aber erstaunlich praktisch und so knattern immer wieder fröhlich winkende Fischer in ihren fragilen Auslegerkanus vorbei, während wir verbissen versuchen, aus dem schwachen Wind ein paar Meilen herauszukitzeln.

In Labuhan Bajo am Westende von Flores kaufen wir Diesel von einem fliegenden Händler, der uns schon bei der Annäherung an die Stadt mit seinem Kanu belagert hat. Er reicht uns einen uralten Empfehlungsbrief von einem früher hier vorbei gekommenen Fahrtensegler herüber und macht sich aus dem Staub. Wir halten etwas verdutzt das offensichtlich kostbare Dokument in Händen und fühlen uns irgendwie übertölpelt, denn wie sollen wir es ihm zurück geben?

Aber kaum ist unser Anker gefallen, ist er wieder zur Stelle, und da sein Dieselpreis nur geringfügig über dem an der Tankstelle liegt, bestellen wir bei ihm hundert Liter. Er druckst etwas herum bis wir kapieren, dass er nicht genug eigene Kanister hat und sich unsere für das Geschäft *ausleihen* muss, aber nach einer Stunde ist er zurück und wir beginnen zu tanken. Es wird eine unglaubliche Schweinerei. Auf dem Vordeck seines in der leisen Dünung tanzenden Bötchens füllen wir die tiefbraune Suppe in unsere Kanister um. Trotz Trichter schwappt immer wieder etwas daneben und hinterher schwimmt LASSE in einem fetten Ölfleck, aber den Indonesier scheint es nicht zu stören. Kommt halt noch etwas Öl zu den treibenden Plastiktüten, Styroporverpackungen und alten Kühlschränken dazu, na und?

Der nächste Hüpfer dauert nur drei Stunden und führt durch eine stark mit Riffen durchsetzte Passage nach Sabajor Besar, einer unbewohnten Felseninsel ganz im Stil von Galapagos aus schwarzer Lava und weißem Sand geformt. Auf dem Weg kommen wir an einer skurrilen kleinen Stadt vorbei, die auf einer winzigen Insel sitzt. Die Häuser stehen am Rand sogar auf Stelzen und scheinen sich gegenseitig ins Meer schubsen zu wollen.

Natürlich weht der Wind entgegen seiner sonstigen Gewohnheit die ganze Nacht durch, und so schlafen wir schlecht, denn die Ankerkette rumpelt beständig über den Korallengrund. Also rasch weiter so lange er noch weht und zusammen mit der LOVINA haben wir eine herrliche Segelei zwischen bizarren Inseln hindurch, die sich in immer neuen Formationen vor unserem Bug aufschichten. Manch eine Durchfahrt ist so eng, dass ich vorsichtshalber in den Mast klettere, um den Weg zu lotsen, aber bald liegt diese karge und unbewohnte Wüstenlandschaft hinter uns, wir verlassen das Gebiet um Komodo und queren den Selat Sape hinüber nach Sumbawa.

"Was, ihr wart nicht in Komodo?" werden wir später immer wieder gefragt. Klar, da haben wir wieder mal was Entscheidendes "verpasst", aber nach all den Krokodilen und anderen gefährlichen Tieren in Australien steht uns einfach gerade nicht der Sinn nach alten stinkenden Drachen, selbst wenn diese so berühmt sind, wie eben die von Komodo. Sorry.

Glücklich segeln wir in die heraufziehende Nacht hinein. Links Sumbawa, mit dichtem Regenwald bedeckt, rechts der 1900 Meter hohe Kegel des aktiven Vulkans Sang Geang. Was wir zunächst für kleine Buschfeuer halten, entpuppt sich bei näherer Betrachtung mit dem Fernglas als die glühenden Enden einiger Lavaströme, die die Flanken des Berges herabkriechen und wie rote Feueraugen in der beginnenden Nacht aufleuchten. Bald sind wir wieder umgeben von unzähligen Fischerbooten, die mit ihrer kreativen Lichterführung den Skipper zur Verzweiflung treiben. Frustriert notiere ich im Logbuch: "01:26 Uhr, verdammte indonesische Fantasielichterführung. Man kann einfach NIE erkennen, welchen Kurs die Brüder fahren. Dat die dat nich selber nervt?"


Vor Lombok treffen wir viele bekannte Yachten wieder. Kurz vor dem Ankerplatz fängt es endlich an zu regnen und LASSE erhält eine wohlverdiente Dusche. In Badehosen springen wir glücklich an Deck herum, denn wir hatten seit Australien keinen Tropfen Regen mehr, obwohl der Reiseführer vollmundig behauptet hatte, dass Trinkwasser in diesen Gewässern kein Problem sein würde, da es jeden Tag mindestens einmal regnet.

Zusammen mit RISHO MARU und YARA chartern wir einen Kleinbus samt Fahrer und machen uns auf den Weg in die Hauptstadt zum Einklarieren. Schon am Strand sehen wir erstaunt, wie ein kleines

Frachtschiff von einer Gruppe Frauen entladen wird. Sie tragen gelassen schwere Zementsäcke auf ihren Köpfen, während die Männer in Gruppen herum stehen oder unter einer Palme im Schatten sitzen und rauchen. Die erstaunlich gute Straße führt erst durch saftig grüne Reisfelder in denen wieder nur Frauen mit geschürzten Röcken gebeugt ihrer Arbeit nachgehen. Sie tragen riesige, aus Palmblättern geflochtene Hüte als Sonnenschutz. Schlanke Palmen stehen sporadisch zwischen den Reisfeldern, und bald windet sich die Straße immer höher ins Gebirge. Dichter Regenwald hüllt uns ein, und plötzlich sitzen kleine Affen auf der Leitplanke. Die Kinder sind ganz begeistert, aber der Fahrer warnt uns, denn die kleinen Makaken seien bösartig und würden gerne beißen.

Nach dem Pass windet sich die Straße durch ein Flusstal. Immer wieder sehen wir sauber am Wegrand aufgeschichtete Kieshaufen. Daneben sitzen Frauen in ärmlicher Kleidung, einen schmutzigen Lappen als Mundschutz umgeschlungen und zerkleinern von Hand größere Brocken aus dem Flussbett zu Kies. Den gibt es in allen Sortierungen und Größen. Der Fahrer erklärt, dass diese Arbeit nur von den ganz Armen gemacht würde. Und wieder nur von Frauen. Er findet das ganz normal, und tatsächlich sehen wir mehrheitlich Frauen die schwere Arbeit im Straßenbau machen, Frauen die Häuser bauen, und wir wundern uns immer häufiger über ihre Geduld und Genügsamkeit. Die Männer dagegen haben so verantwortungsvolle Posten wie unser Fahrer, der stolz am kleinen Finger einen zwei Zentimeter langen Nagel wachsen lässt zum Zeichen, dass er seine Hände nicht mehr schmutzig zu machen braucht. Männer sitzen in Caféhäusern, treiben Handel und haben Posten in der Verwaltung, aber ohne die Arbeitskraft der Frauen würde die Wirtschaft in diesem Land ganz offensichtlich sofort zusammenbrechen.

Als wir aus dem Gebirge hinunter in die Ebene kommen, wird der Verkehr immer dichter. Horden von Motorrädern umknattern uns in dichten Schwärmen. Kleinlaster mit hochgetürmter Ladung schwanken gefährlich, wenn ihre Fahrer mit halsbrecherischen Manövern versuchen, einen Vorteil im Verkehrsgewühl zu ergattern. Der staubige Straßenrand ist gesäumt von einer endlosen Kette an kleinen Läden, Werkstätten, Garküchen und Tankstellen, die aus Glasflaschen Benzin per Liter verkaufen. Dazwischen drängen sich desperate Fahrradfahrer, Maultierfuhrwerke und Fußgänger. Kilometer um Kilometer windet sich dieses Band aus urbaner Geschäftigkeit, rostigen Wellblechdächern, Müll, Hühnern, Tempeln und kleinen Moscheen durch die gleichförmigen Slums und Wohnviertel auf das eigentliche Stadtzentrum zu.

Beim *Immigration Office* sind sie sehr höflich und gut organisiert und schon nach einer halben Stunde haben alle ihren Stempel. Bei *Customs* dagegen scheinen wir offensichtlich zu stören. Vor dem Office sind zwei niedere Beamte dabei, den glänzenden Geländewagen des Chefs zu waschen. Im Hinterhof ist ein Tennisplatz, und das Wartezimmer ist belagert von Uniformierten, die hier hingebungsvoll ihre Zeit mit Fernsehen totschlagen.

Es kommt sehr selten vor, dass sich Segler hierher verirren, und so sorgen wir für große Aufregung. Der oberste Chef wird geholt und mit ernster Miene bittet er uns drei Kapitäne in seine weiträumigen Gemächer. Er verschanzt sich hinter einem eindrucksvollen Teakholzschreibtisch und brütet über unseren Papieren. Wir können hier nicht ohne Agenten einklarieren, stellt er endlich fest, und wer denn unser *Cruisingpermit* besorgt hätte. Wir verweisen an die Bali Marina. Bedenkliches Kopfwiegen. Tja, er sei zwar auch aus Bali und nicht aus diesem hinterwäldlerischen Lombok, aber ohne Agenten ginge nichts.

Wir beraten uns kurz und bitten ihn dann doch für uns ausnahmsweise als *Agent* zu fungieren, denn wir wollen nicht zur Bali Marina segeln.

Wir bieten ihm Geld für seine *Dienste* an, aber er verschwindet mit finsterem Gesicht. Nach zwanzig Minuten ist er zurück, das Agententhema ist vergessen, aber mit Grabesstimme verkündet er genüsslich: "There is this isssue with the *bond*." Wir dürfen gerne Indonesien besuchen, müssten aber die unbedeutende Summe von 25% unsres Bootswertes als Deposit bei ihm hinterlegen.

Diese Eröffnung wird von verstohlenem Händereiben begleitet. Der Raum hat sich mit einigen weiteren wichtigen Uniformträgern gefüllt. Wir sind offensichtlich das Ereignis des Tages.

Draußen auf dem Flur sind die vier Kinder nach einer guten Stunde Warterei außer Rand und Band und machen mit lautem Getobe ihrem Unmut Luft. Wir beraten uns kurz auf Deutsch und verkünden dann, dass keiner von uns soviel Geld aufbringen könnte, und wir darum schweren Herzens auf die Gastfreundschaft dieses schönen Landes verzichten und weiter nach Singapur segeln müssten, und ob sie uns bitte unsere Papiere zurück geben könnten?

Das alarmiert die Würdenträger augenblicklich. Nach einer für uns unverständlichen Diskussion werden wir in ein schäbiges Büro zu einem offensichtlich nicht so wichtigen *Kassenwart* gebracht, bezahlen eine kleine Gebühr, und ohne die sonst allfällige Frage nach einem Geschenk erhalten wir unsere *Inward Clearance*.

Der Rückweg führt über eine kurvenreiche Uferstraße, die sich gewagt um Felsnasen windet, um dann steil ins nächste Tal abzufallen. Bucht reiht sich an Bucht, unterbrochen von Bergrücken, die sich bis in die Wolken verlieren. Die Täler dazwischen sind dicht mit Palmenhainen bewachsen, unter die sich bescheidene Holzhütten drängen. Schweine und Kinder streunen herum und am schwarzen Lavastrand liegen die Auslegerkanus der Fischer wie riesige Spinnen in der Sonne. Gegen Abend fahren diese zerbrechlich aussehenden Boote bestückt mit einem dreieckigen Lateinersegel zum Fischen hinaus in die Meerenge zwischen Bali und Lombok. Hier weht eine beständige Thermik, und so hat keines der Boote einen Motor. Hunderte von weißen Segeln fliegen hinaus aufs Meer, bis die Wasserfläche zwischen den Inseln wie eine einzige große Segelregatta aussieht. Sie verbringen die Nacht mit Fischen, und am Morgen gleiten sie wieder zurück in ihre jeweilige Bucht. Wir wundern uns nicht mehr, dass wir in indonesischen Gewässern keinen Fisch mehr fangen. Es ist eher erstaunlich, dass hier trotz der unzähligen Fischerboote tatsächlich noch Fische überleben können.

Die *Sail Indonesia Rally* ist weiter gezogen, und nun ist auch für uns ein Plätzchen frei auf dem wunderbaren Ankerplatz vor Gilli Air. Aber nach dem die 130 Boote die Insel heimgesucht haben, ist sie verdorben für normale Fahrtensegler. 130 Boote, viele davon nur für wenige Monate unterwegs, fallen wie die Heuschrecken mit prall gefülltem Geldbeutel über so einen ahnungslosen kleinen Fischerort her. Sie brauchen Wasser, Diesel, Entertainment, und für wenige Tage bietet sich den sonst eher bescheiden lebenden Fischern die Möglichkeit, schnell an Geld zu kommen. Ist die Meute weitergezogen und wir tauchen auf, sind die Preise plötzlich ein Vielfaches im Vergleich zum Rest des Landes, und die eh schon windige Geschäftsmoral ist gänzlich dahin.

Carola will mit den Kindern eine Eselkarrentour um die Insel machen. Nach dem obligatorischen Verhandeln einigt sie sich mit dem Fahrer auf eine einstündige Rundfahrt. Nach der Hälfte der Insel macht der Gute aber kehrt und ist bereits nach 30 Minuten zurück am Ankerplatz und verlangt den doppelten Preis. Als Carola ihn freundlich auf sein Versehen hinweist, wird er laut und ungehalten, aber sie bleibt stur im Wagen sitzen und die Kinder spielen mit dem Esel, bis die verabredete Zeit um ist.

# Bali - no more bloody temples anymore

In Bali zeigt sich die indonesische Geschäftstüchtigkeit von ihrer besonders hartnäckigen Seite. Wir ankern vor dem Ort Lovina, wo sich eine ganze Horde fliegender Händler am Ufer eingenistet hat, und jedes Mal, wenn wir mit dem Dingi an Land kommen, fallen sie gierig über uns her. Auf aggressive Weise wird versucht, Wäscheservice, Bootstouren, Restaurantbesuche, Schmuckstücke, Tücher, Gürtel und Massagen an den Mann zu bringen, und wenn wir freundlich ablehnen, verfolgen sie uns den halben Strand entlang und rufen zum Schluss: "You promise tomorrow", so als könnten sie uns damit zu einem Kauf in der Zukunft verpflichten.

Als ich am ersten Tag an Land rudere, bedrängt mich eine Frau besonders penetrant. Sie will meine Wäsche waschen. Ich verwickele sie in ein Gespräch und versuche ihr zu erklären, dass wir heute nicht waschen. "Gut, dann bring deine Wäsche morgen." "Nein, ich gehe erst ins Dorf und sehe was die anderen Wäschereien für Preise haben, und wenn du einen guten Preis hast, dann kannst du meine Wäsche waschen."

Es ist, als würde sie mich nicht verstehen können, dabei spricht sie erstaunlich gut Englisch. Im Dorf zeigt sich, dass sie doppelt so viel verlangt hat, wie die anderen Wäschereien, aber als ich ihr dies sage, wird sie richtig unfreundlich und fängt an mich zu beschimpfen.

Geduldig frage ich sie, warum ich denn bei ihr das Doppelte bezahlen soll? Darauf nennt sie zähneknirschend einen Preis, der immer noch über dem der anderen liegt. Auf meine Frage, warum ich ihr denn für ihren Service mehr bezahlen sollte, antwortet sie mit einem Schwall an Flüchen und Verwünschungen.

Während der ganzen Zeit unseres Aufenthaltes versucht sie es immer aufs Neue. Wie eine Schmeißfliege bedrängt sie uns jedes Mal, wenn wir an Land rudern. Haben wir es aber hinter die erste Reihe der Händler geschafft, entpuppt sich Lovina als ein hübsch gestalteter Touristenort. Der Besuch der Rally liegt in seinen letzten Zügen, und endlich kommen wir auch mal in den Genuss einer der positiven Seiten dieser zweifelhaften Veranstaltung: Zum Abschied von Bali haben die Veranstalter eine Vorführung von traditionellen Legong-Tänzen am Strand organisiert. Von den Rallyteilnehmern kaum besucht, dafür aber umso mehr von den Einheimischen, erleben wir eine mitreißende Show. Geschmeidig winden sich die jungen Tänzerinnen, das Gammelanorchester klöppelt uns in eine leichte Trance, während im Hintergrund die Sonne blutrot zwischen den ankernden Yachten im Meer versinkt.

Tempel auf Bali.

Aus einer Rundmail:
*25. September 2008*

*Hallo und selamat pagi aus dem Land der Kinderkneifer und Betrüger! Jeah, right! Wir sind in Asien. besser noch, in Indonesien und wir sind platt!! Was ein Gewusel und Gedränge. Außerdem ist gerade Ramadan und irgendwo muss im Koran eine Stelle sein, die den Gläubigen befiehlt, die Rufe zum Gebet mit extrem schlechten Lautsprechern extrem laut in die Umgebung zu all den extrem müden Ungläubigen zu senden. Und natürlich gibt es pro Dorf immer zwei Moscheen, die immer etwas zeitversetzt das Band mit dem Lied vom sterbenden Camel starten. Schade, dass das immer auch nachts von drei bis vier sein muss. Wir sind dann extra nach Bali gefahren in der irrigen Annahme,*

*dass auf einer hinduistischen Insel kein Muuuhezzin kräht. Tja, Irr-*
*tum! Waren vor zehn Jahren die Muslime auf Bali eine unbedeuten-*
*de Minderheit, so stellen sie heute bereits 25% der Bevölkerung. Die*
*Insel platzt aus allen Nähten und die hinduistische Mehrheit hat sich*
*darum eine strenge Geburtenbeschränkung auferlegt. Die Muslime*
*dagegen vermehren sich fröhlich weiter und verschieben damit dra-*
*matisch die politischen und kulturellen Verhältnisse.*
*Auch hier in Bali gibt's also überall zwei Moscheen und die Befähi-*
*gung zum Einsingen des Gebetrufbandes ist definitiv keine Gesangs-*
*ausbildung.*
*Wir bewundern die Gelassenheit und Toleranz der Hindus hier und*
*sehnen uns heimlich nach einer guten deutschen Lärmschutzverord-*
*nung. Echt blöd, wissen wir auch. Und so intolerant! Also, wenn uns*
*jemand die Augen für die schönen, spannenden, interessanten, tiefen*
*spirituellen Seiten des Islam öffnen könnte, wären wir echt dankbar!!*
*Das erste indonesische Wort, dass die Kinder lernten war: Jangan*
*tubit. Auf gut deutsch: nicht kneifen! Kaum setzten wir den ersten*
*Fuß auf asiatischen Boden, kamen alle angerannt, Kinder kneifen.*
*Muss ein Volkssport sein. Sehr merkwürdig, gelten doch für den*
*Umgang mit Erwachsenen strenge Regeln wie: Nicht den Kopf ei-*
*nes Menschen berühren, niemandem die Fußsohlen zeigen, nicht mit*
*dem Finger auf Menschen zeigen, immer lächeln, niemals laut wer-*
*den und nicht die Hände in die Hüften stemmen. Aber bei Kindern ist*
*alles erlaubt. Und so kneifen sie fröhlich lächelnd, je blonder desto*
*härter! Lisa und Nils haben lange gebraucht, um zu verstehen, dass*
*es nicht böse gemeint ist. Echt eigen, und auch nach sechs Wochen*
*haben wir uns noch nicht so recht daran gewöhnt! (Später erfahren*
*wir, dass das Kneifen von blonden Kindern dem Kneifer Glück brin-*
*gen soll. Da haben unsere Kinder unwissentlich die Glücksmenge in*
*Indonesien deutlich erhöht!)*
*Und dann einkaufen: Wir wollen bloß etwas Obst und Gemüse. Aber*
*nein, kaum tauchen wir Gringos auf dem Markt auf, kosten Mangos*
*nicht mehr 1000.- Rupien sondern 15 000.- (etwa 1,50 Euro) pro*
*Stück. Wer das bezahlt, verliert sein Gesicht, ist ein blöder Westler,*
*und macht die Preise für die Einheimischen kaputt! Also "Bargai-*
*ning" heißt der neue Sport: wenn wir es dann nach vielem Hin und*
*Her auf 2000.- Rupien für eine Mango geschafft haben, sind wir*
*schweißgebadet, der halbe Markt hat sich versammelt, um ja nichts*
*von der kostenlosen Show zu verpassen, und wir haben extreme Rü-*

ckenschmerzen, denn sie sind alle zwei Köpfe kleiner und darum das Marktdach entsprechend niedriger, sodass wir ständig gebückt gehen müssen. Nach 30 Minuten haben wir endlich Mangos, keine Nerven mehr und noch eine lange Liste unerledigter Einkäufe, um die selbstverständlich genauso hart gefeilscht werden muss. Tja, so geht wohl Fasten auf asiatisch. Wir haben noch eine Menge zu lernen, denn schließlich geht das jetzt bis in die Türkei so weiter!

Schön sind auch die kleinen Begegnungen am Strand, wo es von allen Ecken ruft und wispert: "Hello Massage", "Hello Transport", "Hello Dolphin". Über meinen Hinweis, dass mein Name nicht Massage sei, sondern Ben, können sie aber doch lachen.

Wirklich nett sind sie hier! Echt interessiert und sehr freundlich! Aber vergiss niemals, dass du handeln musst. Denn sonst verlangt der Bemofahrer ("Taxi") statt der üblichen 50 Cent für eine Fahrt fünfzehn Euro, frei nach dem Motto: Man kann es ja mal versuchen. Selbst der Bankautomat verlangt gute "bargaining skills": In der Stadt kann man zwei Millionen (200 Euro) abheben, was schmerzt, da wir pro Vorgang fünf Euro Gebühr bezahlen mussten, und im Rest der von uns bereisten Welt war das Maximum meistens so um 500 Euro und damit deutlich besser. Kommen wir hier aber aus der Stadt in die Nähe eines Strandes (und da ankern wir, da vor der Stadt kein Ankerplatz ist) gelten andere Gesetze: Am Strand sind Touristen, also heißt es "verhandeln" mit der elenden Maschine. Manchmal bekommt man 1,5 Millionen, meistens aber nur eine Million, und dann sind fünf Euro irgendwie schon ärgerlich. So handeln wir uns durch den Tag, in traumhafter Umgebung, unter lächelnden Menschen und doch manchmal am Abend mit der stillen Sehnsucht nach einem Laden mit festen Preisschildern, wo man in zehn Minuten mal eben EINFACH das Nötigste kaufen kann mit dem guten Gefühl, dass es zwar teuer, dafür aber schnell war und jeder im Laden gleich viel betrogen wurde oder eben auch nicht.

Traurig macht uns die Beobachtung, dass dieses permanente Betrügen auf die nettesten Segler abzufärben scheint. Da wird ohne weiteres die Muring, an der sie sicher und entspannt liegen konnten, verlassen, ohne zu bezahlen. Rache? Aber an wem? Wir haben allerdings auch noch nicht verstanden, wie sich dieser Volkssport der Indonesier, den anderen übers Ohr zu hauen, mit dem Hinduismus oder dem Islam verträgt. Hat uns doch ein freundlicher Tempeldiener erklärt, er versuche sich durch Meditation zu reinigen, um ein guter

*Mensch zu werden, er wolle schließlich nicht als Moskito wiederge-*
*boren werden. Wir freuen uns auf das baldige Ende des Ramadans,*
*denn die Moslems werden unserer Wahrnehmung nach zunehmend*
*müder und aggressiver. Dann gibt es eine riesige Party, wenn endlich*
*wieder zur richtigen Zeit gegessen und vor allem überhaupt wieder*
*geschlafen werden darf.*
*Nils hat seit ein paar Tagen großen Liebeskummer, da ihm die wun-*
*derschönen Legong-Tänzerinnen so sehr gefallen haben und sie aber*
*doch dann viel zu alt seien, wenn er dann endlich im heiratsfähigen*
*Alter ist. Lisa dagegen ist beim Spielen im Dingi auf die Holzbank*
*gekracht und wir brauchten viele Klebestreifen, um die Platzwunde*
*auf der Stirn zu flicken. Wir hatten aber wieder Glück, denn eine*
*australische Ärztin (Seglerin) kam zum Helfen. Ansonsten geht es uns*
*gut. Wir schwitzen ordentlich, aber können ja endlich auch wieder*
*baden - keine Krokodile!*
*Sorry, dass wir noch nicht positiver über Asien schreiben können, wir*
*sind noch immer überwältigt und strampeln uns erst langsam frei.*
*Grüße von Nils, Lisa, Carola und Ben.*

Zusammen mit YARA und RISHO MARU teilen wir uns einen Mini-
bus, um ein paar in der Gegend verteilte Tempelanlagen zu besuchen.
Herbert von der YARA lenkt das Gefährt mit asiatischer Gelassenheit durch den balinesischen Verkehrswahnsinn. Leider ist es ihm
nicht gelungen, seinen Führerschein für Indonesien zuzulassen, und
so sackt uns bei jeder Polizeikontrolle etwas das Herz in die Hose,
denn alle haben uns davor gewarnt, mit der indonesischen Polizei in
Konflikt zu kommen. Das würde teuer werden, munkelte es von allen Seiten. Herbert steuert uns unverdrossen durch den unübersicht-
lichen Verkehr von Lovina, mit hektischen Navigationsanweisungen
von Gesche versorgt, und nachdem wir zum dritten Mal den Innen-
stadtring auf der Suche nach dem richtigen Abzweig umkreist haben,
kennt uns auch der Verkehrspolizist auf der großen Kreuzung. Er lächelt nur nachsichtig, als Herbert unter lautem Protest der anderen
Verkehrsteilnehmer regelwidrig in eine Nebenstraße schießt. Touristen und ihre seltsamen Manöver ist man hier offensichtlich gewohnt.
Die erste Tempelanlage wird von einer Familie *bewirtschaftet*. Als wir
unsere mitgebrachten Sarongs umbinden, um den Bekleidungsvor-
schriften zu genügen, machen sie säuerliche Gesichter, denn eigentlich wollten sie uns doch Sarongs vermieten. Es gibt keinen Eintritt,

aber sie bitten uns, eine *Donation* (Spende) zu machen. Ich stecke den Gegenwert von zehn Euro in die Box, was in etwa dem Tagesverdienst eines Arbeiters in Bali entspricht und finde, dass ich damit für meine Familie ausreichend *gespendet* habe. Lautes Protestgeschrei erhebt sich. Was ich mir einbilden würde, nur so wenig zu spenden, und voller Ingrimm zeigen sie mir ein Buch, in dem die großzügigeren Spenden anderer Besucher vermerkt sind. Auf meine Frage, warum sie denn nicht einfach Eintritt erheben, wenn ihnen meine Spende nicht passt, entspinnt sich eine heftige Diskussion. Ich aber bin sauer, sage, dass ich ihren Tempel gar nicht mehr sehen möchte, und dass sie sich das Geld an den Hut stecken können. Die anderen schließen sich meiner etwas heftigen Reaktion an, wir machen kehrt und lassen die verblüfften Leutchen mit ihrem Tempel allein zurück.

Vorbei an leuchtenden Reisfeldern windet sich eine Nebenstraße hinauf in die Vorberge. Wasserbüffel stehen bis zum Bauch im Matsch, der Verkehr wird spärlich, und direkt neben der Straße liegt noch ein Tempel. Als wir eintreten, kommt uns ein malerisch gekleideter, spindeldürrer Greis entgegen. Er strahlt über das ganze Gesicht und entblößt ein herrlich windschiefes Gebiss. Er ist offensichtlich hoch erfreut, dass wir *seinen* Tempel besuchen kommen, und in blumigem Englisch fängt er an zu erzählen. Wir sitzen im Schatten einer Pagode, umgeben von den bizarr geformten Tempelgebäuden, die von einer rötlich glasierten Ziegelmauer eingefasst werden, und selbst die Kinder lauschen gespannt seiner märchenhaften Geschichte. Seine Augen sprühen voller Humor, als er uns mit ausladenden Gesten eine etwas unorthodoxe Kurzversion des Hinduismus vorträgt. Er vergisst auch nicht zu erwähnen, dass er nur dank der Großzügigkeit des Bürgermeisters hier als Tempeldiener seine kleine Lehrerrente aufbessern darf, und nach über einer Stunde spannender Kulturgeschichte verabschiedet er uns herzlich wie alte Bekannte. Das Thema Geld oder Spenden erwähnt er mit keinem Wort, auch wenn sein Tempel ganz offensichtlich dringend finanzieller Zuwendung bedarf. Klar, dass wir ihm gerne und von Herzen geben.

Am Nachmittag besuchen wir einen berühmten Wasserfall im Gebirge. Nachdem wir die auf dem Parkplatz herumlungernden Guides abgeschüttelt haben, wandern wir auf einem schmalen Weg durch eine balinesische Traumlandschaft. Eine von wilden Bächen zerfurchte Hügellandschaft wird von leuchtend grünen Reisterrassen durchzogen. Überall gluckert und gluckst Wasser. Zwischen tropischem Regenwald und den Feldern stehen kleine Holzhäuschen. An den Rändern der Reisfelder wiegen sich Palmen, und immer wieder öffnet sich ein schöner Blick bis hinunter zum Ozean.

Entlang des Weges reihen sich in endloser Folge kleine Verkaufsbuden, in denen alle nur erdenklichen Kostbarkeiten der balinesischen Souvenirindustrie feilgeboten werden. So wird aus unserem fröhlichen Spaziergang bald ein asiatisches Spießrutenlaufen, denn die Verkäufer sind extrem geschickt und verstehen es, selbst dem hartherzigen Skipper ein schlechtes Gewissen zu machen, weil er nichts bei ihnen gekauft hat. Eigentlich wollten wir nur den Wasserfall sehen!

Der ist ganz nett, aber nach Neuseeland sind wir nicht mehr so leicht zu beeindrucken. Darum flüchten wir vor den aufdringlichen Verkäufern in ein märchenhaft auf einem Hügel gelegenes kleines Restaurant. Ehemals ein Bauernhaus, bewirtschaftet eine ältere Frau die vorbeiwandernden Touristenströme. Sie ist sehr freundlich und ganz begeistert von den Kindern. Noch bevor wir bestellen, bietet sie den Kindern je eine Banane an. Sie fragt Nils, ob er Banane mag, und der antwortet ihr ehrlich auf Englisch: "No, but I like mango!" Daraufhin schält sie eine Mango und bringt Nils ein winziges Stückchen.

Wir bestellen den üblichen gebratenen Reis mit nicht viel dazu und genießen die Aussicht. Die Preise sind der Lage entsprechend saftig, aber das Essen ist OK. Die Rechnung dagegen ist es nicht. Da sind Dinge auf der Liste, die wir nicht bestellt und auch nicht bekommen haben. Freundlich weisen wir die alte Dame auf ihren Fehler hin. Unwillig vor sich hinrummelnd schreibt sie eine neue Rechnung und auf der finden meine ungläubigen Augen die kleine Scheibe Mango mit umgerechnet einem Euro berechnet. Na, guten Appetit!

Die nächsten Tage verbringen wir einfach nur am Strand und bewachen einige Boote, damit deren Crews einen Ausflug machen können. Während wir Eltern faul in einem kleinen Café im Schatten einer Palme sitzen, spielen Nils und Lisa mit zwei Fischerkindern. Die Verständigung klappt prima: Unsere sprechen Englisch, die einheimischen Kinder Indonesisch, wo ist das Problem?

Nils und Lisa machen große Augen, als die Mutter der Kinder auftaucht und diese zur Arbeit schickt. Mit einem kleinen Tablett voller Muscheln und Schmuck ziehen sie durch die Bars und Cafés am Strand und versuchen, ihre Kostbarkeiten an die Touristen zu verhökern.

# Als Filmstars auf Belitung

Da die Rally weiter nach Sumatra gefahren ist, beschließen wir, einen großen Hüpfer nach Belitung zu machen, um so endlich einmal vor der Horde zu sein. Wir verabreden mit YARA und RISHO MARU einen Ankerplatz am Nordende von Belitung und setzen zusammen Segel. Naja, wir setzen Segel und die beiden anderen Boote motoren bald an uns vorbei. Aber wir haben es nicht eilig, denn vor uns liegt ein Stückchen offenes Meer, bevor weitere Inseln und Riffe unsere Aufmerksamkeit fordern. So gleiten wir gelassen über ein ruhiges Meer in die Dämmerung. Nils weint, da wir KIKA zurücklassen, Lisa verkleidet sich unter Deck als Legong-Tänzerin. Dick in Tücher gewickelt schwitzt sie bei 35 Grad im Schatten geduldig vor sich hin.

Die Vulkankegel von Bali verschwinden langsam hinter uns im Dunst, die Fischerboote bleiben zurück, und bald sind wir auch an der letzten Fischfarm vorbei und haben hoffentlich für die Nacht freies Meer vor uns. Diese Fischfarmen haben es in sich, denn sie sind unbeleuchtet, auf dem Radar nicht zu erkennen, da aus Bambus gefertigt, aber doch so groß, dass eine Kollision ernsten Schaden anrichten würde und wir treffen sie auch noch weit draußen auf dem Meer.

Die Nacht wird sehr friedlich. Riesig funkeln die Sterne über uns und wir treffen außer einem Frachter niemanden. Am Morgen stehen wir vor der Raus-Strait, und auf einen weiteren heißen Segeltag folgt eine nervenaufreibende Nacht. RISHO und YARA sind längst außer Reichweite, dafür treffen wir mitten im Tiefwasserweg der Großschifffahrt auf eine Horde von Squidfischern. Die fahren nachts aufs Meer und beleuchten die Umgebung ihres Schiffs mit möglichst hellen Flutlichtern. So locken sie den Squid in ihre Netze und uns in den Wahnsinn, denn offensichtlich sehen sie vor lauter Licht nicht, was um sie herum vorgeht, und so enden wir wie ein Kaninchen bei Nacht auf der Autobahn. In endloser Folge sehen wir sie schon von weitem den Horizont erleuchten. Wir zählen einmal zwanzig Boote im Umkreis von wenigen Meilen.

Leider können wir wegen der hellen Lichter nicht erkennen, in welche Richtung sie fahren, und so müssen wir mehr als einmal den Motor starten, um so einem der schwimmenden Flutlichtmonster auszuweichen. Einer verfolgt uns regelrecht; immer wenn ich den Kurs ändere, kommt er hinterher, und erst als er nur noch wenige Bootslängen von uns entfernt ist, und wir mit unserem Suchscheinwerfer unsere Segel erleuchten, bemerkt er uns endlich und dreht unter lautem Rufen ab. Vier lange Stunden quälen wir uns angespannt durch das Gewimmel, schlagen Haken, weichen aus und sind am Morgen ganz zerschlagen von der ständigen Konzentration.

Es ist heiß und schwül, der Wind ist schwach und über Kalimantan türmen sich gewaltige Gewittertürme. Die Kinder sind großartig. Sie basteln hinduistische Gebetsfahnen und dekorieren damit die Kajüte. Dann baut Nils aus einer alten Plastikflasche und Holzstäben ein Auslegerkanu. Lisa macht dem Skipper eine Massage, damit er sich von der Nacht erholen kann. Sehr aufmerksam!

Sie zerbricht sich gerade die Zunge am Wort Schüssel: "Was heißt das auf Englisch? Bowl? Das ist doch viel einfacher als Ssüschel!"

Indonesischer Squidfischer.

In der Nacht dann wieder Aufregung. Ein Frachter passiert uns langsam auf Gegenkurs. Plötzlich ist da im Dunkeln ein Schatten am Horizont. Ich bemerke ihn nur, weil er plötzlich die Sterne verdeckt. Im Fernglas kann ich einen dunklen Haufen erkennen. Sieht aus wie eine Insel, komisch, dabei sind wir mitten im Tiefwasserweg. Vielleicht ist sie neu entstanden und noch nicht in der Seekarte verzeichnet, immerhin sind wir in einer der vulkanisch aktivsten Gegenden der Erde.

Das Radar zeigt ein solides Echo, und so ändern wir wieder mal den Kurs. Als wir auf gleicher Höhe sind, lüftet sich das Geheimnis: Der

Frachter war ein Schlepper und was in mondloser Nacht wie eine Insel aussieht, ist eine riesige Schute, auf der sich wie ein Berg die Ladung türmt. Die Schlepptrosse ist extrem lang und der Schlepper dank asiatischer Lichterführung als solcher nicht zu erkennen. Selbstverständlich ist die Schute nicht beleuchtet. Für Spannung ist also gesorgt.

Im Morgengrauen des sechsten Tages auf See segeln wir die Ostküste von Belitung entlang. Es ist gewittrig, und immer wieder muss ich die Elektronik abbauen und zur Sicherheit im Backofen verstauen. Die Kinder wissen dann schon gleich Bescheid und verkriechen sich unter Deck. Als ich den nautischen Führer für die Ansteuerung des Ankerplatzes wälze, stelle ich fest, dass mir ein Fehler unterlaufen ist, und wir an dem mit YARA und RISHO verabredeten Platz längst vorbei gesegelt sind. Daraufhin bekommt Carola einen Wutanfall. Sehr verständlich, ich habe ja selber keine Lust mehr, hier zwischen Gewittern und Fischern rumzugurken.
Aber nun ist es zu spät, und außerdem haben wir die zwei unterwegs nicht gesehen, also wer weiß, ob sie wirklich dahin gefahren sind?
Wir landen gegen Abend auf einem pittoresken Ankerplatz vor dem kleinen Örtchen Sijuk. Noch drei andere Yachten liegen hier zwischen den Felsen vor einem weißen Palmenstrand. RISHO und YARA sind nicht darunter. Die Felsen sind großzügig über das Meer verteilt, und manche sehen aus wie Tiere oder alte Möbelstücke, die jemand mit grauer Sauce übergossen hat.
Kaum ist der Anker im Grund und der Motor gestoppt, kommt ein großes Fischerboot mit seitlichen Auslegern auf uns zu. Es wimmelt von Menschen. Zwischen den Seilen die die Ausleger verspannen, auf dem Kajütdach, an Deck, überall hängen, stehen und liegen sie. Der Kapitän macht sich einen Spaß daraus, direkt auf uns zu zuhalten, aber offensichtlich hat er nicht damit gerechnet, dass LASSE in der leichten Briese vor dem Anker schwojt, und so wird aus dem übermütigen Versuch, uns und seine Fahrgäste zu beeindrucken, plötzlich eine brenzlige Lage. Das ungelenke Fischerboot kann nicht schnell genug den Kurs ändern, und uns rettet nur der blitzartig gestartete Motor, mit dem ich LASSE aus der Gefahrenzone ziehe. Fröhlich winken die Leute herüber und machen Bilder von uns, während wir mit weichen Knien das Ganze nicht so lustig finden können. Auch andere Fischerboote ändern extra ihren Kurs, um

Bilder mit ihren Mobiltelefonen von uns zu machen; offensichtlich sind wir hier eine Attraktion. Nils meint hinterher lakonisch: "Das Fischerboot ist in Gefährlichkeit".

Nach einer friedlichen Nacht rudern wir an Land. Noch bevor wir den blendend weißen Strand erreichen, kommen uns mehrere Männer entgegen gewatet, um uns beim Aussteigen behilflich zu sein. Unser erster Gedanke ist natürlich, dass die sich damit in guter indonesischer Tradition ein Bakschisch (Trinkgeld) verdienen wollen, aber weit gefehlt. Sie wollen uns nur helfen und lassen es sich nicht nehmen, unser Dingi hoch auf den Strand zu ziehen. Da wimmelt es von Menschen. Fahnen sind aufgespannt und heißen die Besucher der Rally auf Belitung willkommen. Alle warten voller Spannung auf die Segler, die eigentlich schon vor Tagen hier ankommen sollten, und obwohl wir immer wieder versichern, dass wir nicht von der Rally sind, werden wir mit ausgelassener Herzlichkeit empfangen. Sie sind sichtlich froh, dass überhaupt jemand auftaucht, und wir versinken in einer Welle von Aufmerksamkeit.
Zwischen den Fischerhütten wurde in Erwartung der Rally ein improvisierter Jahrmarkt aufgebaut. Da gibt es Bretterbuden mit Souvenirs, kleine Garküchen, oder auch einfach nur ein Tisch, auf dem Melonen verkauft werden. Es wimmelt von Polizisten. Auch der Bürgermeister ist da und will unbedingt zusammen mit uns fotografiert werden, und nach anfänglich scheuer Zurückhaltung sammelt sich eine neugierige Menschentraube um uns.
Kinder mit blitzenden Augen, zahnlose Greise, scheue Frauen mit ihren Babys im Tragetuch, Polizisten in goldbetressten Uniformen, Fischer im traditionellen Sarong, alles schart sich um uns. Vor allem Nils und Lisa sind ein begehrtes Fotomotiv, und nach dem sie ihre erste Scheu vor der sie bedrängenden Menschenmenge überwunden haben, stehen sie wie kleine Filmstars im Blitzlichtgewitter der Kameras und winken huldvoll in die Menge.
Wir sind überwältigt von diesem rauschenden Empfang. Einige probieren ihr Englisch aus, und so entspinnt sich ein Hin und Her aus Fragen: woher wir kommen; warum wir auf einem Schiff leben; wie wir Indonesien finden; wie lange wir schon unterwegs sind; wie es in Deutschland ist und ob wir sehr reich seien, dass wir uns so eine Reise leisten können. Sie sind unendlich neugierig und interessiert. Bereitwillig erzählen sie von ihrer Insel, auf der sie abseits der Tou-

ristenströme noch ein eher ursprüngliches Leben führen.

Nach sechs Tagen auf dem Meer würden wir uns gerne etwas die Füße vertreten, und so machen wir uns auf zu einer kleinen Wanderung am Strand entlang. Die Menschenmenge folgt uns unerbittlich auf den Fersen und immer wieder tönt es "Lisa, Lisa", denn sie können auch hier diesen Namen sofort sagen, während "Nils" ihnen einfach nicht über die Lippen kommen will.

Nach dem Spaziergang gehen unsere Kinder mit der versammelten Dorfjugend schwimmen. Zwischen den am Ufer vertäuten Fischerbooten liegt auch ein schnittiges Polizeiboot. Ohne Scheu klettern die Kinder darauf herum und funktionieren es zur Badeplattform um. Die Beamten, in voller Montur, sehen dem wilden Treiben lachend zu. Einer bringt sogar eine kleine Leiter, um den Kindern das Klettern zu erleichtern. Alle sind fröhlich und entspannt, und nebenbei bemerken wir, dass seit unserer Ankunft noch niemand versucht hat, uns etwas zu verkaufen. Sind wir wirklich in Asien?

Als wir am nächsten Morgen versuchen, ein Taxi zu organisieren, um in die Stadt zum Gemüsemarkt zu fahren, wollen die freundlichen Offiziellen nichts davon hören. Wir bekommen ein Auto mit Chauffeur und Dolmetscher gestellt. Bezahlen dürfen wir nichts dafür, und selbst der Hinweis, dass wir doch wirklich nicht zur Rally gehören, kann sie nicht davon abbringen. Schnell fragen wir unter den anderen Seglern herum, ob noch jemand in die Stadt möchte, und als sich noch zwei weitere Paare uns anschließen, haben wir nicht mehr ein ganz so schlechtes Gewissen. Unser Dolmetscher ist im Hauptberuf Lehrer und spricht leidlich Englisch. Wir fragen ihn, warum wir gerade im abseits gelegenen Belitung unsere erste weibliche Polizistin gesehen haben. Nein, das hätte leider nichts mit Fortschritt oder Emanzipation zu tun versichert er uns. Einen Job bei der Polizei muss man sich in Indonesien *kaufen*, und die Eltern der jungen Frau seien eben reich. Er ist sehr bekümmert über dieses System, denn es fördert extrem die Korruption. Oft legen ganze Familien ihr Geld zusammen, um einem Mitglied einen solchen Posten zu kaufen und selbstverständlich muss der dann auch was einbringen. So sind schikanöse Straßensperren, aus denen man sich nur mit viel Bakschisch befreien kann, an der Tagesordnung. Kein Wunder, dass die Polizei einen so schlechten Ruf hat

Er erklärt uns, dass die *Sail Indonesia* zum ersten Mal nach Belitung kommt. Die Insel hofft auf einen Werbeeffekt, denn sie möchten auch am Tourismusgeschäft teilhaben. Leider hat Belitung außer den Stränden landschaftlich nicht viel Sensationelles zu bieten, und das mag mit ein Grund dafür sein, dass der allmächtige *Lonely Planet* Reiseführer die Insel schlichtweg nicht erwähnt. Das wurmt unseren Dolmetscher sehr, aber wir können ihm auch nicht erklären warum, ohne seine von ihm heiß geliebte Insel madig zu machen. Was für uns den Zauber ausmacht, sind eindeutig die Menschen mit ihrer herzlichen Offenheit und Neugierde und ihrer überwältigenden Gastfreundschaft. Im Stillen danken wir den Autoren von *Lonely Planet*, dass sie die Insel vergessen haben. So finden wir hier ein Stückchen ursprüngliches Indonesien, noch unberührt vom Segen und Fluch des Massentourismus, und wir wünschen Belitung noch viele unberührte Jahre in Frieden und abseits der vermeintlichen Vorteile der Tourismusindustrie.

Nach dem obligatorischen Besuch bei Bank und Supermarkt bringt uns unser Lehrer zum einzigen Internetcafé der Stadt. In einem kahlen Raum stehen zehn alte Computer, und wie überall auf der Welt wird an ihnen mit Begeisterung und großer Lautstärke *Counterstrike* gespielt. Es sind ausschließlich Jungs zwischen zehn und fünfzehn Jahren, und sie sind mit großem Eifer bei der Sache. Wir versuchen möglichst schnell unsere Mails zu erledigen, denn die Geräuschkulisse aus peitschenden Schüssen, Explosionen und begeisterten Schreien der Spieler bringt uns nicht gerade in kommunikative Stimmung.

Der Markt dagegen ist ein Traum für den Chefeinkäufer, denn dank des Dolmetschers entfällt das lästige Feilschen. So fülle ich in wenigen Minuten meine Körbe und Taschen mit asiatischen Köstlichkeiten, lerne die wirklichen Preise der Produkte kennen, und gleichzeitig noch etwas über viele, mir bisher unbekannte Gemüse und Früchte.

Glücklich und erschöpft kehren wir von unserem Stadtausflug zurück. Da es sehr heiß und schwül ist, gehen wir zum Essen in ein kleines Restaurant am Strand. Der Fischer hat für die Zeit des Rallybesuchs einfach seine Hütte leer geräumt, um darin eine Küche zu improvisieren. Unter einem kleinen Dach aus Palmenblättern sitzen wir auf schlichten Holzbänken. Der Tisch besteht aus roh gesägten Brettern. Der Wind fächelt uns etwas Kühle zu und es gibt sogar eisgekühlte Getränke. Welch ein Luxus, denn die Hütte hat keinen

Strom, und so fährt jeden Tag jemand mit einem Moped in die Stadt, um einen neuen Eisblock für die Kühlboxen zu holen.

Gekocht wird über einem offenen Feuer auf dem Hüttenboden. Zerbeulte Töpfe und Woks stehen im Sand, und die Frauen der Familie sitzen am Boden und bereiten unser Essen vor. Nils und Lisa sind ganz fasziniert von dieser archaischen Küche, stehen mit großen Augen im Eingang und beobachten, wie die Großmutter in einem steinernen Mörser Gewürze und Chilischoten zu einer Currypaste zerreibt. Das Essen ist ausgezeichnet, und nach dem wir uns daran gewöhnt haben, dass etwa fünfzig Leute das Restaurant umlagern, um ja nicht zu verpassen wie Nils und Lisa essen, lehnen wir uns entspannt auf den Bänken zurück und genießen den Blick über die Bucht. Kaum sind die Kinder fertig mit Essen und dürfen aufstehen, sausen sie hinaus zu ihren neuen Freunden. Unbekümmert spielen sie zusammen, während die Menschenmenge einen Kreis um sie formt und zusieht. Immer aufs Neue werden unsere zwei aufgefordert, sich doch bitte für ein Foto in Positur zu stellen. Gelassen wie erfahrene Filmstars lassen sie die Prozedur über sich ergehen, um danach zu ihrem Spiel zurückzukehren.

Gegen Abend wird es immer voller. Hunderte von Menschen streifen zwischen den Buden und am Strand herum. Alle sind in festlicher Stimmung und neugierig, was es mit der Rally auf sich hat. Schade, dass noch nicht mehr Boote da sind, denn der Ankerplatz füllt sich nur zögerlich mit neuen Yachten, aber die freundlichen Menschen von Belitung lassen sich davon nicht die Laune verderben und feiern halt fröhlich ohne die Rally ihr Fest.

Am Nachmittag des nächsten Tages werden wir von lauten Trommelschlägen an Land gelockt. Eine Artistengruppe der chinesischen Minderheit von Belitung hat sich eingefunden und zeigt einen Drachentanz. Der Drache besteht aus einer kunstvollen Bambusrohrkonstruktion, die mit bunt bemahlter Seide bespannt ist. Kopf und Körper werden von zwei darin verborgenen Akrobaten bewegt, der lange Schweif ist alle zwei Meter auf Stangen gespießt. Jede Stange wird von einem weiteren Akrobaten gehalten, und in einer ausgefeilten Choreographie lassen sie in gekonntem Zusammenspiel den Drachen zum Leben erwachen.

Der Schwanz windet und ringelt sich, je nachdem, ob die Stangen gehoben oder gesenkt werden und zur immer schneller geschlagenen Trommel wirbelt der Drache in fantastischen Windungen durch den

Kreis der Zuschauer. Auf einmal löst sich der Schweif vom Drachen. Zunächst kauert er wie schlafend auf der Erde. Erwachend reckt sich der mächtige Schädel in die Höhe, schnuppert und klappt sein Maul auf und zu. Die zwei Akrobaten sind so gut aufeinander eingespielt, dass wir ihre Anwesenheit bald vergessen haben. Die Illusion ist perfekt. Der Drache erhebt sich, reckt sich, macht Männchen. Ein vorwitziger Junge zwickt ihn in den Po und geschickt wirbelt er herum, um den Jungen zu jagen. Plötzlich bockt er und schlägt mit den Hinterbeinen aus. Dann wieder jagt er in wilden Sprüngen über die Festwiese und die Kinder stieben schreiend auseinander. Auch die Erwachsenen stehen mit leuchtenden Augen um das Spektakel herum und selbst die würdevollen Polizisten jubeln ausgelassen, wenn der Drache ein besonders gewagtes Kunststück vollführt.

Nach einer Stunde sinkt er erschöpft zu Boden und unsere Kinder dürfen zum Abschied eine Runde auf ihm reiten. Es ist eine unglaubliche Leistung der zwei Akrobaten gewesen, denn unter dem Tuch ist es ja nochmals heißer, und uns läuft der Schweiß schon vom bloßen Zuschauen herunter.

Für uns neigt sich die Zeit in Belitung dem Ende zu. Wir wollen weiter, Platz machen für die sich langsam einfindenden Rallyboote. Zum Abschiedsessen gehen wir in *unser* Fischrestaurant.

Ein letztes Mal posieren Nils und Lisa für die begeisterte Menge am Strand, jagen mit den anderen Kindern zwischen den Buden herum und kommen verschwitzt und glücklich zum Essen an unseren Tisch. Wir Großen fühlen uns nicht ganz wohl und können das leckere Essen nicht wirklich würdigen. Es bleibt am Ende einiges unberührt auf den Tellern zurück. Als es ans Bezahlen geht, erklärt uns der Wirt, dass wir nur die halbe Rechnung bezahlen dürften, denn wir hätten ja nicht aufgegessen! Wir protestieren, erklären ihm, dass es nicht an seinem Essen, sondern an unseren Mägen liegt, aber er bleibt stur. Freundlich lächelnd verweigert er jede Bezahlung für die ungegessene Hälfte.

Es wird ein tränenreicher Abschied. Die Kinder sind untröstlich. Nils schluchzt verzweifelt vor sich hin: "Ich bin so traurig, weil ich meine Mädchen nicht mehr sehen kann."

Auch uns fällt es schwer, die freundlichen Menschen von Belitung hinter uns zu lassen. Trotzdem genießen wir die nächsten Tage auf See; die Ruhe und Einsamkeit. Das Meer ist friedlich und LASSE

gleitet ruhig dem Äquator entgegen. In der Stille lassen wir die tur-
bulenten letzten Tage nachklingen. Erholen uns von der ständigen
freundlichen Aufmerksamkeit.

Spielend verarbeiten die Kinder die Eindrücke; basteln Fächer für
indonesische Tänze, malen Bilder von Drachen und Lisa bastelt sich
ein Mobiltelefon mit Kamera. Alle Geschichten enden fortan mit
einem herzlichen: "Foto, cheese".

Fischfalle am Äquator.

Am dritten Tag erreichen wir gegen Mittag zum zweiten Mal auf un-
serer Reise den Äquator. Es ist so heiß, dass niemand mehr Lust zum
Kochen hat. Stattdessen nehmen Carola und die Kinder ein zünf-
tiges Bad direkt auf dem nullten Breitengrad. Anschließend gibt's
Ökokekse von Oma aus Deutschland. Lisa vermerkt optimistisch:
"Den Rest heben wir für den nächsten Äquator auf."

Wir denken zurück an unsere erste Äquatortaufe, die frische Luft um
Galapagos, den Motorschaden. Ist das alles wirklich erst ein Jahr her?
Pünktlich fängt der Motor an komische Geräusche zu machen.
Alarmiert fühlen wir ihm den Puls, können aber nichts erkennen.
Vorsichtshalber stelle ich auf dem abendlichen Ankerplatz das Ventilspiel nach, und als wir am nächsten Morgen unter Motor weiterfahren, horchen wir besorgt auf das gute Stück. Irgendwas klingt
immer noch anders, und als ich erneut in den Motorraum krieche,
finde ich endlich den Fehler: Ein Kupferbogen im Kühlwasserkreis-

lauf ist korrodiert. Statt den Motor zu kühlen, werden neun zehntel des Wassers fröhlich in die Bilge gepumpt.

Während Carola den LASSE im aufkommenden Wind zwischen unzähligen auf Stelzenbeinen im flachen Meer stehenden Fischfarmen hindurch steuert, repariere ich das Kupferrohr provisorisch mit Epoxydharz. Nach bangen Stunden des Wartens auf das Aushärten des Flickens, kommt endlich die Erlösung: Die Reparatur war erfolgreich und wir können weiter in Richtung der Straße von Singapur fahren, denn ohne Motor sollte man sich besser nicht in diese Gegend wagen. Am Abend liegen wir neben EQUA REGIS, einem riesigen, achtzehn Meter langen Australier in einer einsamen Bucht vor Anker. Die Eigner François und Anja kommen zum Abendessen zu uns. Sie ist Malerin aus Polen, er Franzose, vor Jahren nach Australien ausgewandert, hatte dort Pferde gezüchtet und ist jetzt ein erfolgreicher Landart Künstler. Wir verbringen einen angeregten Abend bei französischem Rotwein und Camembert. Das Gespräch kreist einmal nicht um seglertypische Themen wie Motoren und Ankerwinschen. François hat extra Deutsch gelernt, um Rilke im Original lesen zu können. Joseph Beuys, Gottfried Benn und Rudolf Steiner sind ihm vertraut, und er weiß spannende Geschichten von seiner Arbeit zu erzählen. Wir fühlen uns endlich mal nicht als Alien unter den Seglern, denn die zwei haben ebenso krumme Lebenswege beschritten wie wir.

# Singapur - selbst das Wasser ist geteert

Die Straße von Singapur kündigt sich schon von Weitem durch den immer dichter werdenden Funkverkehr an. Unbeeindruckt davon schnattern die indonesischen Fischer fröhlich weiter auf Kanal 16 drauf los. Ein endloser Strom an Frachtern zwängt sich durch diese nur wenige Meilen breite Enge, und wir fühlen uns wie Fußgänger beim Überqueren einer Autobahn zur Hauptverkehrszeit, als sich endlich eine Lücke in den west- und östlich ziehenden Kolonnen auftut und wir mit LASSE das Hauptfahrwasser kreuzen. Wir hatten unseren Aufbruch genau auf die Tide abgestimmt, um diese stressige Gegend rasch hinter uns zu bringen, aber die indonesischen Behörden machen uns einen Strich durch die Rechnung. Bei unserem Versuch, am Abend vorher auszuklarieren, hieß es nur herablassend, wir sollten uns keine Sorgen machen; sie seien morgen pünktlich zur Stelle, und wir würden um sieben Uhr fertig sein.

Jetzt ist es bereits zehn, drei Stunden mitlaufender Strömung sind verloren, und es ist brütend heiß. Als wir auf die Seite von Singapur kommen, wird das Wasser immer schmutziger. Wir sind ja aus Indonesien schon einiges gewöhnt, aber was wir hier sehen, treibt uns die Tränen in die Augen:

Ein zäher, schwarzer Ölfilm bedeckt die Wasseroberfläche. In ihm schwabbelt ein endloser Teppich aus Müll: Verpackungen, ausrangierte Kühlschränke, Fernseher, Plastikfolien, Baumstämme, Paletten, Glühbirnen treiben vorbei. Angespannt versuche ich, uns zwischen den größten Hindernissen hindurch zu manövrieren. Es stinkt entsetzlich nach Diesel, und der Anblick dieser schwimmenden Müllkippe bestätigt uns in unserem Entschluss, nicht nach Singapur zu gehen. Die Stadt rühmt sich zwar großspurig, eine der saubersten der Welt zu sein, und die Strafen für so schlimme Vergehen wie auf den Boden spucken, Moskitos im Gartenteich züchten, oder lange Haare tragen, sind hart, aber offensichtlich endet das Bewusstsein am Ende der Kaimauer. Passend dazu die Selbsteinschätzung eines Politikers aus dem *Cruising Guide to Southeast Asia*: "...We in Singapore emphasise the primacy of society. The individual doesn't count. We have no unemployment, no major diseases, no one dies of starvation, no one sleeps on the pavement. We talk money language, we are pragmatic, we are hard nosed and we are better off than you." Wenn so die Zukunft Asiens aussehen soll, wie es viele in der Gegend hoffen, dann viel Vergnügen!

Stunde um Stunde motoren wir durch die stinkenden Folgen des asiatischen Wirtschaftswunders, während neben uns die blinkenden Hochhäuser abweisend in den Himmel wachsen. Obwohl wir uns direkt auf der Fahrwassergrenze halten, wird es immer wieder brenzlig, wenn einer der Dicken uns zu nahe kommt. Der Funk ist so überlastet, dass wir oft nicht durchkommen, um uns mit den Frachtern zu verständigen, und so heißt es Motor auf Vollgas und nichts wie weg. Es ist eklig heiß und schwül. Über Indonesien drohen gewaltige Gewitter, und der penetrante Gestank, der vom Ölteppich auf dem Wasser aufsteigt, verursacht uns Kopfschmerzen.

Auf dem AIS Radar sind ständig über dreißig Frachter im Umkreis von weniger als zwei Meilen zu sehen, und wir gehen eine Art Doppelwache, indem ich am Ruder stehe, Kurs und Verkehr voraus und an beiden Seiten überwache, während Carola den Seeraum hinter uns beobachtet.

Nils und Lisa haben sich vor dem Gestank unter Deck verkrochen und basteln Frachter aus Knetwachs.

Mittags um zwei haben wir *Raffles Lighthouse* passiert und nähern uns dem nordwärts führenden Fahrwasser. Wo in unserer zwei Jahre alten Seekarte offenes Meer verzeichnet ist, erstreckt sich eine riesige künstliche Insel, auf der sich in endloser Folge Container stapeln. Der Schiffsverkehr hat etwas nachgelassen, dafür ist aber das Fahrwasser voraus mit unzähligen ankernden Frachtern blockiert. Ach ja, auch hier stimmt unsere Karte nicht mehr mit der Wirklichkeit überein, und das neue Fahrwasser macht einen riesigen Umweg um das Ankerfeld herum. Zwischen den Frachtern herrscht ein reges Treiben an Leichtern, Lotsenbooten und kleinen Versorgungsschiffen, aber nach einigem Zögern stürzen wir uns ins Getümmel, denn nur so können wir den Ankerplatz für die Nacht noch vor Dunkelheit erreichen.

Eine letzte lange Stunde braucht noch einmal all unsere Konzentration. Dann können wir das Fahrwasser verlassen, um im Flachen außerhalb der Reichweite der Dicken hinter einer kleinen Insel zu ankern. Dankbar stellen wir den Motor ab, und versuchen den Ölfilm von LASSEs Außenhaut zu entfernen. Aber die scheußliche braune Masse ist gänzlich unbeeindruckt von meinen Putzversuchen. Thanks Singapore.

Carola geht mit Fieber ins Bett, Nils, Lisa und ich haben ein improvisiertes Abendessen, und dann fallen wir alle in einen erschöpften Schlaf. In der Nacht muss sich Carola mehrfach übergeben, und das Fieber steigt weiter. Hat sie doch noch Malaria erwischt?

Die nächsten zwei Tage schleichen wir mit wechselnden Winden und oft mit Motorhilfe nach Norden. Carola ist sehr schwach und hat leichte Fieberschübe, nicht wirklich typisch für Malaria, aber wer weiß?

Also schnell nach Port Dickson ist die Devise, da gibt es ein Krankenhaus.

Der Verkehr ist zum Glück weiter draußen in der Malakkastraße, und wir reisen ungestört entlang einer öden Küste. Nur die allgegenwärtigen Gewitter sorgen für Spannung. Ach ja, und Piraten soll es in der Malakkastraße auch geben, aber wir sind zu sehr mit uns und dem Vorankommen beschäftigt, um uns groß Sorgen zu machen.

Kaum sind wir in der Admiralmarina von Port Dickson fest, öffnet der Himmel seine Schleusen, und ein mächtiges Gewitter geht über uns hinweg. Dankbar verkriechen wir uns unter Deck, während die freundlichen Marinabediensteten, die uns mit den Leinen geholfen hatten, sich lachend durch den warmen Regen in ihr Büro flüchten.

Die nächsten Tage sind wir ein Lazarettschiff. Carolas Fieber ist zwar keine Malaria, vergeht aber nur langsam. Lisa hat Ohrenschmerzen, ich Durchfall, Nils geht es auch nicht gut. Passend zu unserer Verfassung regnet es viel und ist extrem heiß. Fiese kleine Fliegen versuchen uns zu quälen, und auch tagsüber muss das Moskitonetz vor dem Niedergang hängen.

Die Marina ist eine halbfertige Investitionsruine eines reichen Asiaten, in pompös-klassischem Stil erbaut. Riesige Freitreppen und Balkone umgeben eine Eingangshalle, die jedem Grandhotel zur Ehre gereicht hätte. Livrierte Wächter stehen im Schatten eines säulengeschmückten Vordachs und warten auf die meist ausbleibenden Limousinen, um den Gästen die Tür aufzuhalten. Es gibt einen luxuriösen Pool, in dem die muslimischen Mamas in voller Montur mit ihren Kleinkindern planschen, und zwei Hochhaustürme mit Apartments, die aber alle leer zu stehen scheinen. Ein Edelrestaurant lockt mit leckeren asiatischen Gerichten, aber leider sind die Preise eher europäisch, und so schleichen wir nur mit sehnsüchtigen Augen daran vorbei. Dem Ganzen haftet eine geisterhafte Stimmung an, denn alles ist zu groß, zu protzig, und leider meist unbenutzt. Im Hafen schwimmen zwei blitzende Motoryachten, die täglich geputzt werden. An einem weiteren Steg liegen einige schwimmende Wracks; offensichtlich von ihren Besitzern aufgegeben, sind sie in beklagenswertem Zustand.

Direkt neben uns liegt die SHADY LADY aus Hongkong, ein nur zehn Meter langer Katamaran, auch er verlassen, aber vollgekruschtelt mit Kinderspielzeug. Als es uns langsam wieder besser geht, kommt die Crew unseres Nachbarbootes mit lautem Gepolter von einer Inlandsreise zurück. Die Eltern sind in unserem Alter, und sie haben einen Jungen und ein Mädchen im Alter von Nils und Lisa, sowie ein einjähriges Mädchen. Unsere Kinder sind entzückt und verschwinden zum Spielen aufs Nachbarboot.

Von Süden kommen derweil immer mehr Boote an, und der Hafen füllt sich allmählich mit Fahrtenseglern. Die Gespräche kreisen ausnahmsweise nicht um Dieselpreise und den besten Supermarkt, sondern um die Börse. Wir Ignoranten haben dank unserer Medienabstinenz gar nichts vom Börsencrash mitbekommen und lauschen ungläubig den armen Besitzern der Fünfzigfüßer, die nun ihre Reisen verkürzen oder gar ganz abbrechen müssen, da ihre Aktienpakete nicht mehr genug abwerfen. Jetzt müssen sie zurück in ihre Häuser an Land ziehen, und nur wir glücklichen Habenichtse können einfach unbeeindruckt weitersegeln. Endlich ist es mal ein Vorteil, dass wir diese Reise vom *Eingemachten* und nicht aus Zinseinkünften finanzieren, und wir gönnen uns einen klitzekleinen Moment der Schadenfreude.

Nils bringt für Lisa fachmännisch die wirtschaftliche Lage auf den Punkt:

"Lisa, die Supermärkte - wo das Geld ist - sind eingebrochen; also gab's ein riesiges Erdbeben."

Die Marina hat einen Bus organisiert und will uns zu einem traditionellen Fest bringen, das sie *Deepa Raya* nennen. Randvoll mit Seglern, macht er sich auf den Weg. Vorbei an endlosen Ketten von Hochhäusern, die optimistisch direkt an den Strand gebaut wurden und sich ausnahmslos in unterschiedlichen Stufen des Verfalls befinden. Viele sind unbewohnt, manche erst gar nicht fertig geworden. Die bewohnten sehen für unsere Augen aus wie übereinander geschichtete Slums. Schwarze Plastikplanen vor Balkonen, blätternde

Farbe und Autowracks auf den Parkplätzen. Das Ganze wird immer wieder unterbrochen von dichtem Dschungel. Das Fest selber findet in einer eher europäisch anmutenden Einfamilienhaussiedlung statt. Gepflegte Gärten umgeben niedrige Häuser im eher westlichen Stil; es gibt Carports, und an den dort stehenden Autos ist unschwer zu erkennen, dass dies offensichtlich nicht die ärmsten Viertel der Gegend sind.

Auf einem kleinen Platz sind Zelte gegen die Sonne aufgestellt. Hunderte Kopftuch tragender Frauen wuseln herum. Die Männer blicken würdevoll und tragen gerne Schnurrbart. Eine Gruppe Malaien macht eine Kampfsportvorführung, danach gibt es eine lange Rede der Würdenträger und das Fest kann beginnen. Unter den Zelten bieten Garküchen malaiische Köstlichkeiten an, und wir futtern uns munter in der größten Mittagshitze durch eine bunte Folge fremdartiger Gerichte.

Eine Truppe in Grasröckchen führt einen traditionellen Tanz auf. Die Musik dazu ist eher eintönig, aber Lisa und Nils mischen sich bald unter die anderen Kinder, die begeistert den Tanz imitieren, und der Refrain klingt uns noch lange in den Ohren: "Dinko, Dinko, Rambutan..." Danach gibt es noch eine Rede, diesmal von einer würdigen Dame, und dann ist Tanz für die Frauen angesagt. Zu lauter malaiischer Diskomusik schwingen sich die eher beleibten, älteren Muslimdamen in ihren wallenden Gewändern auf die Bühne. Da wird ohne Scheu gekonnt gerockt, dass der Schleier nur so zuckt, während die Männer sich in feiner Zurückhaltung unter die Sonnenzelte verkrümeln.

Zum Fest gehört auch so eine Art Tag der offenen Tür, und nachdem wir jeder eine große Papiertüte voller leckerer Snacks in die Hand gedrückt bekommen haben, werden wir aufgefordert, doch bitte die Häuser der Siedlung zu besichtigen. Zunächst sind wir etwas schüchtern, aber ein alter Mann schnappt sich uns und führt uns zielstrebig in sein Haus. Das Wohnzimmer wird von einer eichenen Sitzgruppe vor dem riesigen Fernseher dominiert, aber das Schlafzimmer ist ganz offensichtlich sein eigentlicher Stolz: Ein Traum in Pink öffnet sich vor unseren ungläubigen Augen. Die Wände bespannt mit Seidentapete, der Teppich, die Vorhänge, die Decke, alles ist pink. Das Himmelbett mit pinkfarbenem Baldachin vollendet diesen zuckersüßen Kleinmädchentraum. Erwartungsvoll steht der Hausherr neben seiner Frau in der Küche, und wir versichern ihm pflichtschuldig, dass wir alles wirklich außergewöhnlich finden.

# Malaysia - Festessen bei den Indern von Pinang

Wir lassen die gastfreundliche Marina zurück und kämpfen uns weiter nach Norden. Mein seglerischer Ehrgeiz leidet immer mehr unter dem ewigen Motoren, aber es ist nichts zu machen, der Wind ist einfach zu schwach. Das Wasser ist seit Singapur zusehends sauberer geworden, aber immer wieder müssen wir den Motor stoppen, um den Propeller von Plastikplanen und anderem Müll zu befreien.

Den nächsten Stopp machen wir in Georgetown auf der Insel Pinang. Schon von Weitem künden die vielen Hochhäuser von der erfolgreichen Geschäftigkeit dieses wichtigen Handelshafens. Vorbei an einer mitten in der Stadt gelegenen Müllkippe, von der es ekelerregend zu uns herüber stinkt, nähern wir uns der Tanjong City Marina. In der Enge zwischen Pinang und dem malaiischen Festland steht eine starke Strömung, und die im Minutenabstand verkehrenden Fähren machen die Ansteuerung des im Zentrum gelegenen Hafens etwas trickreich.

SHADY LADY ist auch schon da, wodurch wir uns gleich zu Hause fühlen. Die Fähren zum Festland landen direkt neben der Marina, und staunend beobachten wir, wie sich ein endloser Strom an Motorrollern mit lautem Gehupe und Geknatter von der gerade gelandeten Fähre ergießt. An Land wartet bereits ungeduldig der nächste Rollerschwarm auf das Signal zum Einschiffen, um sich mit aufheulenden Motoren und unter lautem Gehupe und Geschrei auf die Fähre zu stürzen. Der Vorgang wiederholt sich etwa alle fünf Minuten und wird zur Begleitmusik unseres Aufenthaltes werden. Auf der anderen Seite des Hafens hat sich ein Nachtklub angesiedelt. In der Nacht dröhnt das Gewummer der Bässe in unseren vorsorglich mit Wachs verschlossenen Ohren, während das Kreischen und Hupen der Rollermotoren das nächtliche Konzert abrundet.

Georgetown zieht uns trotz des Lärms in seinen Bann. Ein kurzer Fußmarsch bringt uns ins Viertel der großen indischen Minderheit, wo wir begeistert zwischen all den bunten Läden und kleinen Restaurants flanieren. Carola und Lisa sind fasziniert von den bunten Stoffen und Kleidern, während Nils stundenlang in der Straße der Goldschmiede den Handwerkern bei ihrer feinen Arbeit zusehen kann. Es herrscht dichtes Gedränge, vor allem in den Schmuckläden, in denen sich gewichtige Inderinnen in bunten Saris gegenseitig auf die Füße treten. Sie sind wahrlich mit Gold beladen, und Lisa würde nur zu gerne sich auch mit unzähligen klimpernden Armreifen, Ohrhängern und Fußkettchen schmücken. Das ganze Viertel wird aus unzähligen Musikhandlungen mit den neuesten indischen Hits beschallt. Dazwischen drängeln sich Teppichhändler, Gewürzstände und Süßigkeitentempel.

Da Essengehen in den unzähligen indischen Restaurants genauso viel kostet, wie selber kochen, verzichten wir dankbar auf diese schweißtreibende Übung und gehen täglich aus. Die Kellner sind sehr bemüht und versuchen mit unseren Kindern Englisch zu sprechen, aber ihr Akzent ist so stark, dass wir sie oftmals einfach nicht verstehen können. Wir sind die einzigen Hellhäutigen im Lokal und haben keine Ahnung, was die vielen Gerichte auf der an die Wand gemalten Speisekarte bedeuten. In einer Vitrine schmurgeln lecker aussehende Speisen in verschiedenen Gelb- und Rottönen vor sich hin und draußen auf der Straße werden Roti gebacken. Wir bestellen quer Beet und fragen für die Kinder nach extra milden Gerichten, aber immer heißt es von unseren Kleinen hinterher: "That is toooo spicy, tooo hot and totaly yuk!" Keine Ahnung, wo sie diese englischen Wörter her haben. Trotzdem wollen sie immer wieder indisch Essengehen, denn die Roti, vor ihren Augen frisch zubereitet, machen alle scharfen Gerichte für sie wett.

Mit großen Augen stehen sie neben der heißen Platte, auf der der Rotibäcker mit kunstvollem Schwung die riesigen Teigscheiben elegant bereitet. Er hat eine ganz spezielle Technik, den Teig, ähnlich einem italienischen Pizzabäcker, durch Schleudern in die richtige Form und Dicke zu bringen. Der ganze Vorgang hat etwas von einer kleinen Zirkusvorstellung. Die Eltern sitzen derweil im stimmungsvoll in kahlem Weiß gekachelten Restaurant. Viele Neonröhren verbreiten Bahnhofsatmosphäre, aber Helligkeit ist offensichtlich ein Zeichen von Wohlstand, denn alle Restaurants sind grell erleuchtet. Ein Kellner deckt den Tisch mit großen Bananenblättern. Ein Zweiter kommt mit einem großen Eimer voller Reis vorbei und schaufelt jedem eine großzügige Kelle voll auf das grüne Blatt. Es folgt ein weiterer Eimer mit einer Kelle voll Dhal, einer milden, würziggelben Linsensauce, dazu gibt es verschiedene Currygerichte.

Gegessen wird mit der rechten Hand, da die Linke zur Körperpflege auf der Toilette benutzt und darum tabu ist. Begeistert stürzen sich die Kinder mit vollen Händen auf das Essen und veranstalten eine tolle Sauerei. Das ganze Restaurant beobachtet unsere zwei Ferkel mit sichtlichem Vergnügen, aber wir trösten uns damit, dass das Essen mit den Fingern bei den Indern auch nicht viel besser aussieht. Nach dem Essen wandern die Bananenblätter einfach in den Kompost, es fällt kein Abwasch an und niemand klaut das Besteck! Sehr praktisch.

Die berühmte buddhistische Tempelanlage von Kek Lok Si schmiegt sich an die hinter der Stadt aufragenden Berghänge und ist schon aus der Ferne an den vielen vergoldeten Kuppeln zu erkennen. Sie lockt uns Kulturmuffel aus dem Inderviertel zu einer kleinen Exkursion. Der Bus windet sich endlos durch verstopfte Straßen, vorbei an slumähnlichen Wohnsilos und durch elegante Villenviertel aus der Kolonialzeit. Am Fuß des Tempelberges steigen wir aus und nehmen die vielen hundert Stufen bis zum eigentlichen Tempel in Angriff. Es wird wieder mal ein rechtes Spießrutenlaufen, denn der Fußweg ist an beiden Seiten mit Souvenirbuden gesäumt, deren Besitzer uns mit aller Energie vom Tempelbesuch abhalten und in ihre Läden locken wollen. Der Tempel selber wird zurzeit renoviert. An einem kleinen Tischchen sitzt ein rundköpfiger Mönch, der gegen eine kleine Spende mit asiatischer Gelassenheit die Namen der Besucher auf die in hohen Stapeln bereitliegenden neuen Dachziegel malt. Im Tempelinnern herrscht eine friedvolle Atmosphäre, selbst eine Schulklasse voller pubertierender Jugendlicher, die auf dem Vorplatz noch ein lautes Spektakel veranstaltet hatte, lässt sich andächtig im Schneidersitz vor der goldenen Buddhastatue nieder, um dem leisen Gemurmel ihres Lehrers zu lauschen.
Zurück an Bord, baut Nils sich im Vorschiff seinen eigenen Tempel, und versucht ihn geschäftstüchtig zu vermarkten: Spende, Eintrittskarten, Visa und ein *bond* sind vor dem Besuch fällig.

Nach einer Woche voller Stadtleben mit täglichen Festessen bei *unserem* Inder, Bummeln über die vielen Märkte, Tempelbesuchen, allnächtlichem Discolärm und Verkehrsgebrause, sehnen wir uns wieder nach einem ruhigen Ankerplatz und machen uns auf den Weg nach Langkawi. Beim Ablegen werden wir von der kräftigen Strömung bedrohlich auf unseren Stegnachbarn gedrückt. Carola rettet uns, indem sie mit der Bugleine noch mal zurück an Land springt, aber sie kommt nicht mehr zurück an Bord und so legen wir ohne sie ab. Als ich die Kinder scherzhaft frage, ob wir nun ohne die Mama weiterreisen sollen, erhebt sich ein wildes Protestgeheul. Wir drehen eine Ehrenrunde durch den Hafen und sammeln Carola am Ende der Steganlage wieder ein.

Es ist nur ein Tagestrip nach Kuah, dem Hauptort der Insel Langkawi, der uns aber in eine andere Welt bringt. Die Insel ist ein beliebtes Ferienziel für viele reiche Asiaten, und es wimmelt von Duty Free Shops, in denen man von Rolexuhren über Parfüm bis zu Alkohol und Zigaretten alles bekommt, was den *Urlaub* erholsam macht. Staunend beobachten wir die in der Mehrheit muslimischen Frauen, von denen viele unter einer schwarzen Burka versteckt sind, mit Ausdauer durch die Shoppingtempel streifen und die neuesten Niketurnschuhe ausprobieren. Männer in traditionellen Gewändern und mit Bärten, lang wie der des Propheten, sitzen einträchtig neben jungen Japanerinnen im sexy bauchnabelfreien Dress bei McDonalds und schlürfen Cola. Nils und Lisa bombardieren uns ohne Ende mit Fragen zu den *Burkafrauen*. Wir versuchen ihnen behutsam die Eigenheiten der islamischen Religion und ihre Auswüchse zu erklären. Langkawi scheint offensichtlich ein beliebtes Zeil für wohlhabende Pärchen aus Saudi Arabien zu sein, die hier ihre Hochzeitsreise in einem muslimischen Land absolvieren und gleichzeitig die relative Toleranz der Malaien in religiösen Fragen ausnutzen.

Nils und Lisa haben zu Beginn etwas Angst vor diesen finster aussehenden, gesichtslosen, schwarzen Gespenstern, aber nach dem wir beobachtet haben, wie an einem menschenleeren Aussichtspunkt eine dieser Frauen rasch den Schleier abnimmt, um sich von ihrem Freund vor dem Panorama der Insel fotografieren zu lassen, ist ihre Neugierde geweckt. Nils ist ganz hingerissen, denn die Frau ist blutjung und eine echte arabische Schönheit. Etwas verlegen lächelt sie unseren erstaunt sie beobachtenden Kindern zu und verhüllt ihr Gesicht rasch wieder, als andere Touristen auftauchen. Als Nils erfährt, dass wir als Europäer nicht so ohne weiteres nach Saudi Arabien einreisen dürfen, lässt ihn das Thema lange nicht mehr los. Am Ende findet er eine elegante Lösung: "Papa, ich lerne einfach etwas, was sie da nicht können, und dann lassen sie mich rein und ich sorge dafür, dass alle Frauen bunte Kleider tragen dürfen."

Langkawi hat aber auch eine andere Seite: Am Abend, nachdem die feuchte Hitze des Tages etwas nachgelassen hat, bummeln wir über einen traditionellen Markt. Unzählige kleine Wägelchen haben sich am Straßenrand aufgereiht und bieten im gelblichen Schein der von knatternden Generatoren versorgten Glühbirnen eine Vielzahl asiatischer Waren und Köstlichkeiten dar. Verlockende Düfte mischen sich unter den Benzingestank. Aus dem nahen Abwasserkanal duftet es dezent nach Fäkalien. Der Geruch von Holzkohle vermengt sich mit billigem Parfüm und dem Schweiß der sich dicht um die Stände drängenden Menschenmenge. Ein Bettler ohne Beine sitzt auf einem Skateboard und schiebt sich mit strahlendem Lächeln durch die Menge. Mit einer Klapper macht er auf sich aufmerksam. In den Garküchen kann man von gekochter Katze bis zu gegrillten Heuschrecken die leckersten Dinge kosten, aber wir probieren zu Nils' großer Enttäuschung vorsichtshalber nur die in zischendem Fett frittierten Fleischstückchen mit Sauce und andere ungefährlich aussehende Dinge. Natürlich gibt es für fünf kleine Spießchen gleich drei Plastiktüten: Eine für die Spieße, eine für die Sauce, und eine Dritte drumherum. Einen Mülleimer suchen wir dagegen vergeblich, aber dafür gibt es ja den Abwasserkanal. Asien werden wir wohl immer mit Plastiktüten assoziieren.

Der nächste Morgen ist wieder brütend heiß, der Schweiß läuft uns bereits um neun Uhr vom bloßen Nichtstun herunter. Wir gehen Anker auf, um dem dreckigen Wasser in der Bucht vor Kuah zu entfliehen und segeln zu einer kleinen, unbewohnten Insel an der Westküste.

Am idyllischen Strand macht sich eine Horde Affen breit, wir rudern darum sehr vorsichtig an Land. Mit langen Stöcken bewaffnet verscheuchen wir die vorwitzigen Tiere, die keine Scheu vor uns Eindringlingen haben. Die Mutigsten versuchen immer wieder, an unser im Dingi verstautes Picknick zu gelangen.

Wir genießen die Stille und die Einsamkeit. Endlich mal kein Menschengewusel um uns herum, der Strand ist für asiatische Verhältnisse auch extrem sauber. Kaum Plastiktüten, dafür aber unzählige kleine Muscheln und Schneckenhäuser; letztere sind sehr zur Enttäuschung der sammelwütigen weiblichen Hälfte der Crew alle von winzigen Einsiedlerkrebsen bewohnt. Die Kinder spielen glücklich im Sand, sammeln Kokosnüsse und veranstalten Krebsrennen. Abends sitzen wir unter einem funkelnden Sternenhimmel im Cockpit. Die Kinder schlafen friedlich in ihren Kojen. Der Käptn packt die seit langem sträflich vernachlässigte Gitarre aus und spielt melancholische Weisen.

Unser Gespräch kreist um die Tagesereignisse, wandert entlang des letzten Reiseabschnitts zurück nach Indonesien und wendet sich dann unweigerlich der Zukunft zu: Der Golf von Aden und die Piratengefahr vor Somalia beunruhigen uns immer aufs Neue. Können wir es wirklich verantworten, uns dieser Gefahr auszusetzen? Die Alternative, um Südafrika mit seinen gefürchteten Stürmen herum zu segeln, haben wir schon in Australien verworfen. Und bisher sind vor Somalia nur Frachter überfallen worden, um von den Reedereien Lösegeld zu erpressen. Menschen wurden nicht verletzt, ganz im Gegensatz zur Karibik, wo unbeachtet von der Weltöffentlichkeit jedes Jahr mehrere Segler ihr Leben wegen ein paar Dollar verlieren. So wälzen wir wieder einmal diese bedrückenden Gedanken inmitten eines tropischen Paradieses, und die Sorgen ziehen sich wie ein roter Faden durch unsere Zeit in Asien.

Um in Kontakt mit anderen Seglern zu kommen, die auch durch den Golf von Aden wollen, raffen wir uns auf, um trotz Hitze und Windstille in die nahe gelegene Rebakmarina zu motoren.

Voller Stolz steht Nils die ganze Strecke an der Pinne und steuert uns sicher durch den gewundenen Kanal bis in die Marina. Im allseits von Land umschlossenen Hafenbecken steht die Luft, darum haben die meist australischen Yachten alle eine kleine Klimaanlage an Deck stehen. Es sieht so aus, als lägen die meisten von ihnen schon Ewigkeiten hier. Sie haben sich wie auf einem schwimmenden Schrebergarten eingerichtet. Es gibt keine *lästigen* Asiaten, und wären da nicht einige dunkelhäutige Mitarbeiter in der Marina, man könnte glatt vergessen, dass man hier in Malaysia ist. Manche der *Ureinwohner* des Hafens schaffen es nicht einmal, uns *Ausländer* zu grüßen, wenn sie uns auf dem Steg begegnen, und wir fragen uns, wozu diese Leute überhaupt hierher gesegelt sind?

Zwischen all den Schrebergärtnern finden wir aber auch einige vertraute Gesichter. Am Nachbarsteg liegt zur großen Freude der Kinder die SHADY LADY, auch die holländische ANTARES mit dem kleinen Marein ist da. So toben die Kinder alle zusammen begeistert über den gepflegten Marinarasen, beobachten die Fütterung der in einem kleinen Sumpf lebenden Leguane und planschen im Pool des angrenzenden Resorts. Es gibt im Hafen eine große Gruppe an Seglerkindern in den unterschiedlichsten Altersstufen, und mit Staunen beobachten wir, wie sie sich mit ihren Laptops auf der überdachten Terrasse des Restaurants versammeln und für Stunden geschlossen im Internet verschwinden. Mit glasigen Augen starren sie bewegungslos wie die Leguane auf ihre Bildschirme, während um sie herum der feinste tropische Abenteuerspielplatz lockt. Ihre Eltern sind voller Stolz auf die *Selbstständigkeit* ihrer Sprösslinge und bewundern unverhohlen deren *Medienkompetenz*.

Wir dagegen begeben uns zusammen mit SHADY LADY und ANTARES in ein ganz ungewohntes Medium und sausen mit dem resorteigenen Speedboot hinüber nach Langkawi zum Abendessen. Die ganze Familie verfällt dem Geschwindigkeitsrausch: der stramme Fahrtwind kühlt angenehm unsere erhitzten Gesichter, während wir mit 30 Knoten über das spiegelglatte Wasser fliegen. Wäre da nicht der ohrenbetäubende Lärm der beiden starken Außenbordmotoren und der enorme Spritverbrauch, könnten wir glatt unsere seglertypische Abneigung gegen die von uns so verachteten *Röchelfelsen* überwinden und Verständnis für diese Art des Tiefflugs über dem Wasser aufbringen. Auf dem Rückweg hat es leichten Seegang, und das schwebende Gefühl der Hinfahrt weicht einem ekelhaft harten Rumpeln und Rucken. Wir müssen uns mit aller Kraft festhalten, um nicht von den Sitzen geschleudert zu werden. Nee, dann doch lieber lautlos und langsam.

Das Thema *Golf von Aden* beschäftigt auch die anderen Fahrtensegler, aber neben dem Austausch der neuesten Informationen über die aktuelle Lage vor Ort ergibt sich nichts Greifbares. Zu vage sind die Pläne der einzelnen Segler, und auch wir selber wissen nicht genau, wann wir wirklich im Oman sein werden. Auch gibt es da noch einen kleinen Ozean zu überqueren. Davor steht aber noch unser Besuch in Thailand auf dem Programm.

# Thailand - noch ein Königreich

Nach einem kurzen Intermezzo in Telaga Harbour und dem obligatorischen Ausklarieren bringt uns ein Tagestrip in thailändische Gewässer. Es regnet viel, der Himmel ist verhangen, was das Ankern für die Nacht zwischen den Riffen hinter der kleinen Insel Ko Bulon Le zu einem nervigen Ratespiel macht. Carola vermerkt trocken im Logbuch: „Stimmung ist allgemein nicht so toll heute." Abends streiten wir heftig. Wir sind beide gereizt und extrem dünnhäutig, leiden unter dem permanenten Schlafmangel, der Hitze, der Feuchtigkeit und sehnen uns schlicht nach etwas Anerkennung. Das ständige Unterwegssein geht vor allem Carola auf die Nerven, hocken wir dadurch offensichtlich zu viel aufeinander und am Ende können wir uns selbst nicht mehr ertragen. Am nächsten Morgen geht es gerade weiter: Carola will bleiben, in Ruhe Brotbacken, Malaysia *verdauen*, reden. Ich bin neugierig auf die spektakulären Inseln weiter im Norden und möchte los.

Ein Regenschauer zieht durch und plötzlich steht der Wind gegen die Strömung, was LASSE seinen Po dem Regen entgegen strecken lässt. Wir müssen den Niedergang verschließen, um den Regen draußen zu halten. Dann nimmt uns der Wind die Entscheidung ab, denn er dreht auflandig und wir müssen den nun ungeschützten Ankerplatz schnell verlassen. Hastig steigen wir in unser Ölzeug und gehen Anker auf. Der Streit ist zwangsweise auf später verschoben und für räumliche Trennung ist dank des Regens auch gesorgt: Ich stehe in Badehose und Öljacke an der Pinne und steuere LASSE durch den Regen, Carola bäckt unter Deck Brot. Die Kinder sitzen in Unterhose am Tisch und malen endlose Bilder voller *Burkas*, wie sie die Burka tragenden Frauen etwas respektlos nennen.

Gegen Mittag hört der Regen auf, und die Sicht wird besser. Es ist immer noch bedeckt und gräulich, und als die ersten der Felsinseln auftauchen, sehen sie zunächst aus wie schlanke Riesen, die sich mit einem dunklen Mantel verhüllt haben. Am Fuß, wo das Meer den Felsen über die Zeit angefressen hat, ist ein tiefer Vorsprung entstanden. Laut donnern die Wellen unter den überhängenden Fels. Die Wände aus gelblichem Gestein steigen darüber senkrecht in schwindelnde Höhen. Jede kleinste Spalte bietet Lebensraum für Pflanzen, die oft in abenteuerlichem Winkel aus der Felswand sprießen, um dann im Bogen der Sonne zuzustreben.

Wir segeln dicht an so einem Riesenhinkelstein vorbei. Einige Meter über der Meeresoberfläche können wir einen kleinen Schrein erkennen. Schnitzwerk, verwelkte Blüten und Opfergaben zeugen von der Anwesenheit der Seenomaden, die in diesen Gewässern auf ihren Booten zwischen den Inseln leben. Nachdem wir eine Reihe von diesen bemäntelten Inselriesen passiert haben, ändern sich die Formen: Statt der vereinzelt aufragenden Solitäre umgeben uns nun locker hin gestreute schlafende Drachen. Sie sind sehr schmal und langgestreckt, ihre Rücken ragen wild gezackt in unwegsame Höhen. Von vorne gesehen sind sie nicht von den *Riesen* zu unterscheiden, denn was zunächst wie ein kleiner hoher Felsen inmitten der Wasserfläche aussieht, entpuppt sich im Vorbeisegeln als meilenlanges, schlafendes Untier, auf dessen Rücken sich ein dichter grüner Pelz ausbreitet.

„Schroff wie die ganze Familie." Inseln in Thailand.

Am Abend ankern wir vor Ko Lanta Yai. Am Ufer sind viele Hotels, aber da alles sehr liebevoll im traditionellen Stil aus Holz und Bambus gebaut ist, passt sich die Siedlung harmonisch in die Natur ein. In der Dunkelheit wird das Ganze von unzähligen kleinen Öllämpchen erleuchtet, die mit ihrem warmen Schein eine anheimelnde Atmosphäre verbreiten. Es sieht sehr verlockend aus, aber wir widerstehen der Versuchung an Land zu rudern, denn der Ankerplatz ist ungeschützt und LASSE rollt unruhig im Schwell.

Es ist noch dunkel und angenehm kühl, als wir am Morgen weiterfahren. Zum ersten Mal seit langem haben wir außer Unterhosen sogar T-Shirts an, um uns vor dem frischen Nordwind zu schützen, der uns in rauschender Fahrt über die Bucht von Phuket nach Ko Phi Phi bläst. Die Sonne brennt aus einem seit langem mal wieder wolkenlosen Himmel, und wir genießen den sportlichen Trip sehr. Die Insel Ko Phi Phi ist tatsächlich so spektakulär wie ihr Ruf: Zwischen zwei über hundert Meter senkrecht aufragenden bizarren Felsscheiben sitzt auf einer flachen Landzunge ein Dorf. Jede horizontale Fläche ist genutzt, es reiht sich ein hübsches Bambushäuschen ans andere. Von den verheerenden Folgen des Tsunamis, der die Siedlung 2004 komplett fortgespült hatte, ist nichts mehr zu sehen.

Leider wimmelt die Ankerbucht von Touristenbooten und ist so voller privater Murings, dass wir nur mit Mühe einen Ankerplatz finden. Beim obligatorischen Anker-Eingraben mit Maschine rückwärts, slippt dieser hilflos über den felsigen Grund. Also Anker wieder hoch. Das Meer hier ist tief und als ich das gute Stück samt 50 Meter Kette endlich wieder oben habe, bin ich schweißgebadet. Wir suchen einen neuen Platz, können aber den Grund nicht wirklich erkennen, da das Wasser trübe ist. Der zweite Versuch endet wie der erste, meine Laune ist kurz vor dem Nullpunkt. Umschwärmt von unzähligen *Longtails*, der thailändischen Version eines motorisierten traditionellen Fischerboots, suchen wir noch mal nach einem vernünftigen Platz. Im Gegensatz zur indonesischen Version mit den umfunktionierten Motorsensen als Antrieb, ist hier offenbar mehr Geld vorhanden, denn hier haben sie gewaltige Vierzylinder-Dieselmaschinen auf einem drehbaren Dorn im Heck des Bootes montiert. An einer schräg ins Wasser getauchten Welle ist der Propeller montiert. Ein drahtiger Thai bändigt das Ungetüm mit purer Muskelkraft und bewundernswertem Geschick, denn das Manövrieren zwischen all den anderen Booten ist ohne Rückwärtsgang ein echtes Kunststück. Für schnelle Richtungswechsel wird einfach die ganze Konstruktion aus dem Wasser gehoben und mit gefährlich in der Luft wirbelndem Propeller quer zur Fahrtrichtung wieder eingetaucht. Der Motor ist nicht schallgedämpft und der Lärm ohrenbetäubend. Die Fahrweise ist immer sportlich, denn die Kiste kann nur Leerlauf oder Vollgas, und so preschen die schnittigen Boote mit ihren röhrenden Höllenmaschinen um uns herum, während die senkrechten Felswände das Echo hundertfach zurückwerfen.

Als auch beim dritten Versuch der Anker nicht hält, bin ich am Ende meiner Kräfte und total sauer. Wir wollen endlich an Land, die Insel erkunden, aber alle guten Ankerplätze sind von den Touristenbooten belegt, und völlig frustriert geben wir auf und segeln weiter. Der Skipper braucht noch eine Weile, um sich zu beruhigen und seine Verwünschungen über die Auswüchse des Massentourismus werden gnädig im Lärm desselben ertränkt. Die Stimmung bessert sich nur mühsam, und als wir an der winzigen Felseninsel Ko Kay vorbeikommen sagt Nils: „Die heißt ja wie unser Opa Kay." Worauf der Skipper bissig antwortet: „Ja, so schroff und abweisend wie die ganze Familie!"

Lisa möchte gerne Weihnachtslieder üben, um die Stimmung zu verbessern. So segeln wir bei dreißig Grad im Schatten über ein tiefblaues, mit weißen Schaumkämmen übersätes Meer, während die Klänge von *Stille Nacht* von der steifen Brise davon geweht werden. Das Singen hilft tatsächlich. Auch wenn wir nicht gerade in andächtige Stimmung verfallen, hebt sich doch allgemein die Laune, und als der Anker in der Bucht von Ao Shalong fällt, ist der Bordfrieden wieder hergestellt. Manchmal hilft eben auch kein Reden, um Konflikte zu klären, sondern einzig Singen und Weitersegeln.

Wie sich bald herausstellt, haben wir uns zielstrebig den idealen Familienplatz ausgesucht: Am Strand gibt es kaum Touristen, dafür ein

Die thailändische Version eines Außenborders.

nettes kleines Strandrestaurant, wo wir unter einem Palmendach im Schatten sitzend still vor uns hin schwitzen können. Nils und Lisa befreunden sich mit den Kindern von Pee, dem Restaurantbesitzer, und spielen gemeinsam für glückliche Stunden im und am Wasser.

Sie haben seit einiger Zeit das Tauchen für sich entdeckt, und nun wuseln sie, wenn wir nicht am Strand sind, mehr unter als über Wasser um den LASSE herum. Rolle vorwärts und rückwärts sind beliebte Übungen, und: Wer kann schon unter dem Dingi durchtauchen? Lisa verkündet nach dem Baden: „Ich will Unterwasserartistin werden!" Von meiner Frage, wer denn dann zusehen würde, lässt sie sich nicht beeindrucken und antwortet keck: „Einfach für die Fische."
Carola lernt auf einem einsamen Strandspaziergang *Miss Kitty* kennen, eine lebenslustige, ältere Schwedin, die hier ein Haus besitzt und darin dem nordischen Winter entflieht. Dankbar nehmen wir ihr Angebot an, bei ihr Wasser zu tanken und Wäsche zu waschen, und fühlen uns bald ganz heimisch an diesem gastfreundlichen Plätzchen. Obwohl eigentlich nicht im *Weihnachtsstress*, häufen sich die Konflikte an Bord. Vor allem die Kinder streiten mit einer für uns unbekannten Heftigkeit, wenn wir nicht gerade am Strand sind. Lisa weint dann oft bitterlich und verkündet dramatisch schluchzend: „Ich will sterben und zurück in den Himmel". Betreten blicken die Eltern sich an, aber draußen regnet es in Strömen, also kein rettender Strandbesuch. Carola beruhigt die zwei ersatzweise mit einem neuen Kapitel einer von ihr erfundenen Geschichte über einen kleinen Jungen mit seinem Elefanten. Diese Geschichte begleitet uns schon seit einigen Wochen, und die Kinder sind ganz wild darauf, endlich einen echten Elefanten zu sehen.
Als wir an Nils' siebtem Geburtstag endlich den lange versprochenen Ausflug zu einer Elefantenfarm machen, ist er selig. Ohne jede Scheu klettert er auf den Rücken einer riesigen Elefantenkuh, und zusammen mit Lisa und Carola geht es auf eine Dschungeltour. Mit leuchtenden Augen berichtet er mir hinterher, wie der Elefant einen kleinen Baum mit seinem kräftigen Rüssel einfach ausgerissen hat, um ein Picknick zu veranstalten. Er will, wenn er groß ist, Elefantenführer werden und verfüttert furchtlos unseren gesamten Bananenvorrat an *seine* Elefantenkuh. Als Miss Kitty ihn abends fragt, wie der Geburtstag war, kommt es glücklich. „Best birthday ever!"
Weihnachten rückt unerbittlich näher und wir machen uns schwe-

ren Herzens an die endlos lange *To-do-Liste*. Unser altes Großsegel muss zum Maßnehmen zum Segelmacher, denn wir haben entschieden, für die harte Gegenwindstrecke im Roten Meer doch lieber noch ein neues zu kaufen.

Zusammen mit einem Taxifahrer begebe ich mich auf eine Odyssee, um einen Ersatz für den in Indonesien notdürftig geflickten Kupferbogen im Kühlsystem des Motors aufzutreiben. Das Originalteil gibt es bei Volvo Thailand nicht mehr, und so stückele ich im wahrsten Sinne des Wortes einen Ersatz zusammen: Der Klempnerbedarf hat einen Kupferbogen, im hintersten Winkel der Stadt finden wir einen Schmied, der den Bogen in die richtige Form bringen kann. Zum Löten schickt er uns zu einem anderen Experten. Der repariert eigentlich Fernseher in seinem Wohnzimmer, das bis unter die Decke mit alten Geräten voll gestellt ist, aber er hat Erbarmen und löst mein Problem. Stunden später komme ich verschwitzt zurück an Bord, baue das neue Teil in den Motor ein und wir können endlich die Suche nach einer passenden *Weihnachtsbucht* starten.

Für eine Woche kreuzen wir zwischen den märchenhaften Felseninseln in der sehr geschützten Bucht von Phuket. Die Felsformationen sind unvergleichlich, und wir fühlen uns in eine Märchenlandschaft versetzt. Leider gibt es kaum Strände, da die Inseln mit wenigen

Erinnert an norwegische Stabkirchen. Tempeldach in Thailand.

225

Ausnahmen senkrecht aus dem Wasser aufragen, da bleibt außer vom Boot aus zu staunen nicht viel, was wir unternehmen können. Nachts heulen starke Fallböen die Klippen herab, rauben uns den Schlaf, und nachdem unser Dingi in einer solchen Böe aus dem Wasser gehoben und umgedreht wurde, flüchten wir aus dieser bizarren Inselwelt und suchen Schutz hinter einer unspektakulären flachen Insel, um ruhig zu schlafen.

Die Halbinsel von Ko Nang ist ein landschaftliches Juwel: Ein endloser weißer Sandstrand dehnt sich halbmondförmig zwischen den schroff aufragenden Gebirgen des Festlands und einer einzeln stehenden gigantischen Felssäule in der Form eines überdimensionierten Bergkristalls. Die flache Landzunge dazwischen ist übersät mit Hotels und der Strand wimmelt von Touristen, aber wir können sie gut verstehen, denn es ist einmalig schön. Da man nur mit dem Boot hierher kommen kann, herrscht tagsüber ein reger Pendelverkehr und das Röhren der *Longtails* erfüllt die idyllische Bucht mit nervenzerrüttendem Lärm. Die Touristen scheint es nicht zu stören, und da unsere Kinder endlich wieder mal an einem richtigen Strand spielen wollen, mischen wir uns für zwei Tage ins Getümmel. Die Kinder sind selig, buddeln im Sand und schauen begeistert den Felskletterern zu, die hier an den teils überhängenden Wänden ihr Geschick demonstrieren. Rasch finden sie andere Kinder zum Spielen, und als ich sie am Abend frage, ob die Kinder denn Englisch konnten, antwortet Lisa: „Ja klar, sind doch Touristen!"


Es sieht so aus, als würde dieses Jahr der Weihnachtsbraten vegetarisch ausfallen, denn in unserer *Weihnachtsbucht* Ao Labu gibt es außer ein paar Hütten nur endlosen Strand und flache Hügel. Während der Pizzateig im Schatten des Sprayhoods geht, machen wir uns auf, um das obligatorische Tierweihnachten zu feiern. Beladen mit kleinen Leckereien und einigen Kerzen rudern wir zum Strand. Am Fuß einer Palme breiten wir die Gaben auf herumliegenden Bananenblättern aus, entzünden die Kerzen und singen Weihnachtslieder. Nils und Lisa nehmen dieses kleine Ritual sehr ernst und stimmen voll Inbrunst mit ein. Die andächtige Stimmung währt leider nicht lange, denn der Strand ist verseucht mit Sandfliegen und überstürzt treten wir den Rückzug an.

Weihnachtslieder singend rudern wir zurück zum Boot. Der sorgfältig ausgetüftelte Zeitplan ist im Eimer, sollten doch in der Zwischenzeit die *Engel* das Boot schmücken und die Krippe aufbauen. Rettung naht in Form eines röhrenden Longtails. Während die Kinder und ich mit den Fischern um eine Schüssel voller Schrimps feilschen, verhängt Carola den Salon mit Tüchern und hilft den Engeln bei ihrer Arbeit. Die Fischer haben auch zwei leuchtend bunte Krebse gefangen. Ich lasse mich vom Bitten der Kinder breitschlagen und kaufe die ganze Ladung. Glücklich sitzen Nils und Lisa neben der großen Bütt und beobachten, wie *ihre* Krebse im Kreis kriechen. Nils' Exemplar wandert als erster in den Kochtopf, woraufhin Lisa in Tränen ausbricht und bitterlich das traurige Schicksal *ihres* Tierchens beklagt. Der Käptn lässt sich erweichen und zu Lisas großer Erleichterung wandert der Bursche unbeschädigt zurück ins Meer. Es ist nicht viel Fleisch an so einem Krebs, und nachdem Nils voll Interesse alle Beine und Scheren aufgeschnitten und untersucht hat, beschließen wir, uns in Zukunft wieder an Langusten zu halten. Schwitzend verdrücken wir das köstliche Mahl, um anschließend die Geschenke auszupacken. Die *Engel* haben dem beschränkten Platz entsprechend bescheidene Gaben gebracht, aber Nils ist glücklich mit einem Buch und seinem aus schwarzem Holz geschnitzten Elefanten. Er wundert sich, woher sie bloß wissen konnten, dass er sich ausgerechnet für Elefanten interessiert? Mit großen Augen lauschen beide beim Kerzenschein der Weihnachtsgeschichte und spielen danach unermüdlich Maria und Joseph, die auf einem Elefanten reiten dürfen. Als wir sie endlich im Bett haben, sprudelt es aus Nils heraus: „Weihnachten ist so schön. Es war das tollste Weihnachten überhaupt! Die Geschenke sind so toll, obwohl es letztes Mal viel mehr gab" und haarklein zählt er auf, was er letztes Jahr bekommen hatte. Das tut aber seiner Begeisterung keinen Abbruch und zufrieden schlafen sie ein.

Die Eltern räumen noch das Chaos auf, denn trotz Weihnachten muss das Boot für den Notfall seeklar sein. Die unverdorbene Freude unserer Kinder an diesen bescheidenen Dingen erfüllt uns mit Dankbarkeit. Sie macht uns die Kostbarkeit dieser gemeinsam verbrachten Zeit bewusst. Allzu oft vergessen wir über den alltäglichen Sorgen das Außergewöhnliche unserer Reise, nehmen die gemeinsamen Erlebnisse und Erfahrungen als selbstverständlich hin und verlieren den Blick dafür, welch großes Geschenk diese Familienzeit ist.

Für die Silvesterparty legen wir uns wieder an *unseren* Strand vor Pee's Restaurant. Es wird ein rauschendes Fest: Kitty hat Besuch von ihrem Mann Richard, ihrer Tochter Carolina und deren Freundin Hanna bekommen, und zusammen begehen wir den Abend. Nils verwickelt *Sir* Richard in ein langes Gespräch über Eisenbahnen, denn, obwohl von Beruf Reeder, ist er ein echter Afficionado und besitzt zu Nils' großer Begeisterung auf seiner schwedischen Insel eine Miniatureisenbahnanlage. Er kennt alle Züge der Welt, und für Stunden sind die zwei unzertrennlich. Lisa hat sich Carolina geschnappt und plaudert mit ihr über *girls stuff*. Carola und Kitty sind vertieft in pädagogische Themen, so bleiben Hanna und ich übrig. Rasch entdecken wir, dass wir auch ein gemeinsames Thema haben: Motoren! Genauer: Volvo Penta Schiffsdiesel. Erst kann ich nicht wirklich glauben, dass diese zwei Mädels die Manager von Volvo in Belgien sein sollen, aber bald sind wir vertieft in die intimen Probleme, die sich aus dem Besitz eines Bootsmotors ergeben. Interessiert fragt sie nach unseren ganz persönlichen Erfahrungen mit unserem guten Stück. Am Ende überreicht sie mir ihre Karte mit der Bitte, uns doch bei weiteren Problemen direkt an sie zu wenden. Na, nun kann ja eigentlich nichts mehr schief gehen mit dem guten Jockel, und sorgfältig kleben wir die Karte in unser Logbuch.

Pee's Verwandtschaft ist auch gekommen und hat zahlreiche Kinder mitgebracht. Nach dem Essen spielen Nils und Lisa glücklich mit der ganzen Bande. Als Pee auch noch Spiele veranstaltet, gerät die Meute außer Rand und Band: Unter wildem Geheule versuchen sie, sich gegenseitig die an ihren Beinen befestigten Luftballons platt zu treten. Gewinner ist die wohlbeleibte Hanna, die mit erstaunlicher Eleganz und verbissenem Kampfgeist ihren Ballon selbst gegen die ausgefuchsten Attacken der wendigen Thaikinder zu verteidigen weiß.

Zum eigentlichen Silvestercountdown gehen wir alle zusammen ins benachbarte Hotel. Trotz Lifeband sitzen die aufgebrezelten Touristen eher gelangweilt und blasiert um den stimmungsvoll beleuchteten Pool. Lisa ergreift die Gelegenheit beim Schopf und zerrt Hanna und Carolina auf die spärlich besetzte Tanzfläche. Dann schnappt sie sich noch Carola und Kitty und führt die Ladys in eine wilde Polonaise. Nils will begeistert mitmachen, aber Lisa scheucht ihn resolut vom Parkett: „Only girls, Nils!" Heulend kommt er angerannt - schon hart mit einer Schwester, die so bossy sein kann! Wir Männer bilden einen Kreis um die Ladys und tanzen gemeinsam ins neue Jahr.

# Malediven – Kinderparadies mitten im Meer

Der Abschied wird uns allen schwer. Ein Stückchen von uns bleibt zurück bei den Freunden, mit denen uns eine kurze, aber umso intensivere Zeit verbindet. Traurig wenden wir unseren Bug gen Westen und segeln auf den Indischen Ozean hinaus. Ein großer Schwarm Delfine kommt uns besuchen. Sie sind klein, und vollführen die abenteuerlichsten Kunststücke, die wir bisher von Delfinen gesehen haben: Sie schnellen aus dem Wasser und machen übermütige Salti, gerade als gelte es, uns wieder aufzuheitern. Hinter dem Heck verschwindet Thailand am Horizont, und vor den verblassenden Silhouetten der Berge entdecken wir noch einen anderen Segler. Wir nehmen Funkkontakt auf und erfahren, dass es sich um die 43 Fuß Ketsch KIRSTEN JANE von Carol und Keith aus England handelt. Sie wollen auch zu den Malediven, und sofort erwacht bei uns an Bord der Ehrgeiz: Schoten werden nachgetrimmt, die Aries besser eingestellt, und tatsächlich vergrößert sich der Abstand zusehends. Als wir nach zwei Tagen beim täglichen Funken erfahren, dass wir 25 Meilen vor ihnen sind, meint Nils ganz begeistert: "Die ham wir voll abgefettet!" Das Wetter ist günstig, und LASSE fliegt über die Wellen. Endlich wieder richtiges Segeln. Wunderbare Etmale reihen sich aneinander, und die absolute Spitze erreichen wir am achten Tag auf See, als wir uns der Südecke von Sri Lanka nähern: 182 Meilen! Der Wind hat immer mehr zugenommen, und es wird ungemütlich. Trotzdem zaubert Carola tolle asiatische Gerichte, die wir hungrig verschlingen. Nach einem besonders gelungenen Curry sagt Nils zu ihr: "Herzlichen Glückwunsch, du hast so lecker gekocht!"

Das häufige Streiten der Kinder hat etwas nachgelassen. Oft verschwinden sie für Stunden und bauen im tanzenden Vorschiff Höhlen aus bunten Tüchern, um sich darin zu verstecken. Sie wohnen dort zusammen mit ihren Puppen und vertreiben sich die Zeit, indem sie sich gegenseitig Geschichten erzählen. Selbst nach dem Zubettbringen lässt Lisa es sich nicht nehmen, ihrem Bruder noch eine Gutenachtgeschichte zu erzählen. Dennoch werden die harmonischen Zeiten auch auf See immer wieder von heftigen Streitereien unterbrochen. Vor allem Lisa hat entdeckt, dass ihr liebes Brüderchen mit kleinen Sticheleien wunderbar in den Wahnsinn getrieben werden kann und genießt ganz offensichtlich ihre neue Macht. Trotzdem erzählt sie Carola vertraulich: "Mama, ich will später keine Kinder haben, die schreien und streiten so viel."

Für einige Stunden können wir das südliche Ende von Sri Lanka sehen und vor allem riechen: Es duftet wie in norwegischen Stabkirchen: Holzteer und Rauch mischen sich zu einem unvergleichlichen Aroma, und sehnsüchtig wandern unsere Blicke zum Land. Kleine hölzerne Fischerboote kommen uns entgegen. Sie fragen nach Zigaretten und sind ganz enttäuscht, dass wir keine haben. Der Wind hat nachgelassen, und während wir friedlich dahingleiten, fängt Carola an davon zu träumen, was wir auf der nächsten Reise alles anders machen würden. Das Land versinkt wieder hinter dem Horizont, und wir sitzen glücklich auf unserem schwimmenden Stückchen Heimat und schmieden Zukunftspläne.

In der Nacht frischt der Wind auf, und bald jagen wir mit dreifach gerefftem Groß und Sturmfock über die sich rasch auftürmenden Wellen. Für die nächsten 24 Stunden bleibt es rau und ungemütlich. Der Wind singt mit hohen Tönen in den Wanten, immer wieder steigen brechende Seen an Deck, und wegen der Gischt müssen alle Luken geschlossen bleiben. Uns ficht es nicht mehr an. Wir freuen uns über den Wind und die rauschende Fahrt, die uns stetig unserem Ziel entgegen treibt.

Die letzte Nacht vor dem Landfall driften wir unter einem funkelnden Sternenhimmel in der Flaute. Es ist so klar, dass wir nur mit Mühe den Orion in all dem Gefunkel erkennen können, und die Milchstraße dehnt sich als silbriger Strom von Horizont zu Horizont. Delfine schnauben an unserer Seite und zeichnen phosphoreszierende Leuchtspuren ins tintenschwarze Meer, während Meteoritenschwärme lautlos über uns verglühen. Wir sitzen stumm im Cockpit und bestaunen die uns umgebende Pracht, fühlen uns winzig in dieser Unendlichkeit und doch seltsam geborgen und zuversichtlich in unserer schwimmenden Nussschale, die sich sanft mit dem Atem des Meeres hebt und senkt.

In der Morgendämmerung sichten die Kinder Land. Schwach können wir die Palmen von Uligan, dem nördlichsten Atoll der Malediven am Horizont erkennen. Dankbar fällt nach zehn Tagen auf See der Anker und wir vermerken stolz eine Durchschnittsgeschwindigkeit von 6,5 Knoten im Logbuch. Klasse, LASSE!

Jugendtreff auf Uligan

Uligan und seine freundlichen Bewohner werden zu einem weiteren Höhepunkt unserer Reise. Vergessen von der Welt und nur per Schiff erreichbar, führen die Menschen ein geruhsames Leben. Touristen gibt es außer den durchziehenden Seglern noch keine, und wir sind endlich wieder von *echten* Fahrtenseglern umgeben. Es wird unser letzter Aufenthalt in einem tropischen Inselparadies, und wir genießen ihn in vollen Zügen. Wir tauchen im kristallklaren Wasser, durch das jeden Morgen majestätisch zwei Mantas auf ihrer Frühstücksrunde schweben. Nachmittags geht Carola zum Muschelsuchen an den Strand, begleitet von den verschleierten jungen Damen des Dorfes, die sie mit neugierigen Fragen löchern, während unsere Kinder glücklich mit der Inseljugend auf Sandberge und Bäume klettern, Fische aus der Lagune angeln und endlos Fangen und Kreisspiele spielen. Es ist ein letztes Atemholen vor den Anstrengungen des Roten Meeres, und gern würden wir länger an diesem stillen Ort mit seinen friedfertigen Menschen bleiben. Aber wir wollen früh im Roten Meer sein, um die um diese Jahreszeit günstigen Winde auszunutzen, und das Thema Piraten sitzt uns auch immer mehr im Nacken. So nehmen wir nach zehn glücklichen Tagen Abschied und machen uns an den zweiten Teil des Indischen Ozeans.

Der Himmel ist oft verhangen, der Wind weht eher flau aus nördlichen Richtungen und lässt uns nur langsam vorankommen. Es herrscht reger Schiffsverkehr, denn wir befinden uns mitten im Großschifffahrtsweg zum Roten Meer. Ein riesiger Containerfrachter funkt uns an und fragt höflich, ob wir uns der nahenden Piratengefahr bewusst wären. Er versorgt uns mit den neuesten Wegepunkten für den von der internationalen Gemeinschaft eingerichteten Schutzkorridor und wünscht uns viel Glück. In Thailand hatte ich Kontakt zum Auswärtigen Amt aufgenommen und angefragt, ob die Bundesmarine einen Geleitschutz für die mindestens zehn deutschen Yachten organisieren könnte, die in diesem Jahr durch den Golf von Aden fahren wollen. Die Reaktion war ein nicht sehr hilfreiches: Da ist es gefährlich, bleibt da weg, wir machen nichts! Ganz anders dagegen die Reaktion der amerikanischen Regierung: Sie gibt den Yachten detaillierte Verhaltensanweisungen und das Militär besucht unsere Freunde von der BAREFEET während der kritischen Passage täglich mit dem Helikopter...

Am 11. Tag auf See hören wir am Funk eine Stimme mit starkem Akzent um Hilfe rufen: "Please help, please help..." kommt es immer wieder über den Äther. Dann ist eine Pause, der Kanal ist frei, aber nach wenigen Minuten fängt es wieder an: "Please help..." Im Hintergrund können wir schwaches Gemurmel hören. Wir schalten das Radar ein, können aber kein Echo erkennen. Uns ist beklommen zu Mute, denn wir befinden uns im Einzugsgebiet von Sokotra, wo den Gerüchten nach eines der Zentren der Piraten sein soll. Ist der Hilferuf echt oder ist es eine Falle, um ahnungslose Schiffe zum Antworten zu verführen, um dann ihre Funkgeräte anpeilen zu können? Ein richtiger Notruf müsste zumindest Schiffsnamen, Position und Art des Notfalls enthalten. Wenn der gute Funker nun aber nicht mal genug Englisch kann, um diese Informationen zu geben, wie sollen wir dann überhaupt helfen können? Während wir unsere Optionen abwägen, kommt immer wieder die schwache Stimme mit der immer gleichen Bitte um Hilfe aus dem Funkgerät und lässt uns die Haare zu Berge stehen. Wir entschließen uns nach langem Zögern, nicht zu reagieren und begründen das einerseits mit der Sorge um unsere eigene Sicherheit, und zum anderen kommt uns die Bitte um Hilfe, ohne auch nur einmal zu erwähnen, wobei denn Hilfe benötigt wird, zunehmend suspekt vor. Trotzdem fühlen wir uns schlecht, denn wir missachten damit eine der Grundregeln guter Seemannschaft. Die monotone Stimme verfolgt uns noch eine weitere Stunde mit ihrem immer gleichen Spruch, um dann endlich zu verstummen. Es ist Nacht geworden, und der Wind ist mehr und mehr abgeflaut. Das Kreuz des Südens und der Polarstern funkeln gleichzeitig am klaren Himmel, und es ist angenehm kühl. Lisa beschwert sich, ihr sei zu kalt an den Händen und ist erst zufrieden, als Carola ihr bei 20 Grad Handschuhe anzieht. Ein großer Frachter zieht in einiger Entfernung in Richtung Salalah an uns vorbei. Er hat sein AIS-Signal abgeschaltet, wohl um nicht auf sich aufmerksam zu machen, was nicht gerade zu unserer Beruhigung beiträgt. Als der Wind gänzlich einschläft, starten wir die Maschine und brummeln durch die Nacht in den Morgen hinein. Die Sonne geht über einem spiegelglatten Meer auf. Kein Windhauch riffelt die seidige Oberfläche. Die alte Dünung aber macht uns zu schaffen, und dazu hat es einen unangenehmen Gegenstrom. LASSE quält sich mit nur drei Knoten voran. Am Mittag sichten wir endlich Land. Die übliche Euphorie macht sich breit, und während die Kinder mich mit Fragen zum Oman löchern, putzt Carola unter Deck mit unserem kostbaren Süßwasser die Kajüte.

Frachter künden vom nahen Hafen, und eine riesige hölzerne Dhau ändert ihren Kurs, um uns in Augenschein zu nehmen. Sie ist über dreißig Meter lang, ganz aus Holz gebaut und sieht aus wie die Arche Noah. Hoch ragt die Bordwand aus dem Wasser und der Bug schwingt sich kühn übers Meer. Jede Planke scheint eine andere Farbe zu haben und zu unserem Erstaunen kommt sie aus Indien. Wir sind beeindruckt, hätten wir dem altertümlich anmutenden Fahrzeug eine so weite Reise doch nicht zugetraut. Später im Hafen treffen wir auf mehrere solcher Frachtschiffe und erfahren, dass damit der Handel zwischen Indien, Oman, Eritrea und sogar bis hinunter nach Kenia abgewickelt wird.

Der Hafen von Salalah ist spannend für Nils und Lisa, denn es gibt keine Marina für Yachten und wir ankern mitten im allgemeinen Trubel. Neben uns liegt eine Flotte hölzerner Fischerboote, gegenüber brummt der Motor des Coastguardkutters in ständiger Bereitschaft, und um uns herum sind riesige Containerfrachter am Be- und Entladen. Die Yachten müssen sich ziemlich in einer Ecke zusammendrängen, damit die Lotsenboote noch zwischen ihnen und der Pier durchpassen, was die Kommunikation vereinfacht, da alle in

Rufweite liegen. TOBOGGAN ist da, CASSITA, SERENADE und PURR. Ganz außen liegt auch SKEDEMONGSKE, die wir immer wieder im Pazifik getroffen hatten, und wir fühlen uns gleich wie zuhause.

Lisa und ich rudern an Land, um einzuklarieren. Nils will uns nicht begleiten. Trotz der zwölf Tage auf See zieht es ihn nicht an Land. Ungehalten erklärt er mir: "Papa, ich bin so beschäftigt, ich habe ein big project!" Er versucht auf dem Salontisch das Containerterminal samt Frachtern nachzubauen und hat nun wirklich keine Zeit, schon wieder ein neues Land zu entdecken.

Wir haben per Funk vage Angaben zu den Örtlichkeiten zum Einklarieren erhalten, und wir wandern etwas zögerlich durch das riesige Hafengelände. Zur Linken erhebt sich ein löchriger Felsen, auf dessen Spitze der Leuchtturm thront. Rechterhand liegt ein fetter Frachter, auf dessen schwarzem Rumpf in riesigen Lettern der Name BREMEN MAX heimatliche Gefühle weckt. Er wird mit Sand beladen, der gleich außerhalb des Hafengeländes aus der Wüste gebaggert wird. Sehr praktisch. Nicht so schön ist dagegen, dass wir auf der gleichen Straße wie die Sandlaster durch die immer noch beträchtliche Nachmittagshitze wandern müssen, und jedes Mal, wenn so ein Ungetüm vorbeidonnert, verschwinden wir in einer gelben Staubwolke. Die Entfernungen im Hafen sind riesig, und als wir ganz verstaubt endlich ein offiziell aussehendes Gebäude erreichen, schütteln die hübschen omanischen Polizisten darin bedauernd den Kopf. Nein, sie wüssten auch nicht, wo wir einklarieren können, aber hilfsbereit wie sie hier sind, hängt sich einer gleich ans Telefon und fragt nach. Großes Palaver folgt. Am Ende erklärt er uns, dass die zuständige Stelle am anderen Ende des Hafens sei, wir sollen einfach drei Kilometer geradeaus fahren und dann links abbiegen. Ob wir denn ein Auto hätten? Nein? Na dann kommt mal mit, und fröhlich schwingt sich unser freundlicher Polizist in einen nagelneuen blitzenden Polizeijeep, bringt uns zum Einklarieren, und als das erledigt ist, auch noch zurück zu unserem Boot. Von einem Trinkgeld will er nichts wissen.

Nils ist neidisch, dass Lisa in einem echten Polizeiauto fahren durfte, und die Aussicht, solch eine Gelegenheit noch mal zu verpassen, lässt ihn sein Hafenbauprojekt vertagen, um mit Carola und Lisa am nächsten Morgen gemeinsam an Land zu gehen. Am Kai wird eines der hölzernen Frachtschiffe mit Mehl und Spaghetti für Somalia beladen. Der freundliche Käptn bittet die drei an Bord, um ihnen das Schiff zu zeigen. Voller Stolz bietet er eisgekühlte arabische Cola an. Leider spricht er kein Wort Englisch, und so hat Carola ein Problem, ihm klar zu machen, dass die Kinder wegen der Lamblien keinen Zucker zu sich nehmen dürfen. Um nicht unhöflich zu sein, quält sie sich das Meiste davon selber herunter.

Ein stolzer Sohn
der Wüste.

Um die Ecke liegt der Stückgutfrachter QUIN HAI und lädt Stahlrohre aus. Da sein Schornstein schwarz, rot, gold bemalt ist, hält Carola ihn zunächst für ein deutsches Schiff. Ganz oben, am Ende einer langen Gangway steht ein fröhlicher Mensch im orangenfarbenen Overall und winkt ihr und den Kinder einladend zu. Zögernd erst, dann aber immer mutiger, klettern sie die steile Gangway hinauf und werden von Roger King, so sein Name, aufs Herzlichste begrüßt. Er spricht zwar kein deutsch, erklärt dafür in fließendem Englisch, dass Hongkong die gleichen Farben wie Deutschland habe. Er ist erster Offizier, und es ist ihm eine Freude, den Kindern sein Schiff zu zeigen. So klettern sie zusammen durch den Maschinenraum und auf die Brücke. Erstaunt stellen sie dort fest, dass auch ein so großer Frachter genau den gleichen GPS-Empfänger hat wie wir auf dem winzigen LASSE. Er fragt die Kinder, ob sie Orangensaft mögen? Klar, damit kann man unsere zwei immer erfreuen. Sie machen große Augen, als er mit zwei Dosen Fanta zurückkommt. Carola drückt diesmal beide Augen zu, und so probieren sie nach der Cola auch noch zum ersten Mal in ihrem Leben Fanta. Als Roger ihre verdutzten Gesichter beim Kosten des ungewohnten Blubberzeugs sieht, fragt er besorgt, ob alles in Ordnung sei? Carola erklärt ihm die Situation, aber er hat sie offensichtlich nicht wirklich verstanden, sondern verschwindet wieder in der Küche, um gleich darauf mit einer ganzen Tüte voller Fanta zurückzukommen und sie den Kindern in die Hand zu drücken. Diese europäischen Segler müssen wirklich arme Menschen sein. So ein kleines Schiff und dann nicht mal Fanta an Bord.

Gerne folgt Roger King Carolas Einladung, uns auf unserem Boot zu besuchen. Er bringt zur Verstärkung seinen Maschinisten mit, und ungläubig kichernd kriechen sie durch unser kleines Schiff, begutachten fachmännisch die Navigationsecke und können einfach nicht glauben, dass wir mit so einem kleinen Boot so weit gesegelt sind. Angeregt diskutieren wir unsere jeweiligen nächsten Reisepläne und als Roger King erzählt, dass sie leer um Südafrika nach Argentinien fahren werden, schlage ich ihm im Scherz vor, ob er nicht den LASSE in seinen Laderaum stellen und uns bis Kapstadt mitnehmen könnte. Er antwortet ganz ernsthaft, dass er da erst den Kapitän fragen müsse, aber im Prinzip, warum nicht? Hätten wir da schon gewusst, was uns in den nächsten Tagen erwartet, vielleicht hätten wir dann diese Möglichkeit genutzt? Zum Abschied darf ich mir auf der Brücke der QUIN HAI aus den abgelegten Seekarten aussuchen, was wir brauchen können. Immer wieder fragt er mich, ob wir nicht noch andere Wünsche hätten und seine offenherzige Hilfsbereitschaft und Großzügigkeit macht mich ganz verlegen.

# In Piratengewässern

Spontan beschließen wir zusammen mit SKEDEMONGSKE aus Belgien und TOBOGGAN aus Kanada einen Konvoi zu bilden, da der Rest der Ankerlieger entweder zu groß - und damit zu schnell - ist, oder erst in einigen Tagen fahren will. Wir bunkern noch Diesel mit Nicki von SKEDEMONGSKE, der ein Auto gemietet hat und dieses Mal haben wir als einzige Glück: Waren wir doch normalerweise auf der Reise immer diejenigen, die an den teuersten Orten tanken mussten oder die *billigen* Orte nicht angelaufen hatten (Venezuela, das Einkaufsparadies für Segler, aber eben auch mit großen Problemen im Land...). Hier sind wir dank Nickis Auto die letzten, die unbehelligt Sprit per Kanister von der Tankstelle einschmuggeln können. Streng verboten, da der Hafen ja zollfreies Gebiet ist, aber das wusste ich nicht, und Nicki hat so eine nonchalante Art sich dumm zu stellen und es erst mal trotzdem zu versuchen... Wir tanken für 25 Cent den Liter, und das Zeug ist klar wie Wasser! So sauberen Diesel hatten wir noch nie!

Am nächsten Tag kommt mit viel Getöse und Spektakel ein Teil der *Bluewater Rally* von Jimmy Cornell in den Hafen. Auch sie versuchen den Trick, werden aber am Tor abgefangen und müssen den Sprit zurückbringen und für viel Geld einen teuren Tankwagen ordern. Sie liegen alle zusammen Mediteranean-Style an der Fischerbootpier. Riesige Boote, kaum eines unter 50 Fuß, und auch für Laien sind die Millionen deutlich zu sehen. An Deck sonnen sich die Damen der Crews in knappen Bikinis, auf der Pier direkt daneben sitzen die omanischen Fischer in lumpiger Kleidung am Boden und flicken ihre Netze. Ungläubige Blicke wandern in beide Richtungen. Die Dhaus der Fischer neben diesen Millionenschlitten sehen aus wie zu Noahs Zeiten: hochbordige Holzkästen mit Außenklo. Wir schämen uns für die Segler, schließlich sind wir alle zu Gast in diesem muslimischen Land, und auch in Deutschland würde wohl kaum jemand auf die Idee kommen, sich mitten im Containerhafen im Bikini zu sonnen, oder?

Gegen Mittag am nächsten Tag laufen wir aus. Wir passieren ein amerikanisches Kriegsschiff, das abgeriegelt hinter einer extra für diesen Zweck errichteten Wand aus Containern beladen wird. Wohl Raketen, so war die Vermutung von Lance, dem netten indischen

Schiffsagenten, der auch die Amerikaner betreut, und den wir einige Tage vorher in der einzigen Hafenkneipe kennen gelernt hatten. An Deck schieben schwer bewaffnete Soldaten Wache. Wenn die hier schon solche Angst haben, wie muss es denen erst draußen auf See ergehen? Nicht gerade ein Anblick, um unsere angespannten Nerven zu beruhigen.

Aber die erste Nacht verläuft friedlich. Es ist kaum Wind, und wir motoren gegen leichten Gegenstrom in Richtung des mit internationaler Militärpräsenz geschaffenen *secure corridor*. Wir haben nur Notbeleuchtung gesetzt und die auch nur auf Deckshöhe, was wahrscheinlich unnötig ist, da bisher fast ausnahmslos die Angriffe der Piraten am Tage erfolgten. Es herrscht reger Verkehr, und ab und zu sieht man sogar einen großen Pott ohne Lichter vorbeifahren. Am Abend des zweiten Tages erreichen wir den Korridor. Wir haben verabredet, nicht mehr als eine halbe Meile Abstand voneinander zu halten und bei Verdacht sofort zusammenzurücken. Es gibt einen Notfallplan, wer wie wen zu alarmieren hat, und eigentlich sind wir uns einig, dass wir das alles nicht brauchen werden. Die Nacht verläuft ruhig, abgesehen vom Funkverkehr, wo wir schön verfolgen können, wie sich die großen zu Konvois zusammenschließen und dann an uns vorbeiziehen. Kriegsschiffe hören wir auch, und am Morgen sehen wir sogar welche.

Es ist mein Geburtstag. TOBOGGAN und SKEDEMONGSKE sind etwas unruhig, da wir ihnen zu langsam sind. Wir motoren mit unserer maximalen Reisegeschwindigkeit, und der Gegenstrom lässt uns nur mit vier bis viereinhalb Knoten dahinschleichen. Zudem ist das für die beiden anderen knapp an der Leerlaufdrehzahl, und das mögen die Motoren nicht so gerne…

Die See ist spiegelglatt, die Sicht ausgezeichnet, und wir fühlen uns wie auf dem Präsentierteller. Ein schwedischer Frachter zieht ohne Konvoi an uns vorbei. Plötzlich ändert er den Kurs, fängt an Schlangenlinien zu fahren. Ich bin sofort alarmiert und rufe die anderen über Funk. Und dann geht alles furchtbar schnell. Nicki: "Ben, da sind so komische Boote backbord am Horizont…" Ich greife das Fernglas und tatsächlich, da ist die unverkennbare Silhouette dieser kleinen, hoch motorisierten *Fischerboote*, mit einigen dunklen, vermummten Gestalten im Bug. Erst sind es nur drei, und sie fahren hinter dem Frachter her, aber dann sind es plötzlich fünf, und sie drehen vom Frachter ab und direkt auf uns zu. Wir beschließen

Alarm zu schlagen: TOBOGGAN sendet den DSC-Notalarm, was sofort ohrenbetäubendes Gefiepse an unserem Funkgerät auslöst. Wir motoren mit Höchstgeschwindigkeit hinter SKEDEMONGSKE und TOBOGGAN her, um möglichst dicht zusammen zu sein. Trotz der sechs Knoten fühlt es sich an wie Stehen, denn diese Boote sind wirklich schnell! Carola ruft die Koordinierungsstelle in Dubai über Satellitentelefon an und gibt unsere Position und Situation durch, alles in einem unbeschreiblichen Chaos aus Piepen, Motorengedröhn, wildem Funkverkehr mit TOBOGGAN und SKEDEMONGSKE und den ängstlichen Fragen der Kinder, was das denn sei, und dann sind sie auch schon fast da! Noch 200 Meter trennen uns. Wir können deutlich die Menschen in den Booten erkennen. Etwas Spitzes ragt neben ihnen auf - Waffen? Wir sind wie gelähmt, während das Adrenalin in unseren Adern pulst, aber wir können nichts mehr tun. Wir sind so langsam. Die Boote jagen mit über 30 Knoten durch die spiegelglatte See - und dann drehen sie ab. Ein kleiner Schwenk, zwei gehen vor unserem Bug durch und die anderen drei hinter unserem Heck. Fahren sie wirklich vorbei?

Erst können wir es nicht glauben. Eine Einkreisungstaktik? Aber sie halten Kurs nach Nordwest auf die jemenitische Küste zu. Da meldet sich der schwedische Frachter über Funk. Er ist umgedreht, er sei bewaffnet und er würde uns Beistand leisten, bis die Boote verschwunden sind. Schwerfällig kommt er angerauscht. Die Boote sind hinterm Horizont verschwunden, aber beruhigend ist es trotzdem, ihn in der Nähe zu wissen. Wir geben Entwarnung, während kurz darauf aus dem Radio der Notruf eines Frachters nordwestlich von uns kommt… Das Ganze hat vom ersten Sichten der Boote bis zu ihrem Verschwinden vielleicht zehn Minuten gedauert, und wir fühlen uns ein Jahrhundert älter. Kommentar Lisa: "Papa, mir ist das Herz aus der Hose gerutscht… waren das Piraten?" Wir entscheiden, dass das Schmuggler waren, sonst wären sie ja wohl zu uns gekommen und während den Eltern noch immer ganz schlecht ist vor Angst, spielen Nils und Lisa fröhlich Schmuggler und *Coastguard* unter Deck.

Wie sehr wünschen wir den Schutz der Nacht herbei! Aber es ist gerade erst Mittag vorbei. Noch sechs entsetzlich lange Stunden bis zur Dämmerung. Am liebsten würden wir hier auf der Stelle diese Reise beenden! Das war eindeutig zu viel. Zuviel Realität, zuviel Gefahr, zuviel Verantwortung! Ach, wären wir doch um Südafrika gefahren, da hätten wir *nur* mit dem mörderischen Wetter und der instabilen politischen Lage in Südafrika zu kämpfen gehabt. War unsere Entscheidung, hier lang zu fahren, doch fahrlässig? Wir hatten versucht, die Risiken abzuwägen, aber spätestens jetzt wird uns klar, dass wir gründlich daneben liegen, oder nicht?

Der Frachter meldet über Funk, dass er die Boote jetzt auch nicht mehr auf dem Radar habe, wünscht uns noch viel Glück und entschuldigt sich, dass er uns nicht begleiten könne, aber seine Minimalgeschwindigkeit sei acht Knoten... Schade eigentlich.

Und wo waren die *Coalition Forces*? Obwohl uns versichert worden war, dass eigentlich alle 50 Meilen eine Einheit entlang des Korridors stationiert sein sollte, haben sie nicht auf unseren Notruf reagiert. Übrigens auch sonst niemand, von dem Schweden abgesehen, und der war ja in Sichtweite. Aber wir hatten immerhin noch mindestens zehn andere Boote auf dem AIS in Reichweite, und keiner hatte geantwortet...

Nur sehr langsam beruhigen wir uns wieder. Aber nicht wirklich, denn wir haben nicht nur noch sechs Stunden bis zum Dunkelwerden, sondern noch 300 Seemeilen bis Aden und dem Ende des Korridors, also noch mindestens zwei weitere Tage in dieser wahrlich heißen Gegend.

Und immer noch kein Wind! Wäre wenigstens etwas Seegang, dann könnten diese Dinger nicht gar so schnell fahren, aber es sind eben *Idealbedingungen* und wir noch mitten drin. Wir fahren nur noch 50 Meter auseinander, haben auch die Großsegel geborgen, um noch unsichtbarer zu sein, und trotzdem fühlen wir uns so nackt und ausgesetzt, so verletzlich und alleingelassen. In angespannter Konzentration suchen wir ständig den Horizont ab und versuchen, so viel Tempo zu machen, wie wir unserem alten Motor zutrauen.

Knapp zwei Stunden nach dem ersten Zwischenfall: "LASSE für TOBOGGAN, da sind wieder Boote an backbord..." Steven klingt gar nicht glücklich. Nein, nicht noch mal! Aber er hat Recht, und so beginnt der Albtraum von vorne: DSC, Dubai und Amateurfunk. Dubai nimmt unsere Position auf, der unglaublich freundliche Gentleman sagt, er würde die *Coalition Forces* informieren, aber ansonsten könne er auch nichts machen. Nicht gerade ermutigend.

Die Boote jagen auf uns zu, erst zwei, dann noch drei weitere in lockerer Formation. Mühelos kommen sie näher. Die Kinder wissen

Indonesien. Am Strand von Belitung.

Alle wollen ein Foto mit uns.

Indonesische Begegnungen.

Reisfelder auf Bali.

Schwimmende Händler kommen ans Boot.

In der Straße von Singapur ist selbst das Wasser geteert.

Malediven. Die Damen haben endlose Fragen.

Die glücklichen Kinder von Uligan, Malediven.

Siesta auf Uligan.                    Am Tag als die Piraten kamen.

Abendstimmung über der Wüste.

Jemen. Shoppingmall in Aden.

Alle kauen Kat.

Zeichensprache in Ägypten

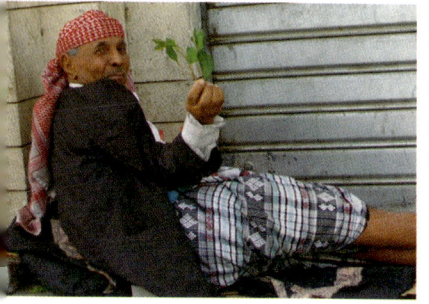

Mit SKEDEMONGSKE im Konvoi vor der Küste des Jemens.

Kastellorizo. Dahinter die türkische Küste.

Kastellorizo. Heimat für ein Jahr.

Frühling in Kastellorizo.                    Seepferdchen. Nils 7 Jahre.

Allee mit vielen Schleusen. Rückweg durch die Kanäle.

gleich, das sind jetzt auch Schmuggler, trotzdem spüren sie unsere Angst. Wir motoren mit Höchstgeschwindigkeit direkt neben SKE-DEMONGSKE her. Keine Bootslänge trennt uns mehr, und auch TOBOGGAN ist dicht aufgeschlossen. Dank AIS wissen wir, dass wieder einige Frachter in der Nähe sind, aber die reagieren nicht auf unseren Notruf, und auch die *Coalition Forces* sind offenbar wieder anderweitig beschäftigt.

Wie zuvor sehen wir unsere Reise in Somalia enden, als auch diese Boote wie von guten Mächten gelenkt im letzten Moment einen kleinen Schlenker machen, sich aufteilen und elegant an uns vorbeirasen. Diesmal meine ich, deutlich die Spitze einer Panzerfaust im Arm einer der dunklen Gestalten erkennen zu können.

Zehn Minuten später sind sie nicht mehr zu sehen und kurz darauf auch vom Radar verschwunden. Wir sind komplett erledigt. Wir kriechen unerträglich langsam über die riesige Wasserfläche Richtung Westen, und ebenso langsam versinkt die Sonne im Meer. Sie breitet endlich gnädige Dunkelheit um uns. Doch auch in der Nacht kommen wir nicht zur Ruhe, denn da sind wieder kleine Boote, kaum auf dem Radar zu sehen, aber deutlich als Schatten vor dem Sternenhimmel erkennbar. Sie haben kein Licht, und sie fahren nicht viel schneller als wir, aber sie fahren immer näher heran. Dann stoppt eines, dreht um, fährt an unserer Konvoireihe entlang, nimmt wieder Fahrt auf… Zum Auswachsen. Wir einigen uns darauf, dass es wohl Fischer sind, behalten sie aber trotzdem gut im Auge. Müssen die echt hier mitten in der internationalen Sicherheitszone fischen?

Wie im Nebel verschwimmt der nächste Tag: Noch immer kein Wind, und jetzt hat auch noch TOBOGGAN Motorprobleme. Der Auspuff leckt und ihr Schiff ist voller Dieselabgase. Wir stoppen und Steven versucht eine Reparatur, die hält aber nicht. Trotzdem fahren wir weiter. Besser Dieselqualm im Schiff als Piraten an Bord! Wir sind ganz krank und steif vor Anspannung und vom ständigen Absuchen des Horizonts. Das Fernglas ist ununterbrochen in Gebrauch, und die Kinder helfen fleißig mit *Schmuggler* Sichten. Während wir uns mühsam durch den Tag quälen, scheint an ihnen der gestrige Tag relativ spurlos vorbeigegangen zu sein. Wo sie es wohl hin gesteckt haben?

Wie Kaugummi zieht sich die Zeit. Der Motor dröhnt und heizt die Kajüte zur Unbewohnbarkeit auf, trotzdem sind alle dankbar, dass er so gut durchhält. Nicht auszudenken, wenn jetzt etwas kaputt ginge.

Wir geben mittags unsere Position wie üblich an Carolas Freundin in Stuttgart durch, die diese dann anschließend per Mail an die Koordinationsstelle in Dubai weiter gibt. Außerdem melden wir unsere Position direkt an Carolas *Freund* in Dubai, und er versucht uns Mut zu machen. Nächstes Mal sollen wir keinen *Distress Call* senden, sondern nur eine *Securite*-Meldung, um nicht den Funkverkehr zu blockieren.

Wir überstehen den Tag ohne weiteren Zwischenfall und am nächsten Morgen sind es nur noch 35 Meilen bis Aden und es ist Nebel!!! Na ja, nicht wirklich, aber die Sicht ist extrem schlecht, es ist diesig, und brauner Wüstenstaub setzt sich überall ab. Jetzt müssen wir richtig aufpassen, dass wir nicht von den Dicken überlaufen werden, und wieder einmal erweist sich das AIS als kleine Wundermaschine, haben wir doch nicht nur wie beim Radar ein Echo, sondern auch Schiffsname, Kurs und Geschwindigkeit. In der Nacht ist auch noch Wind aufgekommen, und so segeln wir zum ersten Mal auf diesen längsten 600 Meilen unserer Reise, und welch Wunder, obwohl wir das kleinste Schiff sind, müssen wir jetzt auf die anderen beiden warten! Die sind bei den herrschenden vier Windstärken fast einen Knoten langsamer als wir.

Als wir uns Aden nähern, wird die Suppe immer dicker. Plötzlich ist Kanal 16 mit lauter arabischer Musik blockiert. Wir sind alarmiert, hatte man uns doch vorher gewarnt, dass die Piraten mit diesem Trick angegriffene Schiffe daran hindern würden, einen Notruf zu senden. Ist es ein Scherz? Jedenfalls können wir uns nicht in Aden anmelden und nähern uns sehr beklommen der jemenitischen Küste. Geisterhaft taucht aus dem Nebel der Kraterrand auf, in dessen aufgebrochenem Inneren wie in einem kariösen Zahn der Hafen von Aden liegt. Vorbei an bizarren Wracks und verrosteten alten Frachtern tasten wir uns ins Hafenbecken. Die Stadt am Ufer sieht aus wie Beirut: Ruinen neben Brachflächen und dazwischen Häuserblocks von alt, aber schön, bis grausig neu. Leben hier Menschen? Eine ganze Pier ist voll mit der viel gerühmten jemenitischen *Coastguard*, die sehr erfolgreich im Kampf gegen die Piraten sein soll, aber in den drei Tagen, die wir in Aden sind, wird kein einziges der Boote aufs Meer gehen, und es kommen auch keine von draußen rein...

Hafeneinfahrt von Aden.

Wir ankern neben SKEDEMONGSKE und TOBOGGAN in der Nähe von zwei verwahrlosten, offensichtlich verlassenen Segelyachten. Was wohl mit ihren Besitzern ist? Über den nun freien Kanal 16 versucht uns von Land ein *Agent* seinen *Service* zu verkaufen, in gebrochenem Englisch und immer aufs Neue. Woraus der Service aber bestehen soll, ist einfach nicht aus ihm herauszubekommen. Wir geben auf und wechseln den Kanal. Ich kann noch nicht wirklich fassen, dass wir "durch" sind; bin noch benommen, übermüdet, gleichzeitig auf Adrenalin. Wir klaren das Schiff auf, essen eine Kleinigkeit und dann lichtet sich der Nebel so weit, dass im trüben Sonnenlicht der wild gezackte Kraterrand über der Stadt aufscheint. Unwirtlich, abweisend, schroff, mit Slums, die sich die Hänge hinaufziehen, je höher umso ärmlicher werden die aus Wellblech und Plastikfolie gezimmerten Wohnnester.

Als wir drei Kapitäne an Land rudern, um den unvermeidlichen Behördenkram zu erledigen, werden wir gleich von einer Schar dunkler Gestalten umringt. Sie geleiten uns zum *Behördenblock*, einem Schuppen mit der großspurigen Aufschrift *Jemen Customs and Imigration* auf einem Pappdeckel über der Tür. Drinnen ein riesiger Schreibtisch und dahinter ein finster dreinblickender Offizieller: Wir sind offensichtlich das Ereignis des Tages, wenn nicht der Woche, und nach gründlichem Studium der Pässe und fleißigem Ausfüllen seitenlanger Formulare verkündet er, dass Visa pro Kopf 60 Dollar kosten. Wir wollen nur ein paar Tage bleiben und dann weiter, und außerdem sieht es nach einem sehr kinderunfreundlichen Hafen aus. So entscheiden SKEDEMONGSKE und LASSE, dass wir keine Visa benötigen, da wir nur die international zugestandenen 72 Stun-

251

den bleiben würden. Das ist dem Herrn sichtlich nicht Recht, aber er hat auch keine Argumente, um es uns zu verwehren, und so tauscht er unsere schönen Reisepässe gegen die gleiche Anzahl *Shorepässe*, die eine starke Ähnlichkeit mit einem Videothekenmitgliedsausweis haben. Sehr vertrauenerweckend verstaut er unsere Pässe in einem riesigen Safe, dessen Tür er wohlweislich offen lässt, scheint doch das Schloss so verrostet, dass fraglich ist, ob es sich jemals wieder öffnen ließe.

Mittlerweile ist das Büro angefüllt mit den dunklen Gestalten. Auch eine alte Frau hat sich dazugesellt und gibt mit scharfer Stimme Kommandos. Wie sich später herausstellt ist sie der Chef vom ganzen *Betrieb* inklusive angeschlossener Cousins vor der Tür, die uns versichern, dass es nichts in Fußmarschweite gibt, sie uns aber zu den tollsten Shops in die Stadt fahren würden. Die Autos haben meistens vier Räder, aber da hört es dann auch schon auf: Vehikel sind unterwegs ohne Türen, Kotflügel, Lichter, Dach, die Menschen hängen in Trauben aus allen möglichen Öffnungen. Wenn sie uns sehen, rufen sie schon von Weitem: "Welcome to Aden!" Auch hier sind wir eine seltene Attraktion und fallen auf wie grüne Möwen. Am Ende der Formalitäten sagt der Offizielle barsch: "Now you make present!" Wir sind platt. So direkt sind wir noch nie um Bakschisch angegangen worden, und im Oman war davon keine Rede. Nicki drückt ihm einen Dollar in die Hand. Der wird argwöhnisch von allen Seiten begutachtet und der Kommentar dazu ist: "This is no money". Nicki ist nicht auf den Mund gefallen, schnappt sich den Schein wieder und sagt: "If that's no money, then I take it back…" Sprach's und war aus der Tür! Das war dem Herrn auch nicht Recht, aber was sollte er machen? Meine Rialscheine aus dem Oman nimmt er dann kommentarlos an.

Wir brauchen Diesel, und so verholen wir uns am nächsten Morgen an die Bunkerstation. Die ist eindeutig mehr für die Großschifffahrt ausgelegt, aber nach einigen Versuchen gelingt es uns doch längsseits zu gehen. Das Ding ist total verrostet, der Rost aber ist überzogen von einem Ölfilm von verschüttetem Diesel. Es riecht intensiv. Nur: Wo ist der Schlauch?
Zwei Männer wuchten eine riesige Pipeline zu uns herüber, dick wie mein Oberschenkel. Am Ende befindet sich ein tellergroßes Handrad zum Öffnen. Der Rüssel passt kaum in LASSEs Tankstutzen und

nur mit vereinten Kräften gelingt es uns, den Diesel zum Fließen zu bringen, aber was da aus dem Hahn kommt sieht aus wie Wasser! Ist es aber nicht. Denn aus diesem schmutzigen, verrosteten Ungetüm von Bunkerstation tanken wir den endgültig saubersten Sprit der ganzen Reise!

Zum Bezahlen müssen Carola und Lisa erst ins eine Büro, um eine Bescheinigung zu holen, wie viel Diesel wir brauchen. Dann zur Kasse, bezahlen in harten US Dollar; dann mit der Quittung zurück zum Büro, wo eine Bescheinigung ausgestellt wird, die dann beim Tankwart vorzulegen ist... Lisa ist ein Segen, hält sie doch die Männer auf Abstand und, oh Wunder, im Büro arbeitet eine Frau die Russisch spricht. Sie ist Erdölingenieurin, in den 70igern in Russland ausgebildet und völlig frustriert von der Entwicklung im Jemen. Immerhin darf sie noch arbeiten, wenn auch weit unter ihrer Qualifikation. Aber doch besser als unter der Burka versteckt zu sein oder gar nicht mehr aus dem Haus zu dürfen. Sie ist ganz glücklich ihr Russisch zu benutzen, und so stehen Nils und ich an der Reling und wundern uns, wo die Frauen denn bleiben?

Endlich ist alles erledigt, die Kanister und der Tank randvoll für den mühsamen Trip gegen den Wind im Roten Meer, und dann kommt : Bakschisch. Wir sind vorbereitet, und wollen den Männern ein seit drei Jahren an Bord befindliches Schraubensortiment überreichen, aber da werden sie ungehalten! Dollar müssen es sein. Nur langsam verstehen wir, dass sie ein so großes Geschenk niemals durch die Kontrolle am Eingang bringen würden... Zum Überreichen der Dollar müssen wir uns ducken, da uns niemand vom Bürogebäude sehen darf, obwohl alle wissen, dass Bakschisch fließt. Wir tun uns schwer mit dieser offensichtlichen Diskrepanz. Empfinden es als scheinheilig und extrem unwürdig, und doch ist es hier noch harmlos im Vergleich zu den Zuständen, die wir in Ägypten erleben werden.

Wir gehen auf den Markt, der wie fast überall auf der Welt ein echtes *Highlight* ist. Wo bekommen die nur in diesem Wüstenland all das frische Zeug her? Danach beschließen wir in einer kleinen Imbissbude ein gegrilltes Huhn zu essen. Es geht laut und wild zu, Lisa und Carola sind die einzigen Frauen, aber wir werden freundlich bedient. Eilig bringt der Kellner alte Zeitungen, um sie als Tischdecke aufzulegen. In Minutenschnelle kommen riesige Chapati aus einem Holzofen auf den Tisch, und dann bleibt mir das Essen im Halse stecken, denn direkt am Rand meiner Chapati lugt ein Bild aus der Zeitung hervor, und darauf sind deutlich *unsere* Piraten zu erkennen. Der gleiche Bootstyp, die vermummte Gestalt im Bug als Ausguck, dahinter kauern noch mehr, deutlich mit Waffen im Arm... Der Bildtext ist arabisch, aber es ist klar worum es geht. Na, guten Appetit! Wir reißen den Schnipsel aus der Zeitung und kleben ihn später ins Logbuch.

Tischdecke im Piratendesign.

Vor der Abfahrt besuchen wir noch den Hafenkapitän, um uns über die aktuelle Sicherheitslage zu informieren. Er meint alles sei *very safe* in jemenitischen Gewässern, die *Coastguard* habe alles im Griff, und wir sollen uns ja nahe der Küste halten. Eindringlich mustert er Carola mit kritischem Blick und fragt meine weitgereiste Seglerfrau ungläubig: "...and you can really sail?"

# Glück und Gegenwind im Roten Meer

Am nächsten Morgen bilden wir mit SKEDEMONGSKE einen Mini-Konvoi und laufen aus Richtung Bab el Mandeb. Es ist immer noch diesig, aber die Sonne scheint, und mal wieder ist kaum Wind. Zunächst sind wir guten Mutes, trotzdem halten wir ständig Ausschau und auch das Radar ist in Betrieb. Am Horizont beobachte ich mehrere wartende Frachter, die mit dem Bug nach Westen zeigen. Komisch, sollten sie sich doch für einen Konvoi sammeln, aber dann doch in die andere Richtung? Es taucht die Silhouette einer großen Fregatte auf, gesellt sich zu den Frachtern. Und dann sind da wieder wie aus dem Nichts diese typischen kleinen Boote. Klar wissen wir, dass im Jemen eben nur dieser Bootstyp gebaut wird, den auch die Piraten benutzen, aber warum sausen diese Fischer mit so hoher Geschwindigkeit herum? Sprit ist doch teuer, auch für sie! Und jetzt sammeln sich mehrere von diesen Booten zwischen uns und dem sich am Horizont bildenden Konvoi, so als gäbe es da etwas zu beraten. Ich bin alarmiert, aber Nicki versucht mich zu beruhigen. Wir rufen über Funk einige der Frachter des Konvois über DSC-Funk, haben auch deren MMSI, so dass es bei denen auf der Brücke klingeln müsste, erhalten aber keine Antwort. Komisch, denn die sind nur knapp zwei Meilen weg und die Fischerboote nur ein paar hundert Meter. Nun sausen sie zusammen ein Stückchen weiter, stoppen wieder. Neues Beraten? Wir versuchen das Kriegsschiff zu rufen, aber auf unseren Funkspruch erhalten wir keine Antwort. Nicki findet das nun auch komisch, und wir rücken zusammen.
Dann hören wir, dass am Funk Russisch gesprochen wird. Carola funkt das Kriegsschiff auf Russisch an und erhält prompt Antwort: Ja, der *secure corridor* wäre jetzt seit Neuestem bis Bab el Mandeb verlängert, dieser Konvoi fahre nach Westen und er würde uns dringend empfehlen die jemenitischen Gewässer sofort zu verlassen, und wenn die Boote näher kommen würden, dann würde er den Hubschrauber schicken. Das alles geht unendlich langsam über den Äther, gilt es doch jedes Mal das korrekte Funkprotokoll abzuwickeln: "Llloasse, Llloasse, roaschian woarschip..." kommt es in Englisch mit schwerem Akzent und unendlicher Geduld zurück. Ja, es bestehe Piratengefahr auch hier, und wir sollen uns sofort seinem Konvoi anschließen, sie würden auf uns warten!

Großartig! Der Hafenkapitän war ja echt auf dem Laufenden. Aber wir können doch bloß fünf Knoten fahren. Ja, da müsse er mit seinem Vorgesetzten sprechen: "Llloasse, Llloasse, stäending boei..." Nein, sie könnten auch nicht langsamer als acht Knoten fahren, kommt die Antwort nach viel Hin und Her, aber sie seien ja noch bis zum Abend in Rufweite und würden ein Auge auf uns haben, und beim kleinsten Verdacht würden sie den Hubschrauber schicken. Vielen Dank, liebe Russen! Wir haben den Hubschrauber nicht gebraucht, und die Kinder haben Wochen später noch begeistert den herrlichen Akzent des Funkers imitiert, so dass "Llloasse, Llloasse, roaschian woarschip..." ein stehender Joke an Bord wird.

Über all dem Gefunke haben sich die Boote verzogen, und die Nacht gibt uns Schutz. Es kommt Wind auf, und wir machen gute Fahrt, rauschen bald mit sechs Knoten Bab el Mandeb entgegen. Aber SKEDE-MONGSKE wird immer langsamer. Zähneknirschend nehme ich die Fock weg. Sie bleiben trotzdem zurück. Mensch, wollt ihr denn nicht weg hier? Ich will nur eines, und zwar so schnell wie möglich diese Gewässer verlassen. Belgische Gelassenheit! Nach mehreren vergeblichen Versuchen sie anzufunken, gebe ich auf. Langsam wird der Abstand größer und als wir nur noch ein paar Meilen von der Meerenge entfernt sind, gebe ich Gas. LASSE prescht mit über sieben Knoten bei auffrischendem Südostwind durch die Enge ins Rote Meer!

Ich habe eindeutige Symptome einer akuten *Fischerboot-Allergie*: Jedes Mal wenn ich eines der Dinger sehe, und auch hier wimmelt es von ihnen, fängt mein Puls an zu rasen, meine Hände werden feucht, und ich bekomme Mordgelüste. Gut, dass wir unbewaffnet sind! Aber der Wind nimmt weiter zu, und bald sausen wir unter zwei Reffs im Groß und Sturmfock bei achterlichen Winden das Rote Meer hinauf. Taktik: So lange wie möglich Nord machen, wenn dann die Konvergenzzone kommt, motoren bis zum Gegenwind und dann halt irgendwo hoffentlich an die sudanesische Küste. Und wir haben wieder mal Glück: Der Wind hält die nächsten Tage an, und so schaffen wir fast die Hälfte des Roten Meeres mit achterlichem Wind oder motorend in der Konvergenzzone. Knappe 80 Meilen vor der ägyptischen Grenze müssen wir passen und suchen Schutz vor dem starken Nordwind. Wir sind total erschöpft. Der seelische Stress im Golf von Aden macht sich bei uns Großen deutlich bemerkbar und dazu noch die ruppige Segelei der letzten Tage. LASSE liegt auf der Kante und kracht durch die fiesen, engen Seen.

Unter Deck ist so ein Getöse, dass wir kaum zum Schlafen kommen. Ach, war das schön im Passat zu segeln. Hier will jede Meile Nord nun mühsam erlitten werden. Und wir haben es noch gut getroffen, wie wir später von SKEDEMONGSKE und anderen hören werden, denn die haben es nur bis Eritrea geschafft, dann kam der Gegenwind. Mit viel Glück können wir im Mittagslicht die sudanesische Küste anlaufen. ist hier besonders wichtig, da man im Gegenlicht die Untiefen nicht mehr erkennen kann und auf die Karten absolut kein Verlass ist, sie stammen alle ausnahmslos von 1838. Daher sollte also ein Ankerplatz spätestens um ein Uhr erreicht sein, denn hier gilt es, nur nach Sicht zu navigieren. Auf die Minute erreichen wir die Einfahrt zum "schönsten Marsa des Roten Meeres", wie das *Guidebook* vollmundig verkündet. Die Schönheit ist uns egal, wir wollen einfach nur ruhig liegen und schlafen! Trotzdem sind wir überwältigt von dem Naturschauspiel, als wir uns der Einfahrt in den Korallen nähern: Türkisfarbenes Wasser, das sich wie ein gewundener Flusslauf drei Meilen weit landeinwärts erstreckt. Rechts und links flache Sanddünen, dann die Ebene und dann die Gebirge! Kette um Kette schichtet es sich bis zum Horizont in immer blasseren Schattierungen.

Rot, gelbbraun, sandfarben das Land, azur und türkis das Meer und über dem flachen Uferstreifen ein weißer Dunst von Gischt und aufgewehtem Sand, denn es bläst immer noch mit sieben Windstärken. Keine Häuser, keine Menschen, keine Bäume. Am Ufer ein einsamer Mangrovenbusch. Wir sind ganz allein in dieser fantastischen Ödnis.

Es ist leider empfindlich kalt geworden. Das Wasser hat nur noch siebzehn Grad, für uns tropenverwöhnte Weichlinge eindeutig zu wenig zum Baden. Auch die Lufttemperatur lässt zu wünschen übrig. Fleecejacken werden hervorgekramt - und wo um Himmels willen haben wir noch mal die Socken verstaut, damals, vor drei Jahren als wir aus Portugal abfuhren?

Den nächsten Tag verbringen wir vor Anker. Der Nordwind pfeift über die Bucht, und wir sind glücklich nicht *draußen* zu sein! Schiffputzen ist angesagt. Aber gar nicht so einfach ohne Süßwasser, denn das müssen wir sparen, wer weiß, wann es wieder frisches Wasser gibt?

Plötzlich sehe ich eine Fata Morgana: Kamele scheinen über die Hügel zu schweben. Die Entfernungen sind nicht wirklich einzuschätzen, aber im Fernglas können wir deutlich einige Kamele ausmachen. Also keine Fata Morgana, sondern Herden und damit Menschen. Die bekommen wir aber erst am Abend zu Gesicht. Da wir am nächsten Morgen früh weiter wollen, legen wir uns direkt im Eingang zum Marsa sozusagen ans Ufer: Wir können bis auf fünf Meter heranfahren, dann hat es einigermaßen ausreichende Ankertiefe. Wir lassen uns vom Wind zurückdriften und hoffen, dass selbiger seinem Ruf treu bleibt und nicht plötzlich die Richtung ändert. Und dann kommt ein Kamel am Ufer entlang geschlendert. Die Kinder sind ganz aus dem Häuschen und wollen es unbedingt füttern. Leider haben wir nicht wirklich was Passendes an Bord, und überhaupt, was essen die hier, wo es sonst nichts gibt? Jetzt wandern zwei Hirten am Ufer entlang. Betrachten uns, als sei es ganz selbstverständlich, dass hier Segelyachten vor Anker liegen. Grüßen stolz herüber, Wesen aus einer anderen Zeit. Ob wir Wasser hätten, fragen sie mit Zeichensprache. Wir motoren die paar Meter zum Ufer und schmeißen zwei Flaschen zu ihnen herüber. Gelassen danken sie uns und folgen ihrem Kamel. Später sehen wir sie ihr Lager in einer Sandmulde aufschlagen. Der Kamelhöcker ragt wie ein Zelt über die Düne. Wir kommen uns so unendlich verwöhnt und luxuriös vor, haben wir doch alles dabei und können im Notfall sogar unser eigenes Wasser machen. Und trotzdem sind wir immer wieder so unzufrieden!

Die Kinder verhaken sich in einer heftigen Diskussion, ob das denn nun ein Kamel oder ein Dromedar gewesen sei. Wir wissen es auch nicht genau und werden es auch in Ägypten nicht erfahren, denn selbst Eslam, unser ägyptischer Freund, der selber ein *Camel* besitzt, mit dem er Touristentouren an den Pyramiden anbietet, kann uns diese Frage nicht beantworten. Für ihn sind das alles *camels*.

Von hier an machen wir *Coasthopping*. Klingt nett, ist aber im Roten Meer sehr unbequem. Die Ankerplätze sind immer gerade so weit auseinander, dass man sie nur auf den letzten Drücker erreichen kann. So beginnt für uns eine aufregende, stressige Zeit: Morgens noch im Dunkeln frühstücken, dann, wenn kein Wind ist, bei Sonnenaufgang Anker auf und so schnell wie möglich nach Norden motoren. Denn oft setzt am späten Vormittag der Nordwind mit voller Kraft ein, und dann heißt es kreuzen gegen Wind und Strom und das ganze Timing ist futsch! Dabei müssen wir ständig Ausguck gehen, denn mit den Riffen ist nicht zu spaßen: Mehr als einmal tauchen vor dem Bug Brecher auf, wo die Karte nichts vermerkt. Malerische Marsas wechseln sich ab mit eher notdürftigen Übernachtungsplätzen. So quälen wir uns nordwärts, durch die berüchtigte *Foulbay* in ägyptische Gewässer hinein. Wir sind allein hier. Nur die Zugvögel auf dem Weg nach Süden kommen uns entgegen, Störche und Reiher treffen wir in rauen Mengen. Die Kinder sind ganz aufgeregt, denn wir überqueren das erste Mal eine Landesgrenze in Sichtweite der Küste. Zu ihrer Enttäuschung ändert sich aber fast nichts. Nur die Wachtürme, am Ufer in regelmäßigem Abstand gepflanzt, zeugen von einer anderen *Kultur*. Ansonsten immer noch Wüste und Berge im Hintergrund. Ob die Kinder eine in den Sand gezeichnete weiße Linie erwartet haben?

Und dann kommt der Müll! Joghurtbecher, Coladosen, Chipstüten, Plastiktüten treiben in einem langen Band von Luv heran. Bald entdecken wir auch die Ursache dieser *Müllfahnen*. Tauchboote, genauer: ägyptischer *Ökotauchtourismus* sendet uns seine Ausläufer entgegen. Fortan werden wir vor den Riffen durch Müllströme gewarnt, die sich von den Tauchbooten beständig ins Meer ergießen. Was für ein trostloser Anblick. Auch der Ölwechsel wird gerne draußen am Riff erledigt und das Altöl dem Müll hinterher gekippt. Dabei stehen die Riffe unter Naturschutz, und es gelten extrem strenge Regeln, was das Ankern und Beschädigen betrifft. Zudem leben die Tauchboote ja von den Riffen und der Unberührtheit der Natur, aber so weit reicht das Bewusstsein vielleicht nicht.

Unsere erste Begegnung mit den Ägyptern fällt eher zwiespältig aus: Wir erreichen am frühen Nachmittag einen sehr schön geschützten Marsa, an dessen Ufern sich einige Tauchresorts breit gemacht haben. Das Handbuch verzeichnet diesen Ankerplatz als sehr geschützt (der Führer ist von 2005). Kaum ist der Anker im Grund, kommt ein kleines Boot mit mehreren offiziell aussehenden Männern darin. Sie sprechen kein Englisch, wollen aber unsere Pässe sehen. Wir versuchen, sie an Bord einzuladen, aber sie wollen nicht. Nur ungern gebe ich unsere Pässe aus der Hand. Als nächstes zücken sie ein Mobiltelefon, sprechen aufgeregt hinein und halten es mir hin. Am anderen Ende ist jemand, der gebrochen Deutsch spricht und mir befiehlt, sofort zu verschwinden. Ja, warum denn? Dies sei kein Ankerplatz, kommt es kategorisch zurück. Nun ist alles voller Tauchboote, also im militärischen Sperrgebiet können wir nicht sein. Ich versuche, dem Menschen klar zu machen, dass die Sonne schon zu tief steht, um ohne Gefahr für das Schiff den nächsten Ankerplatz zu erreichen. Nein, wir müssen weg und zwar sofort, sonst wird es ernste Konsequenzen haben. Den Grund kann er nicht nennen. Und dann kommt das starke Stück: Er behauptet, nur drei Meilen weiter sei ein Hafen!

Welchen Namen der denn hätte? Er nuschelt irgend etwas Unverständliches, aber verspricht mir, dass da wirklich eine Marina für Yachten sei. Nun, wir haben wirklich nicht das frischeste Handbuch, also lassen wir uns zögernd darauf ein und gehen Anker auf. Es ist extrem ungemütlich, denn der Nordwind pfeift uns mit sechs Beaufort entgegen und wir brauchen ewig, um uns durch die Riffe unter Motor die drei Meilen nach Norden zu quälen. Da ist kein Hafen! Da ist absolut gar nichts, der Mistkerl hat uns einfach angelogen. Wir vermuten, dass Segler die Aussicht vor dem Resort verschandeln und darum ganz inoffiziell verscheucht werden. Nun ist es schon fast Dämmerung, und wir kommen nur mit knapper Not noch auf den nächsten wirklich in der Karte verzeichneten Ankerplatz.

Die Kinder spielen unter Deck von Luv nach Lee hüpfend, während wir uns mal wieder gegen den Wind kreuzend zwischen den Riffen nach Norden vorarbeiten. Nach einer der unzähligen Wenden ertönt ein lauter Schrei von unten. Lisa ist mit dem Kopf gegen die Maststütze gekracht und hat eine dicke Platzwunde. Carola versorgt die Wunde notdürftig mit Klammerpflastern und stillt den empörten Tränenstrom. Ich navigiere LASSE derweil alleine zwischen den Untiefen auf den nächsten Ankerplatz. Dort angekommen, wollen wir Lisas blutverklebte Haare waschen. Da es immer noch empfindlich kalt ist, haben wir heißes Wasser in die Thermoskanne gefüllt, und alles steht im Cockpit bereit zum Waschfest. Während Nils noch schnell ein kurzes Bad im Meer nimmt und wir für ihn Haiwache gehen, ertönt erneut ein markerschütternder Schrei von Lisa. Sie wollte ausprobieren, ob die Kanne auch wirklich dicht ist und hat sie zu dem Zweck auf den Kopf gedreht. Nun, sie ist nicht dicht, und das kochend heiße Wasser hat sich über Lisas linke Hüfte und ihr Bein ergossen. Fieberhaft versuchen wir, mit Seewasser zu kühlen. Dann die Klamotten aus. Riesige Blasen quellen uns entgegen, die trotz ständigem Seewasserstroms rasch aufplatzen und das rosa Fleisch darunter offen legen. Wir kühlen verzweifelt weiter, während Lisa wimmert und schluchzt und immer wieder beteuert: "Ich will nicht mehr leben. Es tut mir so leid. Ich bin so dumm." Zum Herzerweichen und selbst ich, der normalerweise bei solchen Vorfällen eher zornig reagiere, habe Mitleid mit unserem Unglücksmädel. Da wir noch 60 Meilen vom nächsten Krankenhaus entfernt sind, rufen wir Holger, den Hausarzt, an und schildern ihm die Malaise. Seine erste, nicht sehr beruhigende Frage ist, wie weit wir denn von einem Krankenhaus weg wären, aber dann berät er uns ruhig und besonnen wie immer in unseren Krisenzeiten. Wir kühlen weiter und bedecken für die Nacht die handtellergroßen offenen Stellen mit sterilen Brandpflastern aus unserer gut ausgerüsteten Apotheke.

Am nächsten Morgen geht es besonders früh los und wir haben Glück! Wir schaffen die 60 Meilen bis Port Ghalib in einem Rutsch. Leider ist die Riffeinfahrt genau gegen die tief stehende Nachmittagssonne. Aber der Marinabetreiber hat winzige Tonnen ausgelegt, und über Funk wollen sie uns reinlotsen. Zögernd gehen wir darauf ein, denn die Passage ist beängstigend schmal, und wie zur Warnung liegt direkt daneben eine deutsche Yacht hoch und trocken auf den Korallen. Die kann da noch nicht so lange liegen, denn selbst die Segel sind noch angeschlagen. Wie wir später erfahren, haben sie bei starkem Nordwind nur unter Maschine versucht, in den Hafen zu laufen. Der Motor hat kurz vor der Einfahrt ausgesetzt, und da die Segel nicht klar waren, sind sie aufs Riff geworfen worden. Nun wollen die Behörden 120 000.- Euro Schadenersatz für das beschädigte Riff haben, während draußen die Tauchboote fröhlich ihre Anker weiter auf die Korallen werfen.

Wir kommen glücklich durch den Pass, auch wenn wir nachher feststellen, dass der Mensch, der uns über Funk durch den Pass gelotst hatte, dieses Manöver mit anderen Booten praktiziert ohne hinzuschauen. SKEDEMONGSKE wäre wie die schöne deutsche Yacht ebenfalls aufs Riff geknallt, wenn Carola dem Mann sein Funkgerät nicht kurz entschlossen aus der Hand genommen hätte: Er war gerade mit großen Gesten dabei, ein Anlegemanöver im Hafen zu kommandieren und konnte SKEDEMONGSKE von dort nicht sehen. Nicki klang ganz verzweifelt, weil er im Gegenlicht nichts erkennen konnte, und der Mann am Funk gerade dabei war, ihn direkt aufs Riff zu lotsen.

Das Wrack in der Einfahrt von Port Ghalib.

Wir liegen am noblen *Customskai* in mitten einer Disney-Version einer alten ägyptischen Stadt. Kuppeln und Säulen, enge Gässchen, Souks und Wehrtürme, alle in geschmackvollen Erdfarben gehalten und sauber. Die Offiziellen sind wie der Ort: Freundlich, höflich und schnell. Nach nur zwei Stunden sind wir einklariert, inklusive Visa und ohne ein einziges Mal um Bakschisch angegangen worden zu sein. Die versierten *Linehandler* helfen uns noch beim Festmachen am Liegeplatz neben den großen Tauchbooten. Port Ghalib wird eine leuchtende Ausnahme in den zwei Monaten unseres Ägypten-aufenthaltes bleiben. Aber es ist halt auch nicht das *echte* Ägypten, sondern eine Touristeninsel, von einem Scheich aus Dubai mit vielen Millionen Dollar in die Wüste gesetzt, damit er dort mit seinen Freunden und seiner Yacht mal anlegen kann. Auch ein Grund einen Hafen zu bauen.

Nebenbei versucht er Edeltouristen anzulocken, aber das einzige wirklich Genutzte an dem ganzen Platz ist ein Tauchresort. Der Rest steht leer, und wir irren am nächsten Tag auf der Suche nach einer Apotheke und dem Krankenhaus etwas verloren durch die riesige Anlage. Glücklicherweise kommt SKEDEMONGSKE mittags an. Und - welch Zufall - Carol ist ausgebildete Krankenschwester mit Spezialgebiet Verbrennungen. Sie hat alles dabei und kann uns beruhigen: Es sieht schon besser aus und wird wohl ohne große Narben verheilen.

Wir beschließen, hier auf die Ankunft meiner Mutter zu warten, die uns in Ägypten besuchen will, schließlich hat Port Ghalib einen eigenen Flughafen, will doch der Scheich auch mal mit dem Flieger kommen. Glück für uns, denn so kann die Großmutter bequem und preiswert bis kurz vor den Steg fliegen. Denken wir. Großer Irrtum, denn hier gelten Touristenpreise, und so erleben wir eine böse Überraschung nach der anderen. Nicht nur kostet der Shuttlebus zum Airport pro Person über 40 Euro für knappe fünf Kilometer, sondern wir versenden auch hier unser teuerstes Fax der ganzen Reise: Zwei Seiten nach Deutschland für knappe 30 Euro, und die Seiten kommen auch noch unleserlich an. Zudem ist die Wäscherei so teuer, dass wir ernsthaft überlegen, lieber neue T-Shirts zu kaufen, anstatt die alten waschen zu lassen. Verrückte Welt.

Aber meine Mutter ist an Bord, voller Begeisterung für Ägypten, und sie spricht auch noch etwas Arabisch, was ihr die Herzen der einsamen Souvenirverkäufer in all den Touristenshops zufliegen lässt. Carola und ich sind dankbar, ein paar Stunden für uns zu haben, wenn die Kleinen mit *Mone* auf Entdeckungstour sind. Es gibt Kamelreiten für die Touristen und einen Wassertaxi-Service, den wir ausgiebig nutzen, denn er ist umsonst, und die Kinder fahren mit Begeisterung von einer Seite der weitläufigen Hafenanlage zur anderen.

Und dann ist da Eslam: Er hat einen kleinen Souvenirshop in einer der vereinsamten Gassen. Er hat wunderschöne Augen, spricht einigermaßen Englisch, und so verfallen wir alle seinem Charme. Meine Mutter erprobt ihr Arabisch, Nils liebt das große Kamel vor dem Laden und würde es am liebsten mit auf den LASSE nehmen. Lisa liebt den Schmuck und Eslams Schmeicheleien, und Carola kann den wunderschönen Elfenbein-Perlmuttdosen nicht widerstehen. So lassen wir, trotz harten Verhandelns meinerseits, einige unnötige Pfunde in seiner Kasse und haben eine schöne Zeit. Aber der Wettergott ruft, unser *Cruisingpermit* für Ägypten ist fertig, und so machen wir uns wieder auf den beschwerlichen Weg nach Norden.

Nach nur zwei Nächten sind wir in Hurghada, und da beginnt sich die Schattenseite Ägyptens zu zeigen: Touristen über Touristen und damit gleichzeitig ein Souvenirshop am anderen. "Hallo Mister" klingt es uns ununterbrochen in den Ohren, und ein freundliches nein wird nur als Aufforderung verstanden, uns noch hartnäckiger zu bedrängen. Wir fühlen uns an Bali erinnert, nur dass den Ägyptern der asiatische Charme deutlich abgeht.

Meine Mutter will unbedingt mit den Kindern an einen *Strand* gehen, denn es ist schon wärmer geworden, darum versuchen wir unser Glück an den öffentlichen Stränden. Doch oh Schreck, die wollen Eintritt und das nicht zu knapp, und dabei ist der Strand ein Streifen kläglichen Drecks, gesäumt mit alten Liegestühlen und Sonnenschirmen aus ehemaligen Ostblockbeständen. Zähneknirschend lasse ich mich breitschlagen, uns in so ein Getto einzukaufen. Die arabischen Großfamilien scheinen das ganz toll zu finden. Die Frauen sitzen wie schwarze Krähen in voller Burka auf den Liegen und schwitzen vor sich hin. Die Männer in knappen Badehosen sitzen auf Stühlen und reden und essen ununterbrochen. Scharen von fein angezogenen Kindern dürfen sich nicht schmutzig machen, und so stehen sie eher verloren herum und gucken erstaunt, als unsere beiden trotz der trostlosen Umgebung beherzt das Beste daraus machen und mit dem wenigen Strandgut anfangen zu spielen. Die arabischen Mütter schauen derweil herablassend auf unsere verwaschenen Kleider. Nach all den Traumstränden unserer Reise ist diese Karikatur eines Strandes für mich schwer auszuhalten. Als wir auf dem Rückweg auch noch von einigen verwahrlosten Kindern bedroht werden, ist meine Laune endgültig im Keller.

Dazu ist Ägypten auch noch hässlich! Kein einziges Gebäude, das nicht speziell für die Touristen auf *alt* getrimmt wurde, ist mehr als eine Ansammlung von Beton und Ziegeln. Die Erben einer der ältesten Kulturen der Welt scheinen absolut kein Interesse an Schönheit zu haben. Alles ist vergammelt, halb verfallen, dreckig und unsäglich ungepflegt.

So ziehen wir bei der nächsten Gelegenheit weiter nach Norden. Es ist nur ein Schlag von wenigen Stunden zum nächsten geschützten Ankerplatz, und obwohl wir am Horizont noch die geschwürartigen Auswüchse von Hurghada erkennen können, umgibt uns eine wilde Mondlandschaft. Das Meer ist wieder türkisfarben und verführt meine Mutter zu einem - zugegebenermaßen - kalten Bad, und dann gehen wir an Land, um die Wüsteninsel zu erkunden. Nach wenigen Metern treffen wir auf eine riesige alte Granate, die wie eine kleine Moschee am Strand aufgerichtet steht. Mit großem Respekt machen wir einen Bogen um dieses Relikt aus dem Krieg mit Israel. Ich bin besorgt, dass sich noch weitere Minen im Sand verstecken könnten, vermerkt doch das *Guidebook* immer wieder den Hinweis, dass man sich erst erkundigen sollte, ob die Strände noch vermint sind. Nicht so einfach auf einer unbewohnten Insel. Trotzdem verbringen wir einen friedlichen Nachmittag und erholen uns vom Gedränge und dem Lärm Hurghadas. Pünktlich zum Sonnenuntergang kommt noch ein Tauchboot mit dem vielversprechenden Namen *German Divers* und legt sich wenige Meter neben uns. Sie haben eine sichtlich angeheiterte russische Gruppe an Bord, und als sie anfangen, Holz für ein Feuer zu sammeln, ahnen wir Böses. Es folgt wieder eine Nacht, in der wir wenig Schlaf finden, denn das Gegröle der Russen zieht sich bis in den frühen Morgen. Der begrüßt uns mit Flaute, also dieseln wir beherzt weiter Richtung Norden.

Verlassene Ölbohrplattformen säumen unseren Weg, und der Schiffsverkehr wird immer dichter. Nachts soll man sich hier nur im Fahrwasser halten, denn die Ägypter haben manche der alten Plattformen nur kurz unter der Wasseroberfläche gekappt und zwingen uns, sorgfältig Ausguck zu gehen. Gegen Nachmittag erreichen wir das Sinai-Ufer, und da immer noch kein Wind ist und es auch keine richtigen Ankerplätze auf diesem Stück gibt, beschließen wir, die Nacht durchzumachen. Pünktlich nach Sonnenuntergang kommt der Nordwind zurück: Erst leise, dann stärker und nach einer weiteren Stunde kreuzen wir mit zwei Reffs im Groß gegen sechs Windstärken, und eine eklige steile Welle an. Alle halbe Stunde eine Wende, um nicht aus dem Fahrwasser zu kommen, und immer schön auf den Verkehr achten. Derweil sitzt die Großmutter verkrampft im Cockpit, denn sie meint, unter Deck würde ihr mulmig, und zudem hat sie irgendwie nicht so das Vertrauen, dass wir mit all diesen Lichtern alleine klar kommen können. Unruhig späht sie in die Runde und fühlt sich sichtlich unwohl. Wir versuchen sie zu überreden, sich doch noch hinzulegen, denn eine ganze Nacht im Cockpit zu sitzen, können wir uns selber nicht vorstellen, und dazu wird es auch noch ungemütlich kalt, aber es ist nichts zu machen. Trotz ihrer 70 Jahre hält sie eisern die Nacht im Cockpit aus, während Carola und ich uns wie gewohnt abwechseln. Tapfer!

Unter Landschutz tasten wir uns in der Morgendämmerung die Sinai-Küste entlang auf der Suche nach einem geschützten Ankerplatz. Die Landschaft ist karg und felsig. Riesige Felsdome türmen sich. An einer über 300 Meter hohen Wand aus braun-rötlichem, verwittertem Gestein meinen wir die Sphinx und andere altägyptische Monumentalskulpturen zu erkennen. Auch Pyramiden sind vorhanden.

Ras Malab entpuppt sich als windiges Eckchen, aber wir finden einen Platz und ankern zwischen zwei Fischerbooten, die auch Zuflucht vor dem starken Wind gesucht haben. Über uns droht die Felswand und im Boot erwachen die Kinder zum Leben.

Lisa: "Mama, ich brauch was zu trinken, mein Magen ist so trocken..."

Nils: "Ich will nicht nach Deutschland, wenn ich merke, wie kalt es hier schon ist."

Mir gelingt es, ein wenig Schlaf nachzuholen, und dann dreht der Wind auch schon wieder, sodass wir hinter unserer kleinen Landnase nicht mehr geschützt sind. LASSE fängt an ungemütlich zu rollen und zu stampfen. Es hilft alles nichts, wir gehen trotz der vereinigten Proteste von Kindern und meiner Mutter wieder Anker auf. Mit Höchstgeschwindigkeit queren wir den Golf von Suez, um auf der Westseite Schutz vor dem Wind zu finden. Eigentlich eine schöne Segelei, wenn wir nur nicht so müde wären, und wenn da nicht wieder der Zeitdruck wäre, denn schon steht die Sonne viel zu tief für eine sichere Riffansteuerung.

In der Abenddämmerung erreichen wir Marsa Thelamat und lassen erleichtert den Anker in der geschützten Bucht fallen. Flache Sandwüste umgibt uns. Am Horizont einige Berge und im Osten die beeindruckende Kulisse des Sinai. In einer Ecke der Bucht erstreckt sich eine Pier, an der die Versorgungsschiffe für die allfälligen Ölplattformen beladen werden. Außer uns liegen hier noch einige Fischerboote und warten auf besseres Wetter. Sie haben sich mit Plastikplanen notdürftig eine Art Zelt gebaut, um vor dem kalten Wind geschützt zu sein. Wie luxuriös leben wir dagegen auf unserem LASSE, und trotz der Enge durch den Besuch, die uns zusehends zu schaffen macht - waren wir doch seit Tagen nicht mehr an Land - sind wir dankbar für unser gemütliches Schiff!

Wir bleiben zwei Tage, da der Wind mit unverminderter Stärke aus

Nordwest bläst. Eines der Fischerboote kommt längsseits, und sie versuchen mit uns zu reden. Großmutter versteht aber ihren Dialekt nicht, und erst nach längerem Hin und Her haben wir verstanden, dass sie Schmerzmittel brauchen! Damit können wir dienen, und das Boot kehrt auf seinen Ankerplatz zurück.

Beim Dieselnachtanken erlebe ich eine unliebsame Überraschung: Der Sprit aus Hurghada ist dermaßen verdreckt, dass der Vorfilter, durch den ich ihn gieße, schon nach wenigen Minuten komplett zugesetzt ist. Die armen Segler, die in Hurghada im großen Stil gebunkert und das Zeug direkt in ihre Tanks gefüllt haben. Was für ein Schweinkram!

Der nächste Schlag bringt uns mit einer Kreuz bei moderatem Wind zurück auf die Sinai-Seite. Wir arbeiten uns die Küste hinauf und erreichen am Nachmittag einen verlassen wirkenden Touristenort. Einige Kitesurfer zeugen von bescheidenem Leben, aber die Hotelburgen am Ufer wirken sonst eher verlassen und trostlos. Hinter einer flachen Sandspitze liegen schon zwei Fischerboote vor Anker, und nach einigem Suchen finden auch wir einen halbwegs vernünftigen Platz. Der Grund fällt hier so steil ab, dass wir Mühe haben, eine flache Stelle zu finden, um unseren Anker einzugraben. Die Fischer grüßen neugierig herüber. Alles wirkt entspannt und freundlich und so begeben wir uns beruhigt zu Bett.

Die Reede von Suez.

Mitten in der Nacht werde ich von leisen Stimmen an der Bordwand geweckt. Wie ein Springteufel schieße ich aus dem Vorluk und stehe drei finster aussehenden Männern in einem offenen Fischerboot gegenüber, die sich an unserer Reling festhalten. Im Reflex schreie ich sie auf Englisch an, was sie denn hier verloren haben. Sie sind genauso erschrocken wie ich, starten schnell den Außenborder und verschwinden in der Dunkelheit. Für mich ist danach an Schlaf nicht mehr zu denken, und da es nur noch 25 Meilen bis Suez sind, gehen wir Anker auf und motoren den Rest der Nacht durch die Flaute. Bloß raus aus diesem seltsamen Seegebiet ist meine Devise.

# Muslime, Machos, Pharaonen

Endlich erreichen wir Suez. Da sieht es aus wie kurz nach einem Krieg! Halb verfallene Häuser und Hafenanlagen, alles unendlich schmutzig, grau, ungepflegt und hässlich. Ein riesiges Ankerfeld für die auf ihre Passage wartenden Frachter erstreckt sich meilenweit vor dem Kanaleingang. Es herrscht ein stetiges Kommen und Gehen und auch am Funk ist ein ununterbrochenes Gequatsche.

Der Kanal selber ist verglichen mit dem Panamakanal ein Witz: Keine Schleusen, halt einfach nur eine Lücke zwischen zwei Kontinenten. Aber die Ägypter machen ein großes Brimborium, schließlich soll man ja auch was erleben für sein Geld, denn kosten tut die Durchfahrt fast genauso viel wie in Panama. *Käptn Hibbi*, der Sohn des viel gerühmten *Prince of the Red Sea*, eines Schiffsagenten für den Suezkanal, kommt an Bord. Er ist klein und kugelrund, hat den Mund voller schief sitzender Goldzähne und erinnert mich an einen kolumbianischen Drogenbaron. Scheint jedenfalls nicht schlecht zu gehen das Geschäft. Er redet mich ständig mit Käptn an. In großer Eile und nahezu unverständlichem Englisch erklärt er uns, was alles nicht im Kanal erlaubt ist: Segler dürfen nur nach dem Großschifffahrts-Konvoi fahren, nicht nachts und nicht, wenn Kriegsschiffe im Kanal sind, nicht allein und nur mit Lotsen, und mindestens acht Knoten müssen wir fahren können - wer ein Motorproblem hat, der muss einen Kanalschlepper nehmen für 1000.- US Dollar die Stunde. Irgendwie vermittelt er mir den Eindruck, als würde ihm so ein Missgeschick nicht unwillkommen sein. Ach ja, und dann müssten wir mit einer langen Wartezeit rechnen für den Transit. Wildes Augenrollen folgt. Wir sagen ihm, dass wir damit kein Problem haben, denn wir wollen von hier aus einen Trip nach Kairo und zu den Pyramiden machen, aber zunächst wollen wir einfach nur an Land! Wir bauen das Dingi auf und verstauen Kinder und Großmutter darin. Als wir vom Steg auf das Gelände des Suezkanal Segelklubs gehen wollen, werden wir von einem Security Posten aufgehalten: "Passports please". Oh nein, die sind auf dem Boot. Carola erbietet sich, zurückzurudern und sie zu holen. Die Kinder müssen aber dringend aufs Klo, und so erbarmt sich der finstere Geselle und lässt sie die fünf Meter zum Toilettenhäuschen ohne Passport gehen. Wir Großen aber müssen brav warten.

Erleichterung macht sich breit, denn wir haben den schwierigsten Teil der Reise hinter uns. Denken wir zumindest, nicht wissend, dass uns noch drei nervenaufreibende Wochen in Ägypten bevorstehen. Schreibt doch selbst der eher zurückhaltende *Red Sea Pilot* über den Charakter der Ägypter mit seltener Direktheit: "...schamloses Lügen, absolute Unzuverlässigkeit, eine unendliche Verzögerungstaktik und der Wille, jeden nach Strich und Faden zu betrügen, prägen das ägyptische Geschäftsleben..." Leider hat der *Pilot* absolut Recht, wie wir in den nächsten Wochen feststellen müssen.

Vertrauenerweckende Händler...

Wir haben einen Ausflug nach Kairo zu den Pyramiden gebucht. Komplett mit Fahrer und Parkgebühren. Da sollte eigentlich alles klar gehen. Aber!
Der Fahrer kommt eine Stunde zu spät, er spricht entgegen der Versprechen kein Englisch und dann fährt er nicht los, sondern muss erst mit unserem *Agenten* telefonieren. Nach langem Hin und Her fährt er zumindest bis zum Stadtrand. Da müssen die Kinder - nach der Warterei nur verständlich - aufs Klo. Wieder mehr telefonieren.

Er reicht mir das Telefon, der Agent ist dran, faselt irgendwas vom Preis und dass wir ja ein gutes Trinkgeld geben sollen. Er versucht, uns noch eine geführte Tour für die Pyramiden zu verkaufen, da man da sonst viele Kilometer laufen müsse. Ich lehne dankend ab. Wozu das alles gut sein soll, wird mir nicht ganz klar, aber endlich geht es los. Durch eine Polizeikontrolle kommen wir auf die Schnellstraße, und der Stress fängt an, denn unser Fahrer hat den Koran auf dem Armaturenbrett liegen, womit er sein und unser Schicksal komplett in Allahs Hand gelegt zu haben scheint. Er fingert endlos am Radio herum, dabei nur gelegentlich kurze Blicke auf die Fahrbahn werfend. Unsere Bitte, das Radio aus zu machen, ignoriert er einfach. Als nächstes kommt die Sonnenbrille dran: Hingebungsvoll wird sie geputzt, dann gegen die fahle Sonne gehalten, wieder geputzt, im Rückspiegel das Aussehen kontrolliert und das alles bei Tempo Hundert in einem nicht mehr ganz frischen Auto und dichtem Verkehr. Die zwei Fahrspuren der Schnellstraße scheint er für sein Privateigentum zu halten, denn er fährt hartnäckig auf dem Trennstrich, beide Spuren blockierend. Hupend quetschen sich andere Wagen rechts und links an uns vorbei. Komisch, er sah zunächst ganz harmlos aus. Auf der einstündigen Fahrt kommen wir an zwei frischen Unfällen und ungefähr zehn alten vorbei. Es vergeht kein Kilometer, wo nicht geplatzte Reifen und Wrackteile die Fahrbahn säumen und von vergangenen Desastern zeugen. Eine deutliche Warnung, wie gefährlich es hier ist! Die Wüste erstreckt sich monoton zu beiden Seiten der Straße, nur unterbrochen von gelegentlichen Militärposten. Es ist diesig, und als wir uns der Senke von Kairo nähern, hüllt uns dichter Smog ein. Nachdem wir die Vorstädte der Reichen mit ihren hohen Mauern und bewachten Zugängen hinter uns gelassen haben, umgibt uns eine schmutzige Trostlosigkeit aus Beton, Ziegeln und Müll, hier Stadt genannt. Eine Hochstraße schwingt sich über das Gewirr aus wild wuchernden Bauten, die alle aussehen, als würden sie gleich einstürzen. Nur die Satellitenschüsseln sind neu und zahlreich und in einmütiger Geste den amerikanischen Sendern nach Westen zugeneigt, während unten in den Straßen und Moscheen die Gläubigen sich in die Gegenrichtung nach Mekka beugen.

Wir überqueren den Nil, auf dem tatsächlich einige alte Feluken mit ihren hoch aufragenden Lateinersegeln in der Morgenbrise kreuzen. Sehen die schon in all der sie umgebenden Hässlichkeit wie eine Fata Morgana aus, so verschlägt es uns die Sprache, als die Pyramiden sich wie Gebirge über dem Müll und den Wucherungen der Stadt erheben. Je näher wir kommen, desto unglaublicher erscheint uns ihre Größe. Groß allerdings ist auch das Chaos, das die Ägypter am Eingang veranstalten: Da wird gebrüllt und geschimpft, als seien die Touristen eine unwillige Herde Kamele, die es durch das sprichwörtliche Nadelöhr zu bugsieren gilt. Endlich sind wir drin, und sofort stürzen sich alle möglichen Leute auf uns. Sie wollen uns weismachen, dass wir ohne Führer nicht alleine herumgehen dürfen. Sehr komisch, wozu haben wir dann Eintritt bezahlt? Unser Fahrer ist auch wieder da und folgt uns wie ein Schatten. Kamele reiten sollen wir, Hello Mister, nur fürs Foto aufsitzen, alles umsonst, und Teppiche, Souvenirs oder eine Führung? Mit Mühe können wir die Plagegeister abschütteln und uns einen Weg durch die Menschenmassen bahnen. Busladung nach Busladung ergießt sich auf den Platz vor den Tempelbauwerken. Fast hätten wir vergessen, warum wir hier sind. Dazu ist es jetzt auch schon ordentlich heiß, denn die Sonne brät unerbittlich durch den Smog.

Von Nahem sind die Pyramiden immer noch sehr hoch und beeindruckend, auch wenn die Partyatmosphäre zu ihren Füßen und die respektlos direkt daneben geparkten Autos stören. Aber als wir mit unserem Fahrer etwas weiter weg zu einem Aussichtsplatz fahren, haben wir dieses klassische Bild vor uns, dass wir von Postkarten kennen. Wie durch Magie sind auch die Busse, Autos und Menschen hinter einer Bodenwelle verschwunden, und so erheben sich die drei in ihrer stillen Majestät. Lisas Kommentar: "Mama, ich fühl mich nicht wohl; die Pyramiden sind zu groß!"

Ein malerisch aussehender alter Ägypter hat sich auf diesem Parkplatz eine besondere Geschäftsidee einfallen lassen: Er stellt sich unaufgefordert neben die sich gegenseitig fotografierenden Paare und verlangt hinterher Geld für seine Anwesenheit auf dem Bild. Zahlen sie nicht, wird er richtig ungemütlich. Überhaupt liegt auf dem ganzen Gelände eine seltsam angespannte Stimmung. Es wirkt so, als würde ohne die Anwesenheit der zahllosen Polizisten die Ägypter ohne langes Federlesens über die Besucher herfallen und sie ihres Geldes berauben. Wir sind schnell wieder draußen, nachdem wir noch einen kurzen Blick auf die Sphinx geworfen haben. Jetzt noch wie geplant die nächste Tempelanlage? Nö, eigentlich hat keiner mehr Lust dazu. Wir sind platt vom Dreck, von den Menschenmassen, dem Gestank, dem Lärm, dem ewigen Geschimpfe und Geschrei, ohne das sich die Einheimischen offensichtlich nicht verständigen können. Die Rückfahrt wird genauso nervenaufreibend wie der Hinweg, nur dass es jetzt auch noch stickig und heiß ist. An den Polizeikontrollen soll ich meinen Hut abnehmen, meint der Fahrer. Warum, kann er nicht erklären. Auf dem Hinweg war der Hut noch kein Problem, aber er hat offensichtlich Angst, und so rätseln wir über die Gründe.

Zurück an Bord ruft *Käptn Hibbi* an. Wir sollen Morgen früh um fünf bereit für die Durchfahrt sein. Sehr lustig, hieß es doch erst, dass wir eine *lange* Wartezeit hätten. Na ja, wir sind flexibel, und machen alles klar für den Transit. Zur verabredeten Zeit um fünf Uhr morgens ist kein Lotse da. Drei andere Yachten bereiten sich ebenfalls vor, aber auch sie blicken etwas ratlos in die Runde. Gegen sechs stehen einige dunkel gekleidete Männer auf dem Pier vom Yachtklub, aber der Außenborder des Dingis springt nicht an und so gibt es erst einmal ein großes Geschrei.

Endlich gibt der Bootsmann auf und rudert die Herren zu den einzelnen Booten. Kaum sind wir im Kanal, will der Lotse, dass wir schneller fahren. Wir haben mitlaufenden Strom, der Motor dreht mit 2000 Touren am Limit, und wir machen gute sieben Knoten. Also sage ich ihm, dass wir nicht schneller können. Er versteht kaum Englisch und versucht es noch ein paar Mal, dann findet er sich mit dem Tempo ab. Meine Mutter kann ihn für einige Zeit in ein Gespräch auf Arabisch verwickeln, aber das scheint ihn nicht so zu interessieren, und darum fragt er nach der Handfunke. Die nächsten zwei Stunden ist er beschäftigt, auf Arabisch mit den anderen *Lotsen* zu funken. Wie wir durch meine Mutter rausgefunden haben, ist er normalerweise ein Leinenknecht auf einem der kleineren Hafenschlepper. Die haben einmal die Woche die Chance, sich als *Lotse* für Privatyachten zu verdingen. Die Gier nach *Geschenken* scheint wohl damit zusammenzuhängen. Würde mich nicht wundern, wenn der Mann auch noch für diesen Job Schmiergeld an Kollegen abführen muss. Seine Kenntnisse vom Kanal sind jedenfalls eher beschränkt, und ich gebe ihm nur ungern das Steuer in die Hand. Erst hat er einige Probleme mit der Pinne Kurs zu halten und kommt den Fahrwassertonnen bedenklich nahe, denn er ist wohl eher Radsteuerungen gewöhnt.

Eigentlich nicht erlaubt: Begegnung im Suezkanal.

Dann kommen die ersten dicken Pötte von hinten auf. Also wie jetzt, hatte nicht *Käptn Hibbi* erklärt, wir dürften nur nach dem Konvoi der Dicken durchfahren? Na, ist wohl alles relativ und eine Auslegungssache. Ach, und dann kommt doch glatt ein Kriegsschiff vorbei. Leider ist nach zwei Stunden der Akku der Handfunke leer, und sie muss zum Aufladen unter Deck. Ob wir denn jetzt nicht doch wieder etwas schneller fahren könnten?

Nun muss der Herr aufs Töpfchen. Ich erkläre ihm diskret, dass bei uns das Klo nur im Sitzen benutzt werden kann, da es halb unter die Cockpitbank gebaut ist, um Raum zu sparen, und es rein technisch nicht möglich ist, aufrecht davor zu stehen. Er nickt verständig und ich lasse ihn allein. Trotz dieser Instruktionen schafft er es, sich im Stehen zu erleichtern. Das Resultat ist ekelerregend: Die Wände, der Boden, der Abfalleimer, der Teppich, alles ist großzügig vollgepisst. So ein Ferkel! Ich kann mich nur mühsam beherrschen, den Kerl nicht über Bord zu kicken, während Carola die Schweinerei beseitigt.

Da jeder Kanaltransit mit einer obligatorischen Übernachtung in Ismailia verbunden ist, haben wir beschlossen, dort einen längeren Zwischenstopp einzulegen, um von da aus das Land noch etwas welter zu erkunden. Als wir dort eintreffen, muss ich dem Lotsen das Ruder regelrecht aus der Hand winden, um den Anleger selber zu fahren. Als ich längsseits an die Pier gehe, um unser Pinkelschweinchen loszuwerden, ertönt von Land ein ägyptisches Begrüßungsgeschrei. Wir drücken ihm zehn Dollar und eine Schachtel Zigaretten in die Hand. Er fragt noch nach Busgeld für die Heimreise, aber sorry, da können wir nicht aushelfen, schließlich verstehen wir eh nicht, warum wir für diesen *Kanal* ohne Schleusen etc. fast die gleiche Summe zahlen sollen, wie für den Panamakanal, wo viele Leute für das Geld wirklich gearbeitet haben.

Als wir dann endlich festgemacht haben, kommt die nächste Überraschung, denn die *Knoten* des Marinabediensteten, der unsere Leinen angenommen hat, lösen sich sofort wieder auf. Gut, dass ich sie noch mal kontrolliert habe. Trotzdem will der Mann ein Bakschisch für seine *Leistung* haben.

Überall auf der Welt, wo wir in Häfen kamen, waren die *Linehandler* in der Lage, einen einfachen Festmacherknoten zu binden und beim Manöver zu assistieren. Nur in Ägypten gebärden sie sich wie eine Horde Affen, brüllen unkoordiniert herum und können nicht einen einzigen Knoten! Gut, wenn man als Skipper da einen kühlen Kopf bewahren kann.

Was ich nicht verstehen kann, ist der Umstand, dass diese Menschen gar keinen Ehrgeiz zu haben scheinen, auch nur diese kleine bescheidene Aufgabe vernünftig zu machen. Sie haben jeden Tag viele Gelegenheiten, einen guten Festmacherknoten zu sehen, aber nein, da wird nicht von Anderen gelernt, das kann man als Ägypter eben einfach besser. Mich würde es wurmen, so einen offensichtlichen Mist zu bauen! Aber Respekt soll man vor ihnen haben!

Ismailia liegt abseits der Touristenpfade und ist *typisch ägyptisch*. Morgens um fünf kommen die Kellner vom Klubrestaurant, beginnen ihr Tagewerk mit lautem Geschimpfe und wecken damit alle Segler, die nicht mit Ohropax geschlafen haben, unweigerlich auf. Die Stadt erwacht zum Leben, und damit beginnen Lärm und Gestank. Die nahegelegene Werft mischt sich fröhlich in die Kakophonie.

Und dann ist Ismailia ein Erholungsort für Ägypter! Es gibt einen Strand gegenüber vom Yachtklub, so dass wir hautnah Ferien auf ägyptisch erleben: Die Großfamilie versammelt sich auf dem kläglichen Sandstreifen mit Gettoblaster und Picknick. Wer es sich leisten kann, mietet eines der zwei kleinen Boote, die Rundfahrten auf dem See anbieten. Auf dem Dach ist ein Generator installiert, der eine gigantische Stereoanlage mit Strom versorgt, denn schließlich soll ja auch jeder mitbekommen, dass man es sich leisten kann, nicht nur am Strand zu liegen, sondern auch noch exklusiv auf dem Wasser zu sein. Selbstverständlich wollen die Boote ihren Gästen auch etwas bieten, also kommen diese schwimmenden Discotheken regelmäßig an unserem Liegeplatz vorbei, schließlich sind die Segler die Attraktion im Hafen! Das geht so von mittags bis weit nach Mitternacht. Da die Boote aber nur eine einzige CD mit arabischem Pop besitzen, die in Endlosschleife gespielt wird, ist das Ganze eine höhere Form der chinesischen Folter, und bis in den Schlaf hinein verfolgt uns das eintönige "di dahm dahm dahm" des Hits dieses Sommers. Irgendwann zwischen zwei und drei am Morgen fallen wir in einen erschöpften Schlaf, nur um dann um fünf wieder von den schimpfenden Kellnern unsanft geweckt zu werden.

Wir sind schon so lange in Ägypten und haben immer noch keinen Kameltrip gemacht, also rufen wir den allseits empfohlenen Mohamed an. Er betreibt einen privaten Taxiservice und hat den Ruf, zuverlässig und vertrauenerweckend zu sein, und wir können das nur bestätigen, wird er doch einer der fünf *netten* Ägypter werden, die wir in unserer Zeit in diesem Land kennenlernen werden. Er sieht aus wie ein Kämpfer von Al Quaida, mit wildem Bart, leuchtenden Augen und einer dunklen Beule auf der Stirn vom vielen Beten. Er hat schon als Gastarbeiter im Libanon und - wir staunen - in Israel gearbeitet, und obwohl er ein glühender Anhänger des Islam ist, können wir uns ganz offen über alle möglichen Themen austauschen. Klar gehören Frauen nach seiner Sicht mit niederen Aufgaben betraut, schließlich sind sie ja nicht so schlau wie Männer, aber er bringt das mit so jugendlichem Charme, dass selbst meine Mutter und Carola weiter mit ihm diskutieren.

Wir kurven mit ihm durch Ismailia auf der Suche nach Kamelen. Das sollte eigentlich nicht so schwer sein, aber da haben wir uns getäuscht, und erst nach langem Suchen finden wir am Ende einer staubigen Sandpiste eine Gruppe von Halbnomaden, die hier ihr Lager aus Ästen, Plastikplanen und Mull errichtet haben. Und, ja, sie haben ein Kamel und viele Kinder. Alles ist unsäglich schmutzig und wirkt auf uns sehr deprimierend, aber die Kinder dürfen auf dem Kamel eine Runde drehen, und wir bekommen sogar Tee angeboten. Meine Mutter probiert mit den Frauen wieder ihr Arabisch, während wir mit der Kinderschar versuchen, mit in den Sand gemalten Bildern zu erklären, woher wir kommen. Um uns schwirren die Fliegen. Sie sind zahllos, und die Kinder sind so an sie gewöhnt, dass sie diese nicht einmal aus ihren verklebten Augen verscheuchen.

Endlich ein Camel.

Zum Abschied wollen wir ihnen etwas Geld und einige unserer abgelegten Kinderklamotten schenken. Die nehmen sie gerne, aber dann wollen sie auch noch 100 Pfund für den Kamelritt haben, was doppelt so viel ist wie das Kamelreiten in Gizeh gekostet hätte. Wir sind enttäuscht, hatten wir doch zunächst den Eindruck, dass wir hier nicht ein Geschäft abgewickelt haben.

Zurück in Ismailia gehen wir mit Mohamed noch in ein kleines Straßenrestaurant. Wir sitzen mitten auf dem Gehweg, hinter uns die Mülltonnen, neben uns der chaotische ägyptische Verkehr. Mohamed bestellt verschiedene Leckereien. Eine Gruppe von Jugendlichen wandert vorbei. Plötzlich fliegen Steine, und Carola wird am Bein getroffen. Die Jungs sind hinter der nächsten Ecke verschwunden. Mohamed ist entsetzt. Ihm ist der Vorfall sehr peinlich. Aber wir spüren es immer wieder unter der freundlichen Oberfläche der Geschäftstüchtigkeit: Feindschaft, Misstrauen, Hass. Öfter werden wir direkt gefragt, ob wir Amerikaner seien. Je untouristischer die Gegend, desto offener die Ablehnung. Wir fühlen uns unwohl und nicht willkommen in diesem Land.

Aber da sind auch Ausnahmen: Als ich auf der Suche nach einem Internetcafé einen jungen Mann anspreche, ist er voller Hilfsbereitschaft und lässt es sich nicht nehmen, mir nicht nur den Weg zu zeigen, sondern mich auch persönlich dahin zu begleiten. Er hat gerade seinen Doktor der Medizin gemacht, kommt aus einem reichen Elternhaus und ist gläubiger Moslem. Wir sprechen über Religion, die Rolle der Frau in Ägypten. Als er erfährt, dass ich mit Frau und Kindern um die Welt gesegelt bin, wird er ganz neugierig. Ich lade ihn ein, uns an Bord zu besuchen. Ja gerne, aber erst müssen wir noch etwas zu Essen besorgen. Wir gehen in eine Falafelbude, und er macht einen Großeinkauf. Als wir auf dem Weg zum Schiff sind fällt ihm ein, dass er noch etwas erledigen muss. Ja, er wolle zum Mittagessen da sein. Drückt mir die Tüte mit den Köstlichkeiten in die Hand und ist verschwunden. Leider taucht er nicht mehr auf. Ist wohl wieder etwas dazwischen gekommen? Ich bin berührt von dieser spontanen Gastfreundschaft. Wir halten ihm zu Ehren eine Falafelparty mit den anderen Seglern, und vom Inhalt seiner Tüte werden alle satt.

# Abschied ohne Tränen und unsere Liebe für Europa

Mittlerweile ist meine Mutter abgereist, wir haben alle unsere Magenverstimmungen überstanden, und es ist Zeit, weiter zu ziehen. Der Hafen ist überfüllt, da seit Tagen keine Boote den Kanal durchfahren durften. Erst sind angeblich keine Lotsen frei, dann hat der Präsident Geburtstag und besucht den Kanal, angekündigt durch endlose Hubschrauberkolonnen über der Stadt und eklig stinkende Schnellboote, deren Motoren das Dieselöl direkt ohne Verbrennung in den Hafen zu pumpen scheinen. Bald schwimmen wir in einem schwarzen, schillernden und widerlich stinkenden Ölteppich. Dann passiert ein Militärverband auf dem Weg nach Süden den Kanal, und die Ägypter sind extrem nervös.

Das Wetter im Mittelmeer ist gut und viele bekannte Boote haben sich in Ismailia versammelt: YARA und RISHO MARU, NOMAD LIFE, BAREFEET, ANTARES... alle stauen sich hier und warten auf eine Passage. Endlich geben die Offiziellen grünes Licht für den nächsten Tag. In einer endlosen und extrem umständlichen Prozedur bezahlen wir nacheinander unsere Hafengebühren, denn morgen früh um fünf soll es losgehen.

Auch um sechs ist noch kein Lotse da. Als um neun der Offizielle verkündet, dass heute wahrscheinlich doch keine Passage stattfinden wird, ist die Stimmung unter den Fahrtenseglern gereizt. Also am Abend wieder die gleiche endlose Prozedur des Gebührenbezahlens. Dieses Mal sind wir aber schlauer und veranstalten während der endlosen Wartezeit ein Potluckdinner auf dem Klubgelände. Der Offizielle blickt sehnsüchtig zu unserer fröhlichen Runde, von der sich abwechselnd die Segler zum Bezahlen zu ihm begeben.

Am nächsten Morgen wieder keine Lotsen! Alle wollen weg. Raus aus dem Dreck, dem Gestank, dem ständigen Lärm. Als um acht Uhr einige Lotsen auftauchen, kochen die Gemüter über: Da gibt es auf einmal eine Liste mit Booten, die fahren dürfen, aber nur etwa die Hälfte der Boote sind dabei.

Es riecht nach Revolution, und als der Offizielle endlich auftaucht, wird es laut und ungemütlich. Es wird nach dem Botschafter verlangt, mit rechtlichen Schritten gedroht, denn diese Behandlung geht gegen alle Vorschriften des Kanals, die uns eigentlich ein Recht auf Durchfahrt garantieren.

Nach endlosem Geschimpfe und Diskutieren gibt es eine typisch ägyptische Lösung: Es werden verbotenerweise Konvois gebildet, da nicht genügend Lotsen für alle Boote da sind, und so fahren wir glücklich und ohne Lotsen an Bord gegen Mittag hinter einem riesigen schwedischen Zweimaster her. Wir sollen nahe zusammen bleiben, da der Lotse auf dem Schweden auch für uns zuständig ist, aber da es schon spät ist und der Lotse es eilig hat, sind die Schweden bald außer Sicht. Am Funk versucht der Lotse uns anzutreiben, aber wir können nicht schneller, also fahren wir friedlich und ungestört durch die zweite Hälfte des Kanals.

Niemand behelligt uns, niemand ruft uns per Funk. Wir bekommen den Eindruck, dass es nicht weiter auffallen würde, wenn ein Segler einfach ohne sich anzumelden gleich durchfahren würde. Merkt keiner! Und man spart sich eine Menge Aufregung, Geld und Stress...
Ups, jetzt fange ich auch schon an, wie ein Ägypter zu denken!

In der Dämmerung erreichen wir Port Said und damit das Ende des Suezkanals. Es wird noch mal ein echt ägyptisches Spektakel: Die Stadt erstreckt sich rechts und links vom Kanal, je näher wir kommen, umso dichter wird der Verkehr. Barkassen wuseln mit schäumender Bugwelle herum. Große Frachter gleiten majestätisch dahin. Eine Unzahl von Fähren eilt von einer Seite zur anderen. Schlepper bugsieren Tanker an ihren Liegeplatz. Fischerboote in allen Größen und Formen sind auf dem Weg ins Mittelmeer oder zurück in den Hafen. Dazwischen Lotsenboote auf der Suche nach ihrem Frachter und hunderte kleinere und größere Versorgungsboote, die die Frachter mit Wasser, Gemüse, Fleisch und allen anderen nur erdenklichen Waren beliefern. Vorsichtig tasten wir uns durch das Gewimmel. Das Wasser ist aufgewühlt und die Lichterführung auf manch einem Boot ist eher asiatisch kreativ denn den IMO-Regeln folgend.

Der Hafen liegt schon weit hinter uns, als ein Lotsenboot bei uns längsseits geht und wir unserem Lotsen in einer Tüte die erforderlichen Dokumente und eine Schachtel Zigaretten überreichen. Entgegen der Warnungen und üblen Gerüchte werden wir nicht weiter belästigt; offenbar haben die Schweden ihn ausreichend beschenkt, und so dieseln wir erleichtert aus dem Gewimmel hinaus ins offene Mittelmeer.

Noch niemals auf der ganzen Reise waren wir so glücklich, ein Land hinter uns zu lassen. Das Meer mit seinen Unwägbarkeiten und Gefahren erscheint uns nach Ägypten wie ein sicherer Hafen! Und auch die Kinder, die bisher noch bei jedem Abschied heiße Tränen vergossen haben, sind glücklich, aufs Meer zu kommen. Sie waren sehr tapfer die letzten Wochen, gab es doch kaum kindgerechte Plätze, außerdem waren wir meist in Eile und ganz gegen unsere Gewohnheiten nur aufs Vorankommen fixiert. Sie haben eine harte Zeit hinter sich, und wir alle sind einfach glücklich, dass LASSE wieder nur uns gehört und keine lärmenden Boote uns umkreisen

Eine ereignislose Überfahrt bringt uns bis auf 90 Meilen an Rhodos heran, dann ändert der Wind gegen Abend seine Richtung immer mehr auf die Nase, nimmt zu, und in der Dunkelheit stampfen wir mit zwei Reff und kleiner Fock gegen einen für diese Jahreszeit eher untypischen Meltemi an. Rhodos liegt genau im Wind, wir laufen auf Steuerbordbug hoch am Wind Richtung Kleinasien.

Der Morgen lässt uns jubeln, denn was sich aus dem Dunst erhebt, ist die türkische Küste mit steilen Bergen, und da ist tatsächlich Schnee!

Wir haben das Kreuzen satt und beschließen, einem Hinweis in einem unserer Segelbücher zu folgen, wonach eine der vorgelagerten Inseln zu Griechenland gehören soll. Leider haben wir keinen Hafenführer und keine detaillierte Seekarte von der Gegend, und auch der Name der Insel ist uns unbekannt, denn wir wollten ja nur schnell durchs Mittelmeer durchrutschen. Auf Seamap ist auch nichts zu erkennen, daher tasten wir uns sehr vorsichtig im ersten Morgenlicht zu einer Insel, die laut unserer Karte *Strongili* heißen soll.

Das Meer ist gespickt mit Felsen und Riffen, und wir fühlen uns unwohl ohne Karte. Aber der Wind ist verschwunden, und bald sind wir im Schutz der Inseln und motoren durch seidig klares Wasser. Ein Kastell taucht auf und Häuser, eine Kirche, eine Kapelle und noch eine und da noch eine, Mauern in strahlendem Weiß und sehr griechisch, und dann sehen wir auch die riesige Fahne auf dem Kastell: Blau und Weiß. Jetzt ist klar, welche Gastlandflagge wir zu setzen haben, und zum letzten Mal geht auch die gelbe Q-Flagge mit unter die Saling.

Vor uns öffnet sich ein Traumpanorama: In einem fjordähnlichen Einschnitt drängen sich in Pastellfarben gehaltene Häuser im venezianischen Stil. An Backbord verunsichert noch eine Mosche. Es gibt viele Kirchen, und eine weiße Treppe führt in kühnem Schwung vom Städtchen die dahinter aufragende Felswand empor. Palmen künden vom Süden, die Berge und Hügel sind kahl, nur ab und an mit Olivenbäumen bestanden, und die Fischerboote sind in fröhlichen Farben bemalt.

Der Anker fällt mitten im Hafen. Wir sitzen dankbar im Cockpit und genießen den Anblick von *Europa*. Die Häuser sind schön und selbst die Ruinen, von denen es nicht zu knapp gibt auf der Insel, strahlen die Würde von über Jahrhunderte gealterten Kunstwerken aus. Die Landschaft zeugt von Bearbeitung durch Menschen, von Pflege, von Kultur. Kleine Mäuerchen umfrieden Weinberge und Gärten, und über allem der unvergleichlich blaue *griechische* Himmel.

Die Vertreter der Hafenbehörden sind extrem gelassen, und für fünfzehn Euro sind wir auch *offiziell* wieder zurück in Europa. Ach, und die Insel heißt Kastellorizo, oder Megisti, oder Meis, je nachdem wen man fragt. Alle sind freundlich zu uns, und niemand will uns etwas verkaufen!

Aus einer Rundmail von Carola:
*11. Mai 2009*

*[...]Wir sind ganz verliebt in diesen wunderschönen Ort, und wir brauchen Zeit, um zu einer vernünftigen Entscheidung zu kommen. Die Zeit haben wir eigentlich nicht. Also haben wir erst einmal alle bisherigen Pläne über Bord geworfen. Denn nach dem dreckigen, lauten, verminten, aggressiven und betrügerischen Ägypten (sorry... es gab auch ein paar schöne Erlebnisse, aber es ist wohl das einzige Land der Reise, in dem wir uns sooo unwohl gefühlt haben!), ist dies hier ein unbeschreiblicher Traum, und wir fühlen uns hier sofort zuhause! Ist das nun nur eine vorübergehende Verliebtheit oder Liebe auf den ersten Blick? Ist nur das Ankommen wunderbar oder hat es eine langfristige realistische Perspektive? Das wollen wir gerne in Ruhe herausfinden. Innerhalb von drei glücklichen und sehr, sehr aufregenden Tagen haben wir alle Zukunftspläne übern Haufen geschmissen und versuchen, die erneute Offenheit zu ertragen und... zu gestalten. Ben hat seit einer Woche Arbeit und wird für diesen Auftrag wohl die nächsten zwei bis drei Monate brauchen.*
*Aber nun einmal etwas konkreter: Auf dieser Insel leben permanent 200 Menschen, dazu 70 wechselnde Soldaten, in der Hochsaison sind*

es deutlich mehr. In der hübschen griechisch-orthodoxen Schule sind 40 Kinder in zwölf Klassen mit sechzehn Lehrern. Die Landschaft ist typisch griechisch: bergig, karg, felsig, kleine Buchten, Zypressen, Olivenbäume, Macchia, türkises glasklares Wasser und im Moment jede Menge Blumen und duftende Kräuter. Die Bebauung dagegen ist überhaupt nicht klassisch griechisch, sondern wunderschön eigenwillig und erinnert eher an Italien. Alles steht unter Denkmalschutz, Neues darf nur im alten Stil gebaut werden. Es gibt renovierte Häuser, viele halb eingefallene und jede Menge Ruinen. Dazwischen kleine Gärtchen mit Zitronen, Feigen, Kumquat, Orangen, Wein und Blüten. (Das Gemüse für die Insel kommt in ziemlich guter Qualität aus der Türkei, die nur einen Katzensprung entfernt ist.) Es ist nicht nur sehr schön und inspirierend - die Arbeit lacht einen überall nur so an! Und - unglaublich - es werden noch (zuverlässige) Handwerker aller Art gesucht. Ben hat also gleich angefangen.

Die Insel liegt zwar am Ende Europas, trotzdem fühlt sich das bisher nicht so an. Die Häuser hier gehören Menschen aus der ganzen Welt, die hier das halbe oder auch ganze Jahr leben. Fast jeder spricht ein wenig Englisch, es gibt einige Mischehen und ein paar Hängengebliebene aus Nordeuropa und Australien.

Für Nils und Lisa ist das hier ein Paradies: Es gibt kaum Autos, da kaum Straßen da sind (insgesamt acht Kilometer), dafür viele verwinkelte Gässchen und Treppchen, wunderschöne Wanderpfade, Felsen zum Klettern, Tiere zum Anfreunden, Kinder zum Spielen, sauberes Wasser und nachts herrscht Ruhe auf dem Ankerplatz! Die Insel ist überschaubar, und überall wird noch so wunderbar anregend gearbeitet: Die Fischer mit ihren bunten Booten, überall die Bauarbeiter, Handwerker und Künstler. Nach Ägypten ist es so wohltuend, wie frei und selbstständig sich die Beiden hier bewegen können!

Unser derzeitiger Plan ist, für zwei bis drei Monate zu bleiben. Zunächst wird Ben arbeiten, so lässt sich unser Budget strecken. Erst danach wollen wir entscheiden, ob wir ein Jahr bleiben wollen und erst nach dem einen Jahr dann, ob dies längerfristig wirklich was für uns ist. Wenn nicht, sind wir zu spät dran, um dann noch nach Hause zu segeln. Dann könnten wir immer noch schnell nach Deutschland fliegen, den LASSE erst einmal in der Türkei an Land lassen und später überholen, nachholen oder gleich dort verkaufen.[...]

Im Sommer gibt es auf der Insel ein eindrückliches Fest: Nach alter Sage waren die Griechen wieder mal von der Insel vertrieben worden. Nur der Priester und ein Mönch harrten unter der Besatzung der Türken aus. Als nun nach Jahren endlich die Besatzer abzogen, ging der Priester zum Hafen, um auf die Ankunft der emigrierten Griechen zu warten. Als das Schiff nach langem Warten um die Ecke der Insel bog, konnte er es nicht länger erwarten, sprang in vollem Ornat kopfüber ins Wasser und schwamm ihnen entgegen. Seit dieser Zeit ist der 19. Juli ein großes Event auf der Insel und das geht so: Papa Jorgos, der einzige Priester der Insel, kommt mit seinem kleinen Motorboot in den Hafen gefahren und wirft Anker. Lautes Rufen hin und her, bis er beherzt und in vollem Ornat einen Köpper ins warme Nass wagt. Großes Hallo am Ufer. Dort angekommen schnappt er sich einen Eimer, füllt ihn mit nicht ganz sauberem Hafenwasser und schüttet ihn den Nächststehenden über den Kopf. Das sind dieses Jahr Carola und ich.

Militär und Kirche sind gut befreundet.

Dann geht es rund Eimer auf Eimer wird über die teils begeisterten, teils unwirschen Anwesenden geschüttet. Gnade findet nur, wer

ein Mobiltelefon bei sich hat, aber auch das nur kurz, denn es muss ausgehändigt werden, und danach wird *getauft*. Die Kinder machen begeistert mit. Würdige alte Männer jumpen ins Hafenbecken. Die Crew eines türkischen Edelseglers überschüttet sich gegenseitig mit Eimer über Eimer. Unvorbereitete flüchten entsetzt in die Nebengassen. Die Restaurants und Kneipen machen zu, und die Besitzer mischen sich fröhlich ins Getümmel. Eine Band lässt Karnevalsstimmung aufkommen. Veronika, eine ältere Amerikanerin, erzählt uns mit leuchtenden Augen und triefend vor Nässe: "I am thrilled, I was so nervous that they would treat me like an old respectable lady and spare me out, but look at me, I am totally soaked!"
Nach zwei Stunden feuchtfröhlichem Happening sind wir restlos erschöpft und flüchten zurück auf unsere schwimmende Insel.

Wir teilen uns die Ankerbucht mit den durchreisenden Charteryachten und einigen großen Wasserschildkröten, die regelmäßig bei uns vorbeischauen. Als ich eines Morgens nach dem Frühstück an Deck komme, beobachte ich etwas Merkwürdiges: Eine vorbeischwimmende Schildkröte kommt ganz nah an den LASSE geschwommen und winkt mir mit der einen Vorderflosse müde zu. Sie schaut mir dabei direkt in die Augen und ich habe den Eindruck, sie wolle mir ein Zeichen geben. Dann sehe ich ihr Problem, denn eine Angelschnur hat sich um drei ihrer Flossen und um ihren Hals gewickelt, sodass sie sich kaum noch bewegen kann. Ich rufe Carola und die Kinder, schnappe mir Flossen, Brille und Bootshaken, und gleite vorsichtig ins Wasser, um ihr zu helfen. Es gelingt mir, die Angelleine von einer der hinteren Flossen zu befreien, aber ich muss ihr dabei weh getan haben, denn sie zuckt zusammen und taucht unbeholfen zum Grund ab. Da ich nicht so tief tauchen kann, rufen wir Carl, einen auf der Insel lebenden Engländer, der auf seiner morgendlichen Schwimmrundegerade vorbei kommt, um Hilfe. Er taucht beherzt zum Grund, greift das Tier an seinem Panzer, und taucht mit ihr zusammen auf. Die Schildkröte weiß offensichtlich, dass wir ihr helfen wollen, ist aber sichtlich gestresst. So hatte sie sich das dann wohl doch nicht vorgestellt. Carl gelingt es, zusammen mit ihr an die Badeplattform einer anderen Yacht zu schwimmen. Mit ihrem beeindruckendend großen Schnabel beißt sie sich an der Badeleiter fest, während Carola vorsichtig die tief in die Haut einschneidende Angelschnur durchtrennt.

Carl bei der Befreiung der Schildkröte.

Befreit von der würgenden Fessel taucht sie mit erstaunlicher Geschwindigkeit ab und ward nicht mehr gesehen. Die Kinder sind etwas enttäuscht von den schlechten Manieren. Sie hatten zumindest ein Dankeschön erwartet. Seitdem trainieren sie das Tieftauchen, um der nächsten Schildkröte selber helfen zu können.

Ansonsten verleben wir einen wunderschönen, ereignislosen, arbeitsreichen und heißen Sommer. Anfang Oktober machen langsam die Restaurants und Cafés zu und bereiten alles für den Winterschlaf vor. Viele sind schon nach Rhodos, Australien, England oder Holland abgereist. Es bleibt nur der *harte Kern*, also etwa 200 Leute. Die Insel ist jetzt friedlich, wir kennen jedes Gesicht, die Leute haben wieder mehr Zeit füreinander, und das Leben wird geruhsam. Nur zweimal in der Woche erwacht Kastellorizo aus seinem Winterschlaf, wenn die Fähre aus Rhodos eintrifft: Sie tutet so laut, dass es von den Bergen widerhallt. Über das Kopfsteinpflaster rappeln die Rollkoffer, die Spannung steigt, das halbe Dorf ist versammelt, um Verwandte zu begrüßen oder zu verabschieden. Dazwischen mit Schubkarren all die, die in Rhodos etwas bestellt haben: Lebensmittel, Baustoffe, Hühner. An der Promenade drängen sich die Schaulustigen, um die Parade der Neuankömmlinge abzunehmen.

Der Abschied von unserem sommerlichen Ankerplatz in Mandraki fällt uns allen schwer. Wir haben uns dort drüben sehr wohl gefühlt, waren so schön für uns und hatten trotzdem am Ufer liebe Griechen, die regen Anteil an unserem Leben genommen haben: Nina und Kostas sind pensioniert und gehen jeden Tag fischen und ihren schönen Garten versorgen. Dort durften wir Oliven ernten. Es ist eine mühevolle Arbeit, aber der Blick auf's Meer und der Duft von Kräutern in der Nase lassen uns glücklich sein. Lisa ist vor allem begeistert, dass sie zig kleine Katzen haben. Nebenan wohnen Yannis und Roula, Nils' und Lisas griechische Ersatzgroßeltern, mit einem Hund. Sie haben uns immer mit Wasser versorgt, mit Essen verwöhnt, uns alle motiviert, das (ich finde sauschwere!) Griechisch zu lernen, uns ihr Auto überlassen, uns bei Schlechtwetter ihr Haus angeboten, und uns mit dem aktuellsten Wetterbericht versorgt.

Inzwischen sind wir an Land gezogen. LASSE hält Winterschlaf in Rhodos auf der Werft. Das Haus von Margarita, in dem wir jetzt wohnen dürfen, ist ein verwunschenes Gemäuer ohne rechte Winkel und wir fühlen uns wie in einem Schloss! Wir tauschen Miete gegen Arbeit, und so restauriere ich mich langsam vom Dachgeschoss nach unten. Es gibt viele Fenster, und da das Haus noch keine Nachbarn hat, ist die Aussicht für ein Stadthaus grandios. Wenn wir morgens die Fensterläden öffnen, hören wir Ziegen meckern, Hähne krähen, Vögel singen, Katzen (zu viele!!) miauen... und vom Balkon können wir sogar ein Stückchen Meer sehen! In der zweiten Etage ist die Küche, in der zur Zeit noch das Renovierungschaos herrscht. So ist das Kochen etwas umständlich und improvisiert, aber das sind wir ja von Bord auch nicht anders gewöhnt.

Nachschub an Fisch
ist gesichert.

Aus einer Rundmail:
*Herbst 2009*

*[...]Wir haben uns eingelebt. Nils geht zur Schule, Lisa in den Kindergarten. Beide gehen immer wieder gerne hin. Aber Nils beschwert sich ausgiebig, dass er zu viel rum sitzen muss, weil die anderen Kinder Quatsch machen und dass er halb taub aus der Schule zurückkomme, da der Lehrer so viel rumschreien müsse. Seine Buchstaben haben manchmal ulkige Haken und Krakel, die er damit erklärt, dass ihn das Geschrei so erschrecken würde, dass ihm dann der Stift ausrutsche. Der Lehrer heißt auch noch passenderweise Zeus, ist ein Milchbübchen von etwa 23 Jahren und ich kann ihn nicht ganz ernst nehmen mit seinem wichtigen Gehabe.*
*Lisas Kindergärtnerin dagegen ist eine echte Perle. Sie liebt ihre "Kleinen" und hat tausend schöne Ideen. Sie ist freiwillig hier, das heißt, nicht wegen der Punkte, die man für den Dienst auf einer abgelegenen Insel bekommt, sondern weil sie das Abgelegene gereizt hat. Für sie ist Lisa "die" Herausforderung und sie gibt sich große Mühe, ihr das Griechische nahe zu bringen.*

Durch die Schule bekommen wir noch einmal einen anderen Blickwinkel auf die Insel, speziell auf das Soziale. Eines Tages wird Carola von der Direktorin beiseite genommen, um ihr vertraulich mitzuteilen, dass sich ein Elternpaar über Lisa beschwert habe, sie sei "verhaltensauffällig", würde im Kindergarten rumschreien, und sie hätten angefragt, ob es überhaupt zulässig sei, dass eine sechsjährige noch in den Kindergarten ginge und wie denn die Rechtslage wäre.

Sehr freundlich. Wir fragen bei der Kindergärtnerin nach, die fällt aus allen Wolken und ist echt empört, findet sie doch Lisa eine Bereicherung. Wie sich herausstellt, ist die besugte Mutter eine nahe Verwandte des Bürgermeisters und ihr heiliges Töchterlein, die Lisa eigentlich sehr liebt, ist mit Lisa aneinandergeraten, und da hat Mama halt gleich mal einen Anwalt eingeschaltet. Die Kindergärtnerin, die aus einer Stadt kommt, ist solche Dorfpolitik auch nicht gewohnt und so entscheiden wir bei einem konspirativen Treffen erst einmal abzuwarten.

Das ist wohl typisch für diese Insel, dass man nicht das Gespräch sucht, sondern versucht hinterrücks mit juristischen Kniffen dem anderen am Zeug zu flicken.

Das hier in Kastellorizo nicht alles eitel Sonnenschein ist, haben wir schon bald daran gespürt, dass wir - sobald wir für ein Mitglied einer Sippe anfingen zu arbeiten - von allen Mitgliedern der mit dieser Sippe verfeindeten Familie nicht mehr gegrüßt wurden. Sprich also vom halben Dorf, denn hier sind sie mit schöner Regelmäßigkeit quer über die Insel zerstritten. Die griechische Art bei jedem Furz gleich die Polizei zu holen, trägt nicht gerade zu einer entspannten Lage bei, und so entdecken wir unter der schönen Oberfläche die Abgründe aus Hass, Neid und Missgunst. Ein weites Übungsfeld also.

Was mir speziell zu schaffen macht, ist der Umgang mit Geld: Ein echter "Kassie" arbeitet nicht! Also jedenfalls nicht wirklich. Für ihn sind alle die arbeiten blöd. Entweder man ist Saisonfischer, hat ein Restaurant oder eine Bar, oder die ganz armen Leute eine Anstellung bei der Gemeinde; aber wer etwas gelten will, arbeitet nicht. Man sitzt in Cafés, fährt Touristen mit ehemaligen Fischerbooten herum und wenn man Geld braucht, verkauft man halt etwas Land. Das hat man im Familienbesitz. Oder man macht es wie die ganz Cleveren und beantragt eine "Squatters-Licence", was meint, dass man sich ein verlassenes Stück Land sucht, für zwölf Jahre einen Schuppen darauf unterhält, um zu beweisen, dass man es ja "bewirtschaftet", und wenn

man Glück hat und niemand auftaucht und das Land für sich beansprucht, dann kann man es nach zwölf Jahren für läppische 700.- €
pro Quadratmeter verkaufen und davon wieder einige Zeit im Café
sitzen... Die gleichen Leute wollen, dass ich am liebsten für 50.- Euro
am Tag für sie arbeite und erzählen mir mit dramatischem Augenaufschlag, dass sie ja auch nicht mehr verdienen würden.

Ups, jetzt bin ich abgeschwiffen und wie ihr merkt, gerade eher
schlecht zu sprechen auf unser "Inselparadies" und seine Bewohner.
Klar werden wir das Jahr hier verbringen und vielleicht auch noch
ein zweites, aber alt werden wir in Griechenland eher nicht!

Warum? Der Himmel ist so schön blau wie nirgends auf der Welt und
hier lag mal unsere Wiege der Zivilisation. Aber nachdem uns die alten Griechen alle rund rum kräftig befruchtet haben, scheint nicht
mehr viel übrig geblieben zu sein im eigenen Land von Demokratie
und der Blüte einer Hochkultur. Nur das griechische Drama hat in
den alltäglichen Streitereien und Kleinkriegen überlebt und feiert hier
lautstark und täglich seine Auferstehung.

Also Vorhang zu für dieses Mal und seid schön höflich und ohne Geschrei gegrüßt von

Nils, Lisa, Carola und Ben.


Lisa bringt es auf den Punkt: "Jetzt sind wir festgewachsene Segler!" Nils und Lisa versuchen dem Käptn am Nachmittag die wichtigsten Schimpfwörter in Griechisch beizubringen. Sie haben keine
Scheu im Umgang mit den zum Teil recht robusten einheimischen
Kindern, finden die Schule aber abgesehen vom Spielen mit den Anderen in den Pausen immer noch eher langweilig.


Carola lernt Griechisch und hat sich mit ihren paar Brocken bereits
einen festen Platz in den Herzen der alten Fischer erobert, sodass unser Nachschub an frischem Fisch auch in Zukunft gesichert scheint.
Wir haben außerdem das große Glück, dass wir uns alle auf den
ersten Blick in Loeki verlieben. Loeki kam vor 30 Jahren aus Amsterdam nach Kastellorizo, sie ist Künstlerin und mit dem malerischsten Fischer der Insel verheiratet. Loeki ist nicht nur ein wunderbar
lebensfroher Mensch, sondern auch so etwas wie eine moralische
Instanz im Ort. Sie leidet unter den Missständen auf der Insel und
doch liebt sie *ihre* Griechen sehr. Sie äußert deutlich ihre Meinung
und schaut doch nie mit Verachtung auf die Griechen. Sie wird von

allen geschätzt und immer wieder um Rat gefragt. Loeki versteht, dass wir mit unseren Kindern anders leben wollen als die Griechen und weiß auch, dass wir deshalb nicht lange bleiben werden. Wir verbringen eine anregende Zeit miteinander und dürfen viel von Loeki und ihrem Mann Kostas lernen.

Nur ich bin manchmal unzufrieden. Das Meer und der Wind wecken meine Sehnsucht. Dann träume ich vom Aufbruch, von der Weite des Horizonts, von fernen Küsten und Häfen... Aber wer weiß, wohin unsere Lebensreise uns noch führen wird, schließlich hat Nils ganz richtig festgestellt: "Wir sind keine armen Leute; wir haben Basilikum!"

Haben wir unseren Kindern mit dieser Reise die *Welt* gezeigt, wie es eine Seglermutter einmal formuliert hat? Ich denke nein! Wir haben ihnen viel Wasser gezeigt, und das fanden sie meistens langweilig. Sie haben eine Menge Küstenstreifen, Häfen und Ankerplätze in vielen Ländern gesehen, aber davon wird wohl das Meiste schon vergessen sein. Ein paar Dinge aber sind haften geblieben: die Affen in Panamas Dschungel, die Delfine um unser Boot, die geangelten Fische, die Schildkröten in Galapagos, die Wale in Tonga, Neuseeland und unsere Landreise dort, die Krokodile in Australien und die Aborigines. *Miss* Kitty und *Sir* Richard in Thailand. Und dann die vielen Fischerboote in Asien, die Verkäufer und Backenkneifer in Indonesien, der Dreck um Singapur, die Kinder auf den Malediven und die Piraten!

Geblieben ist nicht nur ihre Fähigkeit, mit Wenig zufrieden zu sein und aus schlichten Dingen Königreiche der Fantasie zu erschaffen. Auch ihre unbeschwerte Offenheit und Kontaktfreudigkeit, mit der sie auf fremde Menschen unabhängig von Alter, Hautfarbe oder Religion zugehen und Freundschaften schließen. Denn oft waren es unsere Kinder, die uns die Herzen der Menschen geöffnet haben, und so hat unsere Reise ein Band aus Menschenbegegnungen und Freundschaften um die Erde gespannt.

Diese Begegnungen waren es, die uns über das Gefühl der Heimatlosigkeit hinweg geholfen haben, und durch sie haben wir erfahren dürfen, dass wir nirgends wirklich fremd sind: Denn wo wir Freunde finden, ist auch ein Stückchen Heimat auf diesem wunderbaren, wässrigen Planeten!

# Schiffbruch in Deutschland

Das wäre ein schönes Ende für dieses Buch gewesen.

Unsere Suche nach dem Glück endete aber nicht in Griechenland, denn obwohl wir dort vieles von dem finden durften, wonach wir uns oft auf der Reise gesehnt hatten, beschließen wir zurück nach Deutschland zu gehen.

Ein Grund dafür ist die Schule, in der die Kinder zusehends unglücklich werden. Ein Grund ist auch die Mentalität der Griechen und ihr Umgang mit der Natur, der uns immer unerträglicher wird. Schön lässt sich das am Beispiel von Dimitrios zeigen: Er wird jeden Sommer von der Gemeinde - mit EU Fördergeldern unterstützt - als Straßenkehrer angestellt. Den ganzen Vormittag ist er mit Engelsgeduld und einem großen Kescher bewaffnet dabei, Müll und vor allem leere Plastikflaschen aus dem Wasser des Hafenbeckens zu fischen. Schließlich mögen die Touristen im Urlaub keinen Müll im Wasser sehen. Diesen bringt er zum großen Müllcontainer am Dorfplatz. Der wird zweimal in der Woche vom inseleigenen Müllauto mit viel Getöse abgeholt und über die kurvenreiche Straße ins Gebirge gefahren, um dort über einen Steilhang ins Meer gekippt zu werden. Manchmal kommt alles auch auf einen großen Haufen und wird angezündet, aber eben nur bei wenig Wind.

Der sommerlich starke Meltemi bläst einen Teil von Dimitrios Flaschen mit schöner Regelmäßigkeit über die Insel, wo man sie auf Wanderungen selbst in den entferntesten Winkeln als hässliche Andenken finden kann. Ein anderer Teil findet seinen Weg ins Meer und wird von der Strömung zurück in den Hafen getrieben, wo dann das Spiel aufs Neue beginnt. So erstickt die Insel in einem stetig wachsenden Müllkreislauf, und würden nicht die Mehrzahl der Flaschen von Wind und Strömung davon getragen, die Zustände wären bald unhaltbar.

Vor hundert Jahren lebten zehntausend Menschen auf der Insel (die keine eigene Quelle besitzt), und deckten ihren Wasserbedarf ausschließlich mit Regenwasser, das in einem ausgeklügelten Zisternensystem gesammelt wurde. Diese Zisternen sind überall in den Fundamenten der Häuser noch vorhanden, und manch alter Fischer zeigt uns noch stolz seine *Sterna*. Die verbliebenen 200 *modernen* Griechen werden jede Woche mit dem Wasserfrachter - wieder mit

EU Geldern finanziert - mit gutem Quellwasser aus Rhodos versorgt. Das wird aber nicht zum Trinken verwendet, sondern verschwindet durch Duschen und Toiletten, und auch der Platz vor jeder Taverne muss am Morgen mit dem Gartenschlauch abgespritzt werden, denn Fegen ist ja viel zu anstrengend.

Getrunken wird teueres Wasser aus Plastikflaschen, das oftmals an der gleichen Quelle auf der wasserreichen Insel Rhodos abgefüllt wurde, aber eben als *sauber* gilt, und als solches auch in den allgegenwärtigen Werbespots gezeigt wird. Dass unter zweihundert Menschen, die jeden Tag vierhundert leere Einwegwasserflaschen produzieren, und damit für jeden sichtbar ihren eigenen begrenzten Lebensraum zumüllen, sich außer Loeki nicht einer findet, der sich zumindest über diesen Zustand aufregt, oder versucht etwas zu ändern, macht uns erst ratlos und dann unendlich traurig. Wir ernten mit unseren kritischen Fragen nur kopfschüttelndes Unverständnis. Und dies ist nur ein Beispiel von einer langen Liste.

Die Aussichten, auf politischem Wege etwas zu ändern, sind eher düster, denn dank des griechischen Clandenkens stoßen demokratische Strukturen an ihre Grenzen. So heißt der Bürgermeister der Insel seit vielen Jahren Pablo, denn er kommt aus dem zahlenmäßig größten Clan und hat den Job schon von seinem Vater übernommen. Nachdem wir auf unserer Reise die Schönheit, aber auch Zerbrechlichkeit unseres Planeten hautnah erleben durften, wird der Wunsch in uns immer größer, aktiver an seinem Schutz mitzuwirken, und wir beschließen, unser Paradies zu verlassen und nach Deutschland zurückzukehren. Dort ist das Thema Müll zumindest halbwegs geregelt, und viele Menschen suchen nach Wegen, wie wir alle verträglich miteinander auf unserer Erde leben können.

Ich lasse darum Carola mit den Kindern auf der Insel zurück, und starte eine Erkundungsexpedition in unsere alte Heimat. Zunächst bin ich wie erschlagen, als ich nach fünf Jahren Abwesenheit in München aus dem Flughafenterminal trete. Es ist frühlingshaft kalt, und alle tragen die gleichen anthrazitfarbenen Jacken und dunkle Hosen. Als trüge ein ganzes Volk Trauer. Wie eine uniformierte Armee schieben sich die Massen mit für mich befremdlicher Hast durch die glitzernden Korridore. Die Autos sehen mittlerweile wie schimmernde Designerkunstwerke aus, und im ICE wird ununterbrochen und überall mit ultraflachen Mobiltelefonen kommuniziert.

Einige Menschen scheinen in aller Öffentlichkeit laut mit sich selber zu sprechen, und es dauert einige Zeit bis ich kapiere, dass diese kleinen schwarzen Heuschrecken, die ihnen am Ohr sitzen, die neuesten Freisprechanlagen sind. Die Welt hat sich hier wahrlich weiterentwickelt, oder bin ich selber nur langsamer geworden?

Die Landschaft dagegen ist so herrlich frühlingsgrün, und nirgends findet sich ein Flecken, der nicht von Menschenhand gestaltet und gepflegt wird. Natürlich hat dies Land noch viele Schattenseiten, aber mein Blick ist nach unserer Reise mehr auf die positiven Keime, auf die zaghaften und auch die beherzten Entwicklungen gerichtet, die sich manchmal versteckt, und an vielen Stellen schon für alle gut sichtbar zeigen. Unübersehbar ist der Wandel auf den Hausdächern, denn unzählige Solaranlagen schimmern selbst von alten Bauernhäusern, und immer wieder künden riesige Windkraftanlagen vom unaufhaltsamen Vordringen der Zukunftsenergien. Scheinbar Festgefügtes verwandelt sich, und staunend erfahre ich, dass selbst im konservativen Stuttgart die Menschen für mehr Teilhabe an den politischen Entscheidungen auf die Straße gehen.

Bewegt und erfüllt mit neuen Impulsen kehre ich in unser kleines Paradies zurück, um Carola mit den Kindern abzulösen, damit sie sich auch in Deutschland umschauen kann.

Drei Wochen bin ich mit den Kindern allein, als einige Tage vor ihrem Rückflug mein Telefon klingelt. Mein Schwiegervater ist dran. Carola liegt auf der Intensivstation. Die Ärzte wissen nicht, ob sie die Nacht überlebt...

Ich bin paralysiert, kann zunächst gar nichts denken. Wie im Nebel laufe ich durch die Gassen. Meine Brust ist eine leere Höhle. Alle Kraft scheint mich verlassen zu haben. Meine Knie werden weich und ich muss mich auf eine Mauer setzen.

Dann erfasst mich wilde Panik: Ich will bei ihr sein. Will sie sehen, sie beschützen, aber das scheint unmöglich, denn die Reise nach Deutschland dauert von Kastellorizo mindestens zwei Tage. Verzweifelt renne ich ins kleine Reisebüro der Insel und bestürme die sichtlich erschrockene Irini, mich und die Kinder noch heute Nacht nach Deutschland zu bringen. Sie schafft das Unmögliche, und während ich rasch einige Kleidungsstücke für die Kinder in einen Rucksack stopfe, organisiert Loeki ein Fischerboot und die nötigen Visa, um uns in die Türkei zu bringen, von wo uns ein Taxi zum Flughafen Antalya transferiert.

Die Nachricht hat sich derweil blitzschnell auf der Insel verbreitet, und unter den teilnahmsvollen Blicken der Insulaner und mit den besten Segenswünschen besteigen wir das Fischerboot.

Die Kinder sind zunächst überrascht von diesem abrupten Aufbruch. Da ich ihnen aber nicht sagen mag, was los ist, finden sie das Ganze sehr aufregend. Auf halber Strecke in die Türkei fängt der Motor des Fischerbootes an zu stottern und bleibt dann ganz stehen. Hilflos treiben wir zwischen Insel und Festland. Der Dieseltank ist einfach leer und kein Reservekanister an Bord. Zähneknirschend ruft Kapitän Jorgos über Funk die *Coastguard*, und unter dem schadenfrohen Gejohle der türkischen Fischer werden wir ruhmlos in den Hafen geschleppt.

Die Fahrt mit dem Taxi durch die Nacht zum Flughafen und der Flug selber verschwimmen für mich im Nebel. Während ich versuche die Reise durch die Nacht für die Kinder erträglich zu machen, kreist in mir ohne Unterlass der eine Satz: "Halte durch, Carola, wir kommen! Halte durch, wir kommen..."

Am Flughafen in Hannover wartet bereits Carolas Bruder mit der erlösenden Nachricht auf uns, dass sie die Nacht überlebt hat. Ich bin innerlich zu betäubt, um mich groß zu freuen. Nur unendlich erleichtert, dass nicht das Schlimmste eingetreten ist.

Der Weg zurück ins Leben wird für Carola lang und steinig. Was als kleiner ambulanter Eingriff kurz vor ihrer Rückkehr nach Griechenland in einem *sicheren* deutschen Krankenhaus geplant war, wurde (durch den Fehler eines Arztes?) zu einer lebensgefährlichen Verletzung der Aorta mit zweimaliger Notoperation.

An eine Rückkehr auf unsere Insel ist vorerst nicht zu denken; zu unsicher ist ihre gesundheitliche Lage. Zudem benötigen wir nun das, worauf wir die letzten fünf Jahre so traumwandlerisch sicher verzichten konnten: gute medizinische Betreuung inklusive Notarzt und Krankenhaus direkt vor Ort.

Wir stehen buchstäblich mit leeren Händen da, als Carola viel zu früh aus dem Krankenhaus entlassen wird. Voraussichtliche Rekonvaleszenz laut den Ärzten: ein- bis zwei Jahre.

Nur mit Zahnbürsten und einem Rucksack voll Kinderklamotten ausgestattet, mache ich mich daran, meine angeschlagene Familie in Deutschland einzurichten. Und wieder kommt uns in der Not Hilfe von vielen Seiten entgegen: Freunde überlassen uns ihre Ferienwohnung am Bodensee. Andere Freunde versorgen uns mit den nötigsten Dingen für einen neuen Hausstand oder schicken uns Kleidung. Da wir in Griechenland krankenversichert sind, müssen wir zunächst alle Therapien, Medikamente, Kuren und Arztbesuche selber zahlen. Schnell schmelzen unsere Reserven dahin, aber auch da finden sich hilfsbereite Menschen. Ein Freund beendet die liegengebliebenen Aufträge in Griechenland.

Auf der Insel nimmt derweil das ganze Dorf regen Anteil. Der Priester liest eine Messe für Carolas Genesung, und wir, die wir uns oft als Fremde und Eindringlinge gefühlt haben, erfahren eine Welle aus herzlicher Anteilnahme.

Das Leben normalisiert sich langsam. Nach einem Jahr ist Carola soweit belastbar, dass ich den LASSE aus Griechenland zurück nach Deutschland segeln kann. Allein kreuze ich unseren alten Kurs vor Borkum, wo wir vor sechs Jahren so mutig und ahnungslos zu unserer großen Abenteuerfahrt aufgebrochen waren.

Dankbarkeit mischt sich auf den letzten Meilen in meine wehmütigen Erinnerungen. Dankbarkeit für unser kleines, tapferes Boot, das uns treu und sicher über die Meere der Welt getragen hat.

Dankbarkeit für die Menschen, denen wir begegnen durften und für die Schönheit der Welt!

Aber vor allem erfüllt mich Dankbarkeit für meine mutige Frau: Ohne sie würde ich immer noch griesgrämig in Bremen in unserer Wohnung sitzen und von der großen Freiheit träumen!

# Danksagung

Für die vielfältige Unterstützung und Ermutigung vor, während und nach der Reise danken wir: Veronika, Holger, unseren Eltern, Daniel, Eve-Marie und Gerd, Herrn Lippold, Max, Andrea F., Tuula und Nils, Dominik, Ivonne und Horst, Franziska, Shohreh und Andi, Susanne und Sven, Luitgard und Sebastian, Tatjana, Evelien, Heidi, M. Schmidt, G. Baldini, Parwin, Bernard und Marisa, Claudia und Christoph, Claudia F., Andrea und Roger, Florian und Helene, Thomas F., Theo.

Von Herzen Dank den vielen Menschen unterwegs, die halfen, uns überall heimisch zu fühlen - stellvertretend für all die vielen kostbaren Begegnungen: Pamela und Charles (Muros, Spanien), Valerie (Monchique, Portugal), Dagmar und Konrad (La Gomera), Nina und Mario (Tauranga, Neuseeland), Pamela und Stuart (Mount Mounganui, Neuseeland), Cedrik (Napier, Neuseeland), Wendy und Marc (Nelson, Neuseeland), Erika (Golden Bay, Neuseeland), Alex und Colin (Anakiwa, Neuseeland), Eva und Hans (Île de Pins, Neukaledonien), Kitty und "Sir" Richard (Phuket, Thailand)), Loeki und Kostas, Nina und Kostas, Kristalla und Alekos, Monika und Damien, Elma und Vangelis (Kastellorizo, Griechenland), Therese und Ali (Kaš, Türkei), Maria und Michal (Rhodos und Prag) und nicht zuletzt unseren griechischen Großeltern Roula und Yannis (Kastellorizo und Rhodos, Griechenland).

# Kleines Glossar zum Segeln

*Ablandig* ist der Wind, wenn er von Land auf die See weht, das Gegenteil ist *auflandig*

*Achterkajüte* Kabine der Kinder im hinteren Teil des Schiffs

*Achterlich* ist der Wind, wenn er von hinten weht

*Achtern* hinten

*AIS Automatic Identification System*, zeigt auf kleinem Bildschirm Geschwindigkeit, Kurs, Schiffsnamen, Entfernung und MMSI von Schiffen im Umkreis von etwa 30 Meilen an

**Aries** Windselbststeueranlage, hält das Boot immer im gleichen Winkel zum Wind ohne dabei Strom zu verbrauchen wie ein Autopilot; eines der wichtigsten Systeme auf Langfahrt

*Auf den Haken nehmen* abschleppen

*Aufklaren* aufräumen

*Auflandig* ist der Wind, wenn er von See zum Land weht, das Gegenteil ist *ablandig*

*Backbord* links (Blickrichtung nach vorn zum Bug)

*Beaufort* Maßeinheit für die Geschwindigkeit des Windes, traditionell in Knoten angegeben (Sturm wird so z.B. mit 12 Beaufort oder mit mehr als 60 Knoten angegeben und entspricht etwa 120-130 km/h. 5 Beaufort entsprechen etwa 20 Knoten.)

*Beidrehen* das Schiff stoppen und so ausrichten, dass es möglichst nicht abtreibt und ruhig in den Wellen liegt

*Belegen* festmachen

*Bilge* die tiefste Stelle im Schiffsrumpf unter den Bodenbrettern, dort sammelt sich als erstes eingedrungenes Wasser

*Brecher* sich brechende, überkippende Welle

*Brücke* Steuerstand eines großen Schiffs

*Bug* vorderes, spitz zulaufendes Ende des Schiffs

*Bullentalje* Sicherung des Großbaums, gegen unfreiwilliges Umschlagen

*Bütt* Wanne

*Coastguard* Küstenwache

Cockpit sozusagen der Balkon des Schiffs, geschützter Bereich meistens im Heck, von dem aus gesteuert wird

*DGzRS* Deutsche Gesellschaft zur Rettung Schiffbrüchiger

*Dingi* kleines Beiboot, um vom Ankerplatz an Land zu kommen

**DSC Digital Selectiv Call**, Digitalfunk mit automatisiertem Notrufverfahren

**Dünung** lange Hochseewellen

**Echolot** Gerät zur Messung der Wassertiefe durch Schallwellen

**EPIRB** Emergency Position Indicating Radio Beacon, Notfunkbake, Notrufsäule zur See

**Etmal** gesegelte Seemeilen in 24 Stunden

**Fender** elastische Polster aus Kunststoff, die eine Beschädigung der Bordwand verhindern sollen, wenn das Schiff neben anderen Booten oder an der Pier liegt

**Fock und Sturmfock** vordere Segel des Schiffs

**Fuß** Längenmaß: 1 Fuß entspricht 30,48cm

**GPS** Global Positioning System, das Navi der Seeleute

**Groß** Hauptsegel des Schiffs

**Halse** mit dem Heck durch den Wind

**Heck** hinteres Ende des Schiffs

**Jockel** umgangssprachlich für Schiffsmotor

**Kajüte** Wohn- und Schlafraum

**Klampe** kleiner Poller zum Festmachen einer Leine

**Knoten** neben dem landläufigen Knoten auch eine Maßeinheit für die Geschwindigkeit des Windes, (siehe Beaufort) und der Schiffe (1 Knoten ist gleich eine Seemeile pro Stunde)

**Koje** Bett

**Konvergenzzone** die sogenannte ITCZ, zwischen Passatgürtel und Äquator mit schwachen Winden und mit vielen Gewittern

**Kreuzsee** zwei sich überlagernde Wellensysteme

**Längsseits, längsseits gehen** an der Längsseite eines Schiffs anlegen

**Lee** die vom Wind abgekehrte Seite

**Leichter** Schwimmender Transportbehälter ohne eigenen Antrieb

**Lenzpumpe** eine Pumpe, um Wasser aus dem Schiff zu pumpen

**Lenzrohr** Abflussleitung aus dem Cockpit

**Logbuch** Schiffstagebuch, in das alle wichtigen Ereignisse auf See eingetragen werden (Wetterbeobachtungen, Standort, Kurs, Geschwindigkeit des Schiffs, Funkverkehr usw.)

**Luke** Fenster an Deck

**Luv** die dem Wind zugekehrte Seite (Lee: die vom Wind abgekehrte Seite)

**Meilen oder Seemeilen** eine nautische Meile (1sm) beträgt 1,852 km

**MMSI Maritime Mobile Service Identity** "Telefonnummer" des

Funkgeräts

**Niedergang** Treppe oder Leiter im Schiff; auf dem LASSE vier kleine Stufen vom Cockpit in den Wohnraum des Schiffs

**Passat, Passate, Passatgürtel** große Windsysteme, von meist gleichmäßiger Stärke und Richtung; wehen im Atlantik und Pazifik auf den Äquator zu; faule Leute wie wir segeln mit dem Wind

**Pinne** Stange zum Ruderblatt des Schiffs, statt eines Steuerrades

**Pütz** Eimer

**Reff, Reffen** Segel verkleinern

**Reffkauschen** Ösen, durch welche die Leinen zum Reffen des Segels gehen

**Rigg**, bestehend aus stehendem und laufendem Gut Mast und die dazugehörigen Verstrebungen und Leinen

**Saling** Querstrebe am Mast

**Schapp** Fach

**Schiften** Seitenwechsel von Vorsegel und Groß auf dem Vorwindkurs

**Schoten** Leinen zum Einstellen der Segel

**Schwell** Wellen, die nicht unbedingt vom aktuellen Wind erzeugt wurden; alte Dünung

**Schwojen** vor dem Anker hin und her treiben

**Seemeilen**, siehe *Meilen*

**Slip, Slipanlage** schräge Bahn ins Wasser (manchmal mit Schienen), um Schiffe aus dem Wasser zu holen

**Slippen, über Grund slippen** wenn der Anker nicht hält und mitsamt Schiff über Grund rutscht

**Sprayhood** (engl. für Spritzhaube) vor dem Cockpit, Halbverdeck aus Segeltuch und durchsichtiger Folie gegen Wind und Spray

**Squall** Passatstörung, die sich durch eine aufziehende dunkle Wolkenwand ankündigt, meist mit Regen oder Gewitter und oft viel Wind aus wechselnden Richtungen

**Stage** Drahtseile, die den Mast nach vorn und hinten abstützen

**Steuerbord** rechts (Blickrichtung nach vorn zum Bug)

**Untiefe** Flachwasser

**Wanten** Drahtseile, die den Mast seitlich abstützen

**Wende** Segelmanöver, mit dem Bug durch den Wind

**Winsch** Winde zum auf- und abwickeln von Leinen oder Kette

# Das Schiff

LASSE: Allegro 33, gebaut von Norlinboats in Schweden.

Länge:        9,86m
Breite:       3,33m
Tiefgang:     1,6m
Segelfläche:  45m²
Gewicht: ca.  8t

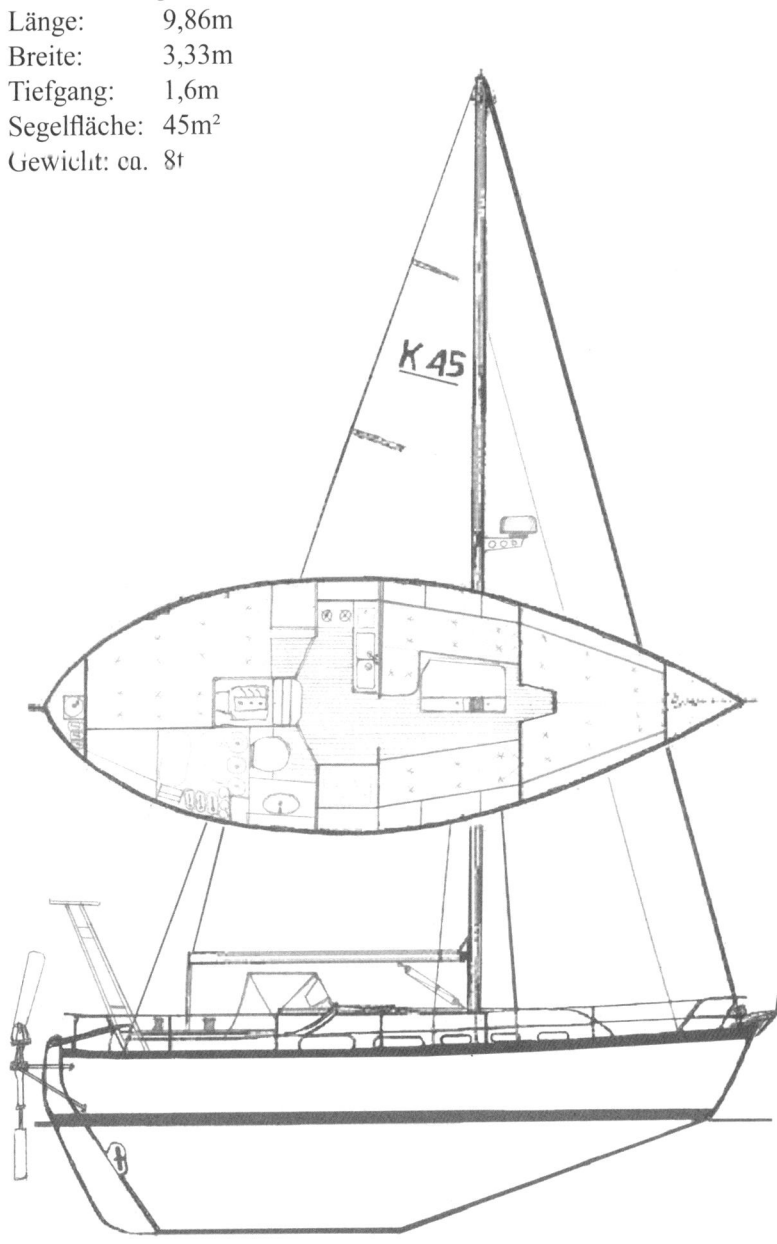

Kanarische Inseln

Martinique

Panama

Pazifiischer Ozean

Atlantischer Ozean

Galapagos

Marquesas

Tahiti

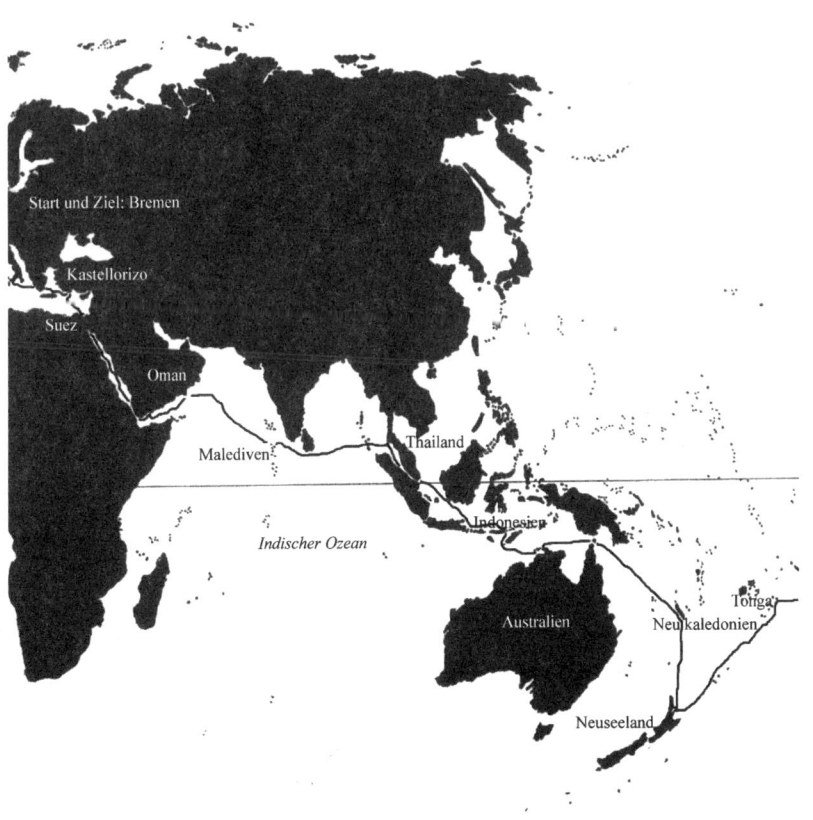

Start und Ziel: Bremen

Kastellorizo

Suez

Oman

Malediven

Thailand

Indonesien

*Indischer Ozean*

Australien

Neukaledonien

Tonga

Neuseeland